東方語言學

第二十一辑

《东方语言学》编委会
上海师范大学语言研究所

上海教育出版社
SHANGHAI EDUCATIONAL
PUBLISHING HOUSE

目　录

强化语力对间接言语行为的触发功能
　　——以疑问和祈使为例 ……………………………………… 陈振宇　（ 1 ）

关于语法化及语法性的思考 ……………………………… 史文磊　（ 25 ）

社会固有模式的研究动态、概念描述和性质特征 ………… 宗守云　（ 55 ）

隐性衔接类型描写以及有关理论探讨 ………… 曹德和　潘明霞　（ 77 ）

"这/那家伙"的词汇化及话语标记功能 ………………… 王林哲　（ 87 ）

实义性动趋结构"说起来"和"说下去"的比较分析 ………… 李　慧　（103）

汉语作为第二语言的教学观和方法论 …………………… 刘　惠　（117）

方言语音研究的实验语音学方法 ………………………… 胡　方　（123）

《东方语言学》征稿启事 ……………………………………………（149）

强化语力对间接言语行为的触发功能
——以疑问和祈使为例

复旦大学　　陈振宇

内容提要　语力是具体言语行为中与语句字面意义、结构方式、显性功能成分紧密相关的以言行事目的。语力有强化与弱化两种变体：说话者之所以弱化语力，是因为不自信或犹豫，或为了照顾消极面子（担心冒犯对方）；说话者之所以强化语力，是因为预计言语活动不顺利，或对陷入这一局面不耐烦，或是催促对方尽快完成，或要求对方尽可能完善地完成。但是，特别强化，且已造成负迁移的话，就会在语境中找到一条蕴涵关系（该关系以该言语活动为后件），说话者的意图会迁移到这一蕴涵关系中的前件上去，这就是溯因推理。我们以疑问和祈使范畴中的种种现象为例，来展示强化语力相关的语用功能，尤其是溯因功能，因为这是言语行为负迁移的主要触发因素之一。

关键词　负迁移；间接言语行为；强化语力；溯因推理；疑问；祈使

1. 引　　言

本文研究语用意义的达成及其认知理据。

人脑是黑匣子，只能靠观察其输入和输出来揣测中间的过程。对这些问题的思考衍生了推理语用学理论，它认为，交际不是一个单纯的编码—解码过程，而是一个编码—解码＋推理的过程（引自蒋严主编 2011：1）。已有的推理语用学理论有：

修辞三段论，古希腊人称作 enthymeme，亚里士多德认为它具有非完整性与或然性。

会话涵义理论，格莱斯（Grice 1957、1975）提出合作原则（the cooperative principle），而对这些准则的违反将导致会话涵义（conversational implicature）的产生。

关联理论，斯伯格和威尔逊（Sperber ＆ Wilson 1986/1995）提出。

新格莱斯理论，关联理论和新格莱斯理论又可称为后格莱斯理论。

间接言语行为理论，塞尔（Searle 1975）提出。实际上，奥斯丁（Austin 1962）也分出显性施为句（句中有施为动词）和隐性施为句，但他简单地认为后者可以通过添加施为动词而转化为显性句，这并不涉及推理研究。

转喻理论，索恩伯和潘瑟（Thornbur ＆ Panther 1997）提出。

语用逻辑，塞尔和范迪维克（Searle ＆ Vanderveke 1985）、范迪维克（Vanderveke 1990、1991）提出。

BDI（beliefs、desire、intension）模型理论，科恩和佩罗（Cohen ＆ Perrault 1979）、佩罗和艾伦（Perrault ＆ Allen 1980）、艾伦和佩罗（Allen ＆ Perreult 1980）等提出。

实用推理，加贝和伍兹（Gabbay ＆ Woods 2003，2005）提出。

协调理论，阿洛特（Allott 2007）提出，"合作"（cooperation）是在参与者为达到共同的目的而努力。但语言中，双方并不一定有共同的目的，因此不是合作，而仅仅是"协调"（coordination），即有共识并能达成一定的理解。

……

但它们总的来说更关注自己所提出的系统内部的自洽性，更像是哲学或数学，而非解决具体问题的语言学。

一般而言，一个形式用于一定的语篇与语境之中，使它的意义功能得以实现，这是正迁移；但也会出现特殊的语篇语境，使它的意义功能无法正常实现，而是转为其他功能，这是负迁移。

言语行为中的负迁移，是对形式与意义功能"一致性"这一语法原则的破坏，也是语言动态发展的动力，它是包括语用修辞与语法化在内的一个连续的动态使用和演化过程。当这一改变仅仅是少数的、个别的情况时，它只是一个语用或修辞现象。但是它可能进一步"规约化"（conventionalization），成为语言系统中一个较为固定的使用习惯，这一进程称为"去范畴化"（decategorization）。再进一步，当它经历"重新分析"（reanalysis）和"陌生化"（defamiliarization）之后，就与原来的使用分离，完全独立为一个新的语言单位，这就是语法化中的"重新范畴化"（recategorization）。

我们可以用下图来展示言语行为负迁移的过程：

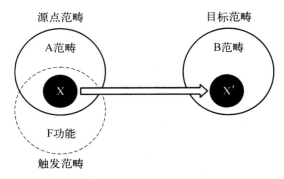

有的时候，这一迁移不是自发的，而是有条件的，当 A 范畴受到另一个 F 范畴的影响的时候——也就是 X 形式本身同时具有 F 功能，或者是 X 形式与表示 F 功能的其他形式共现时——迁移才会发生，而且这 F 的影响往往会决定迁移所朝向的目标。这一担任触发功能的范畴称为"触发范畴"（trigger category）。

有三种显赫的类型：显赫源点范畴（mighty source category）、显赫目标范畴（mighty target category）和显赫触发范畴（mighty trigger category）。显赫触发范畴本身也许没有功能变化，但是当它与其他范畴同用时，很容易触发其他范畴或者是共用以后的形式发生负迁移，这一扩展效应可称为"激励"（stimulation），即该范畴在系统中是一个重要的搅动者，它就像一个搅拌机搅动水泥一样把系统打乱重组，将不同来源的形式按一定的规则抛向各自的目标。

下面来看看其中一个极为重要的显赫触发范畴：强化语力。

2. 语力与强化语力

"言语行为"（speech act）理论，由奥斯丁（Austin）于 20 世纪 30—40 年代创立，它不再把语言看成静态的命题结构，而是动态的交际过程。它特别强调"说话就是行事"，言语行为是一种社会行为，因此参与者之间也是一种社会互动的关系，其理论核心是"以言行事"（illocutionary act），简单地讲，就是当说话者们说出陈述句、疑问句、祈使句等句型的句子时，是在分别履行告知、询问、命令等社会行为。"语力"（illocutionary force，或简称 force），是这些行事行为所体现的说话者的交际意图或言语活动功能，如陈述句有把信息传递给对方的语力，疑问句有要求对方提供相关信息的语力，祈使有让对方做出相应行为的语力，等等；也可以隐喻地理解为说话者通过言语行为试图对听话者施加的作用力或影响。

实际上，弗雷格（Frege）更早地把句子的意义分为 sense（字面意义）和 force 两部分，但语焉不详。Searle 将语句在结构上分为两个部分：行事语力（illocutionary force）与命题内容（propositional content）。段芸（2014）定义"语力"为：在言语交互活动中，讲话者通过使用话语向听话者实施的以试图克服听话者内在的力量趋势（多体现为听话者的心境、情绪、行为取向、习惯等）并在通常情况下因此而改变了听话者状态（包括思想、情感、行为等）的力量。

但是，传统的言语行为理论中，语力往往指语句在使用中的终极目标，因此它与字面意义可能会相差很远。例如一个疑问句最终可能不一定用于疑问，而是祈使要求，它的语力就不被看作询问。

后来的研究者做了重大的修正，认为语力与句子的命题意义都是句子意义的统一体，语力就是句子结构中显示出来的目的，而不是说话者最终在场景中要达到的那个目的，二者之间有更多的推理。以 Searle（1983）的研究为代表，他称命题意义为 p，而语力为 F，则句子意义是 F(p)。我们在实施行事行为 F(p) 时，必然要先表达 p，他称为命题行为（propositional act）。

所以可以把言语行为分为两种：

"直接言语行为"，句子显示的目的就是最终的目的，二者是直接达成的关系。如疑问句用于询问，祈使句用于要求，等等。这在我们的理论体系中称为"正迁移"。

"间接言语行为"，句子显示的目的与最终的目的不一致，二者是间接推理的关系。如疑问句用于祈使，祈使句用于感叹，等等。需要研究怎样从直接的疑问语力中推出间接的祈使目的的问题等等，我们称之为"负迁移"。

本文所说的语力，就是指这种与语句字面意义、结构方式、显性功能成分紧密相关的以言行事目的，而不包括间接达到的目的。与这种语力相关的因素有：①

1）说话者通过这句话的字面意义所要达到的直接行为意图。这也是"语力"这一术语所知的内容。

2）语句的结构与字面意义要和直接意图相匹配。

3）要实现意图，必须满足一系列语用条件，包括听说双方的各种心理条件，有的特殊意图还必须有特殊的实现方式，如道歉需要当着对象的面进行，并有一定的程式要求。如果条件

---

① 塞尔和范迪维克（Searle & Vanderveke 1985）做了详细的讨论，他们分为 7 项：行事（行为）意图（illocutionary point）、行事意图的力度（degree of strength of the illocutionary point）、实现行事意图的方式（mode of achievement）、命题内容条件（propositional content condition）、预备条件（preparatory condition）、真诚条件（sincerity condition）、真诚条件的力度（degree of strength of the sincerity condition）。我们觉得稍显繁杂，所以本书这里略作节选，合并为 4 项。

不满足,就会语力失效。但语力失效对语言而言并不是不能说,而是会表达特殊的语用涵义,从而转入间接言语行为。

4) 语力的强度,即说话者希望达到他的意图的迫切程度。

其中与语用学最为密切的是 3) 和 4)。本文讨论语力强度,我们将另文专门讨论各种言语行为的语用条件。

语力强度有两种:

不同的语力类型之间强度不同,如疑问句的语力一般比祈使句弱,所以用疑问形式来间接表示祈使,如"你帮我一下,行吗?"会显得更为礼貌,因为消极面子就是尽量不要冒犯对方,所以在要求对方时,减弱要求的强度。反过来,用祈使形式来间接表示疑问,如"你看看都有些什么? 告诉我你家的电话!"并不具有这种礼貌功能。其他还有命令与建议、断言和猜测、说话者的地位的不同等因素。

同一类型的语力,由于语言表现和伴随的非语言表现的差异,会有强度上的不同,说话者会根据自己的需要而加以(自由的)调节。①

本文所考察的是第二种语力强度。这种调节从理论上讲,有强化(strenthened)和弱化(weakened)两个方向,参见表 1。

表 1　语力的强化与弱化

	强 化 语 力	弱 化 语 力
意向	试图以最大的可能影响对方,使有关言语活动尽可能快、尽可能完善、尽可能朝说话者设定的方向完成,而不太顾忌双方的关系。	不太关心言语活动的原有目标,而是关心是否对双方关系产生不好的影响,因此或者是对自身在言语活动中的功能产生怀疑,或者对影响对方感到犹豫,或者是勉力听从对方,或者是担心对方的反应脱出自己的预想范围。
情绪	情绪高涨、自信,烦躁,心情急迫。	不自信、犹豫,情绪可能低落。
表情	更明确的喜怒哀乐等情绪反映,更为夸张。	以亲近、讨好或害怕、疏远为主。
视线	特别注视受影响的对象。	可以凝视受影响对象,也可以转移视线。
身姿	可能有更大幅度或更多频率的动作,如各种摆手,更有攻击性的姿势。	可能有表示亲近、讨好或害怕、疏远的动作。
韵律	更高的音强、更长的音长、更大的振幅、更强的气流,更清晰更突出的焦点重音,语流尽力连贯,一口气到底,句末语调多为强降调。	较弱的振幅和气流,但音高、音长可能比正常为高、为长,焦点重音更不清晰,语流可能断续不连贯,相对波动较大。

---

①　马丁和怀特(Martin & White 2008)提出,语力的级差由三种方式实现:

孤立型:通过中心词的修饰语来实现。如"无丝毫改变"中的"丝毫"。

注入型:通过词的内涵来实现。如"你这猴子"中的"猴子"。

重复型:通过词汇的重复或排比来实现。如"好! 好! 好!"

这与本文无关,暂不讨论。

	强　化　语　力	弱　化　语　力
语言形式	强化成分：强化词*、冗余性表达、主观大量成分、鲜明的积极或消极性成分，等等。	弱化词、冗余性表达、主观小量成分、迟疑性表达**，等等。
功能	除了语力调节功能，还有语用迁移功能。	一般只有语力调节功能。

注意：

＊"强化词"不一定是词，可以是强化用的词缀，也可以是短语结构（构式），不管它原来的意义和功能如何，只要一旦使用必有强化相应语力的作用，就称为强化词。"弱化词"也是如此。

＊＊迟疑性表达包括：1）停顿、结巴、拖沓等；2）用来表示思考或犹豫的语词；3）陈述后倒回头再表示疑惑的成分，如疑问句尾。

虽然强化和弱化都可能使用相类似的语段形式，但双方的用法不一样，强化成分往往有重音（当然也不是一定有重音），并且与全句其他部分紧密相连，在一个语调轮廓（intonational contours）中，如下例 a 中划线的部分；而弱化成分恰恰不能有重音，可能与其他部分分开，不在同一语调轮廓中（当然也不一定分开），如下例 b 中划线的部分。

（1）a 你究竟要干什么？（强化词）

他′的确没有找过我们。我′就是不同意！这个′绝对合适！（强化词）

走啊！′赶紧的吧！′快来呀！（强化词）

好啊！十二点了都！人家不要嘛！（强化词）

谁还喜欢他呀！谁都不喜欢他！这也不知道！（强化词（构式））

他′一点儿都不买！（冗余成分/强化词）

他不看′任何中文书。（冗余成分/强化词）

你不要太幸福了！（冗余成分/强化词）

我又惹你什么了我?!（冗余成分）

谁喜欢你呀谁?!（冗余成分）

你喜欢她啊你?!（冗余成分）

他′最得意了！（主观大量）

′太丰盛了！（主观大量）

今年′就十五岁了！（主观大量）

杀得他落花流水,屁滚尿流！（主观大量）

先玩他个痛快再说。（积极或消极成分）

b 他没来吧？/走吧。/好吧。（弱化词）

他去了北京……北京？（冗余成分）

买了（一）些……参考书。（主观小量）

我只是……有点不适应。（主观小量）

您先看……看。看一下。来点儿？（主观小量）

你……也许……做得不是……太好。（主观小量）

多少还算是学到了一点东西。（主观小量）Brown ＆ Levinson（1987）称为"模糊限制语"。

> 我……这个，这个……问你，……(迟疑性成分)
>
> 你喜欢她，是吧／是嘛？(迟疑性成分)
>
> 我觉得……你自己去……要好一点------(迟疑性成分)

语力强度的调整本身就是强化与弱化的功能。强化是说话者把重点放在相应言语活动的完美实现之上，为了达成目标不惜一切；而弱化是说话者把重点放在照顾听说双方的社会关系以及情绪反应之上(包括说话者对自己的不自信心理)，是否达成言语活动的目标倒不那么重要。因此，弱化语力会使得说话者显得更为礼貌，而强化则不礼貌。布朗和刘文森(Brown & Levinson 1987)提出的"面子保全论"(face-saving theory)，从消极面子(negative face)来说，弱化尽量避免损害对方的面子，而强化则可能损害对方的面子；从积极面子(positive face)来说，强化如果具有褒义色彩，则可能是对事物进行积极的赞扬。

语言的目的从来不是单一的，而是充满矛盾，强化与弱化各自都有得有失，为了人际关系可能会丢掉效果，反之，为了效果可能会破坏人际关系。说话者实际上必须平衡其功效，就当下的言语活动的核心问题做出选择。从我们的汉语语料调查来看，我们发现汉语(至少是普通话)是极大地偏向强化语力的一方的，表现为：

1) 在实际交际中，强化手段的使用频率远大于弱化。我们对部分访谈节目的统计为"强化：弱化＝13.7：1"，在录制的口语交谈中，这个比例要小一些，但仍然是强化占绝大多数。

2) 汉语中，强化词、主观大量词，比弱化词、主观小量词要多，在各种类型中都有重要的反映：

在汉语语气词中，只有"吧"(可能在方言中还有少量的语气词)是弱化，"啊、呀、啦、哈、嘛、的"等都是强化。

在汉语语气(评价)副词中，绝大多数都是强化的，如"绝对、决然、准、准保、的确、着实、肯定、真的、简直、敢情、合着、好歹、真、就是、还、甚至、尤其、无非"等。表弱化的有"只是"等。

在汉语情态词及情态辅助词中，也多是强化的，如"甭、别、莫、甭管、无须／无需、何必、千万、万万、快、切、务必、必定、定然、必然、必须、诚然、当然、当真、得、定、定当、断断、断然、固然、应该、分明、明明、俨然、正好、恰恰、迟早、横竖、早晚"等，表弱化的有"盖、可能、也许、大抵、大半、或许、或者、恐怕、容或、似乎、兴许、至少、至多"等。

主观量(subjective quantity)，反映事物的量和说话者或认识者的预期的量的相对大小关系。当事物的量大于预期的量时是主观大量，当事物的量小于预期的量时是主观小量。在汉语表示主观量的语词中，绝大多数都是主观大量的，如"足足、大大、非常、很、真、太、顶、挺、绝、特、够、极、极为、满、蛮、颇、颇为、多、多么、全、全然、都、尽、净、大力、大肆、大为、根本、压根儿、特别、十分、十二分、万分、丝毫①、分外、好生、何等、何其、老是、总是、经常、常常、往往、日夜、时刻、时时、一向、向来、一贯、一直、从来、从不、永远、再也不、远远、处处、到处"等，表主观小量的有"略略、略微、稍、稍为／稍微、较为、一点、有点、一些、有些、依稀、偶或、偶然、有时、间或"等。

另外，言语活动中有各种各样的语力类型，强化的手段也有很多种，但是它们都有一个共

---

① "丝毫"是小量，但只用于否定，如"丝毫不让步"，通过否定就得到了全称量化，所以在逻辑上，"丝毫"句也是主观大量，意为所否定的范围超出了预期。

同的本质,就是通过更有情感更高情绪的展示,去影响对方,其实质与原始人把自己身上插满羽毛,使自己的轮廓显得更大,从而吓住野兽是一样的。因此,强化语力是感叹范畴的一个重要的子范畴。

3. 强化和弱化的功能

让我们先把一般的强化和弱化的语用公式写出:

【弱化语力原则】说话者之所以弱化语力,是为了以下目的:不自信;消极面子(担心冒犯对方);犹豫。

　　言语活动∧[特征]弱化语力→不自信/消极面子/犹豫

如"他没来吧""我只是有一点小小的想法""好……吧"。用格式检验一下是大概率推理:

(2) 张三说他只是有一点小小的看法,所以他是怕冒犯你,或者是他有些犹豫

　　*张三说他只是有一点小小的看法,所以他不怕冒犯你,他也不是犹豫。

　　*张三说他只是有一点小小的看法,但是他是怕冒犯你,或者是他有些犹豫。

　　张三说他只是有一点小小的看法,但是他不怕冒犯你,他也不是犹豫。

上面是我们拿来检验事物的语用关系的方法。检验需要用两对格式,如上例所示,其中两个成立两个不成立。陈振宇、姜毅宁(2019)曾经介绍过这一方法。

强化语力则有两种作用,一种保持原语力,一是离开原语力。先看第一种:

【强化语力原则一】说话者之所以强化语力,是为了以下目的:预计言语活动不顺利;对陷入这一局面不耐烦;催促对方尽快完成;要求对方尽可能完善地完成。迁移公式为:

　　言语活动∧[特征]强化语力∧[特征]不迁移→预计不顺利/烦躁/要求尽快尽可能
　　完善地完成

从陈述的角度看,强化语力更多地担心陈述行为不能成功地影响到听话者,对方或者听不清自己的信息,或者不相信自己的信息,不能顺利地使听话者认同说话者的陈述内容,这就是所谓"求认同"。例如,"这**的确**是你的问题""我**真的**不需要!"都很容易与辩驳场景相联系,而且是担心对方不能接受我的意见。

问答中,答语的功能同陈述,下例中:

(3) a 甲:你买了那本书吗?

　　乙:我买了。

　　　我′**买**了那本书!

　b 甲:你和谁一起去看的电影?

　　乙:小刘啊。

　　　我和′**小刘**一起去看的电影!

乙的回答有简式有复杂式,简式只提供必要的信息,在汉语中是中性的答语;而复杂式不但重复了原来问题中的一些部分,而且有特别的重音,所以在这里是强化答语。除了一般的求认同外,说话者如果对此轮言语活动的成功没有把握,他就会烦操不安,从而显得情绪化,或者对对方有所责备,或者对自己的表现感到遗憾,如例 a 在求认同的同时还可以表示乙对甲的唠叨感到不满。

从疑问和祈使的角度看,强化语力更多的是希望对方尽快尽可能完善地回答或作出相应

的行为调整,如"他**究竟**喜欢谁?""你**到底**是来还是不来?!""**快啦呀!**""**走啊,走啊!**"

　　除了基本的功能,强化与弱化还有很大的不同。打个比方,就像在拍皮球,弱化是更轻地拍它,所以更容易保持在原来的位置上操作,但是强化是更有力地去拍它,皮球可能保持在原位,但也可能发生偏离,这就是说它的语义功能会发生改变,不再维持在原有的功能上,而是偏向新的功能和语力,这就是造成了间接言语行为。

　　例如有两种致使关系:

　　1)在普遍的致使关系中,条件或使因在时轴上在先,而结果或结果变化在后,从蕴涵关系讲,则应该是相反,如果结果或结果变化发生,则使因或条件也都已发生。但是某些特定的使因和条件发生,结果未必会发生,因为有可能需要多个使因或条件一起起作用才会触发结果,而其他使因或条件并不具备,即"结果→(使因∪条件)"。

　　注意这时把方向颠倒过来是:"使因∪条件/→结果",这一般是不成立的蕴涵关系;但是,当说话者特别强调某一使因或条件时,就不仅仅是强调该使因或条件为真,而是进一步迁移至结果,是在间接表达或要求有关的结果或结果变化。如:

　　(4)a 甲:也不知道他考过没有。

　　　　　乙:他肯定能考过!

　　　　b 甲:妈妈抱!

　　　　　乙:你可以自己走!

　　在例 a 中,乙是说"他有能力考过",但是他特别强调自己所说为真,用了"肯定"及强降语调,实际上就是在说有关的结果"他肯定考过了"已经发生。如果有成功的结果,则必然有能力,因此蕴涵关系是"结果→能力";现在特别强调能力,以间接说明说话者认为会有这一结果,即"能力∧强化→结果"。

　　在例 b 中,小孩希望妈妈抱他,妈妈回答的却是他有自己走路的能力,不过语调是感叹句的降调,实际上则是间接地发出命令,要求小孩自己走。如果要求别人做某事,则说话者一定认为对方是有能力去做的,因此蕴涵关系是"祈使→主体有能力",现在特别强调主体的能力,则间接要求对方去做相应的事,即"能力∧强化→祈使"。

　　2)在某些特殊的情况下,更准确地说是在强烈的直接使因的作用下,结果会在很短的时间里实现,甚至是同时实现,这时一般来讲,使因发生,则结果发生,即"使因→结果"。然而当说话者强调这一结果时,就不仅仅是强调该结果为真,而是进一步迁移至其使因,是在间接表达有关的使因。如:

　　(5)a 甲:看,外面地上都湿了!

　　　　　乙:你是说下雨了吗?

　　　　b 甲:你究竟来不来!

　　　　　乙:---你---急着---走吗?

　　　　c 甲:张斌先生来了。

　　　　　乙:′张斌先生来了!

　　　　　甲:---有什么好奇怪的么?

　　在例 a 中,甲强调"外面地上湿",他特别强调这一点,用了"都"及强降语调,实际上是在说有关的使因"下雨了"。按日常经验,如果下雨,则必然地上湿,是直接使因。因此蕴涵关系是"直接使因→结果",现在特别强调结果,便间接说明了使因的存在,乙的回复则表示了他理解了甲的涵义,即"结果∧强化→直接使因"。

在例 b 中,甲急迫地询问对方"来不来",他特别强调这一点,用了强化疑问的"究竟"以及强降语调,实际上是在表示自己的事儿很急,耽误不起。按日常经验,如果询问者非常着急,则无法慢腾腾地等待对方的答案,就会强化疑问。因此蕴涵关系是"说话者急迫→强化疑问",现在他只是在强调疑问,但已间接表明自己很急,即"强化疑问→说话者急迫",乙的回复正表明了他对甲的这一涵义的猜测。

在例 c 中,甲告知对方张先生来了这件事,乙却换用感叹语调和特别重音重复了一遍,实际上是在表示自己很意外很吃惊。按日常经验,如果一个信息让人非常意外,则会发出感慨。因此蕴涵关系是"意外→感叹",现在他表示感叹,就间接表明了他的意外,甲的回复也表示了他理解了乙的心理状态,即"感叹∧强化→意外"。

把上述迁移机制总结起来,就是以下规律:

【强化语力原则二】当说话者在进行某一言语活动时,如果特别强化,且已造成负迁移的话,就会在语境中找到一条蕴涵关系(该关系以该言语活动为后件),说话者的意图会迁移到这一蕴涵关系中的前件上去,也就是说,强化语力触发了溯因推理(逆蕴涵推理)。

言语活动∧[特征]强化语力∧[特征]迁移→移至蕴涵该言语活动的其他言语活动

已有的蕴涵关系是 X→Y,从 X 推出 Y 是正常的,但是从 Y 要推出 X 就欠一些理据。现在说话者用了强化的手段了,于是就"硬"从 Y 这儿推到了 X。如果说"强化语力原则一"还是个普通的语用功能的话,这个"原则二"可不简单,它可以用在各种语用场景之中,根据各个场景的蕴涵关系而发生迁移,它是新功能的触发器,是语言中最强大的显赫触发范畴之一。

对术语要多说两句:"溯因推理"的"因"不能按我们一般的原因来理解,而是要严格按照逻辑关系来推知。如果 X 为真,则 Y 为真,即"X→Y",那么 X 就是"因",Y 就是"果"。颠倒蕴涵关系的顺序,从 Y 推出 X,便是本文所说的"溯因推理",也称"逆蕴涵"。

作为强化手段之一的"主观大量"表达,与一般的客观的量的表达不同,如果我只是报道一个事物的量大,那么不是强化语力,如"和他相比,老王的经验要丰富得多";而主观大量不但指事物的量超过预期,而且有感叹色彩,如"他**压根**儿没听清楚别人说的什么!"一般来说,说话者表现出高的情感强度,如果语句具有量性焦点,则该成分的主观量的差值很大(特别大的主观量)。这一蕴涵关系是:

语句∧[特征]量性焦点∧[特征]感叹→主观量差值大

现在特别使用主观大量的表达方式,而且给以特别强调,那么根据强化语力原则二,这一蕴涵关系就会倒过来:如果语句具有量性焦点,说话者特别强调该成分的主观量的差值很大,则是在表示感叹。新的蕴涵关系是:

语句∧[特征]量性焦点∧主观量差值大∧[特征]强化语力→感叹

从这两个公式的左右调换关系可以看到"溯因推理"的操作。

即使是"强化语力原则一"也会被"原则二"给强化迁移了,我们有:

【强化——强化语力原则一】如果说话者在实施言语活动的同时,表示自己对可能的不顺利的担心,或者表示不耐烦,或者提出尽快完成,则是在表示自己对相应的言语活动进行强化。

言语活动∧[特征]预计不顺利/烦躁/要求尽快尽可能完善地完成∧[特征]强化语力→强化原语力

例如：

(6) a 走啦------你还不走！

　　b 哎呀，他不是我朋友！你他妈几点来？龟儿子的走休？

　　c 吃吧，赶快吃，吃完，吃干净！

例 a"你还不走"表明说话者担心"让你走"的事可能不能顺利实施，所以全句实际上有更为强烈的要求"你走"的意味。例 b"哎呀、他妈的、龟儿子的"都表示说话者心情烦躁，所以全句是强化陈述（要求你认同）、强化疑问（要求尽快回答）和强化祈使（要求尽快实施）。例 c 中"赶快、干净"说出了尽快、尽完善的意义，所以这里的祈使句比只说"吃吧"要强烈得多。

请注意，本文中，所有由"强化语力原则二"造成的语用迁移公式，我们都会在原公式的名称上加上"强化——"这个标头，并且让强化公式尽可能地排在原公式之下，以便读者两相对照。

4. 间接疑问和强化疑问

陈振宇（2008）所说的"非典型疑问"，实际上是讨论各种疑问形式没有直接起作用，但却间接地利用语用推理获得疑问语力的汉语例子。当时虽然提出了各种语用推理类型，但除了直接要求回答一类（如"我问你干什么念书？"）外，其他的各种类型只是提了出来，却没有阐明其中的原理。本文将用强化语力原则二来弥补这一遗憾。我们先看看决定疑问行为正迁移的各种条件，然后通过溯因推理来推出间接疑问。

【疑问条件一】

① 说话者一般不能询问自己知道或确定其答案的问题。迁移公式为：

　　问题 X∧［特征］言者已知或确定 X 答案→［排斥］询问 X

② 一般而言，询问的一定是自己不知道的东西。迁移公式为：

　　问题 X∧询问 X→言者未知或不确定 X 答案

这是因为如果说话者已经知道了答案，那么就没有询问的必要。用格式检验一下是大概率推理：

(7) 张三问明天谁会来，所以他不知道明天谁会来。

　　♯张三问明天谁会来，所以他已经知道明天谁会来。

　　♯张三问明天谁会来，但是他不知道明天谁会来。

　　张三问明天谁会来，但是他已经知道明天谁会来。

【强化——疑问条件一】说话者特别强调自己不知道或不确定，就是在询问对方。迁移公式为：

　　问题 X∧言者未知或不确定 X 答案∧［特征］强化语力→询问 X

陈振宇（2008）发现这是很常见的一种间接疑问句，当时称为"非典型疑问句"，另外由于这是一条语用规则，所以也称为"语用疑问句"，即用非疑问的形式通过语用原则的推导而获得疑问语力。如下例都有询问"你姓啥""他来不来"的语力，但句子字面意义是陈述结构，所以这里的疑问是"间接"的，是由陈述语义通过推导而来的：

(8) 我不知道你姓啥呢！

　　我还不清楚他来不来呢！

话说回来,你们到底为什么吵得这么厉害我还没闹清呢!

与之对比,肯定句则没有疑问语力,如"我知道你姓啥"。

【疑问条件二】

① 常规信息(旧信息)说话者一般不能询问。迁移公式为:

问题 X∧[特征]X 常规→[排斥]询问 X

② 一般而言,询问的一定是非常规的(新信息)。迁移公式为:

问题 X∧询问 X→X 非常规

这是因为说话者的预期一般是与常理预期一致的,说话者一般认为自己是正常的人,此类信息一般就没有询问的必要。例如我们一般不能问"♯他吃饭吗?""♯他有两个眼睛吗?"

【强化——疑问条件二】说话者特别强调信息的非常规性,就是在询问对方。迁移公式为:

问题 X∧X 非常规∧[特征]强化语力→询问 X

如"大家都喜欢看电影,不过好像他和大家不一样哎!"也就是希望对方说说他喜欢什么。"钱大家都喜欢,可张三很与众不同!"也就是要求对方证实或证伪,究竟张三喜欢还是不喜欢。

与之对比,如果说是常规的,就没有疑问语力,如"大家都喜欢看电影,他和大家都一样"。

【疑问条件三】

① 说话者一般不能询问自己不想知道的信息。迁移公式为:

问题 X∧[特征]说话者不想知道 X 的答案→[排斥]询问 X

② 一般而言,询问的一定是说话者想知道的信息。迁移公式为:

问题 X∧询问 X→说话者想知道 X 的答案

这一点张韧弦(2011)也有论述。用格式检验一下是大概率推理:

(9) 张三问明天谁会来,所以他想知道答案。

　　♯张三问明天谁会来,所以他不想知道答案。

　　♯张三问明天谁会来,但是他想知道答案。

　　张三问明天谁会来,但是他不想知道答案。

【强化——疑问条件三】说话者特别强调自己想知道时,就是在询问对方。迁移公式为:

问题 X∧说话者想知道 X 的答案∧[特征]强化语力→询问 X

陈振宇(2008)说这也是重要的语用疑问句,如下面的句子就是在询问"他为什么没有来?""你是怎么进我的房间":

(10) 我想知道他为什么没有来?

　　我想弄清楚你是怎么进我的房间的?

与之对比,否定句就没有疑问语力,如"我不想知道他为什么没有来"。

【疑问条件四】

① 说话者如果认为对方无法告知有关信息,则一般不能询问有关问题。迁移公式为:

问题 X∧[特征]听者不知道 X 的答案→[排斥]询问 X

② 一般而言,询问的一定是说话者认为对方可以告知的东西。迁移公式为:

问题 X∧询问 X→听者知道 X 的答案

用格式检验一下是大概率推理:

（11）张三问李四明天谁会来，所以他认为李四知道答案。

♯张三问李四明天谁会来，所以他认为李四不知道答案。

♯张三问李四明天谁会来，但是他认为李四知道答案。

张三问李四明天谁会来，但是他认为李四不知道答案。

【强化——疑问条件四】说话者特别强调对方知道答案，就是在询问对方。迁移公式为：

问题 X∧听者知道 X 的答案∧［特征］强化语力──→询问 X

这也是语用疑问句，如"你知道他为什么没有来！"也就是让你回答这一问题。再如在讨论课时，有同学问了一问题，老师说"张三知道！"这就是让张三来回答这一问题。进一步可以用这样的是非疑问句：

（12）你知道老师什么时候来吗？

你晓得他会不会来啊？

这实际上是诱导对方回答"知道、晓得"，这一肯定回答不但表明对方自己的答案，而且也间接地突显了这一事实，因此触发溯因推理──说话者实际上是在询问对方，即要求对方回答来的时间，回答他究竟来还是不来。

最后来看一个非常特别的例子：

【疑问条件五】如果一个命题或行为引起意外感叹：

① 在自信的情况下，如果命题没有积极评价，则说话者否定该命题的合理性或常规性。迁移公式为：

命题 X∧X 意外∧［特征］自信∧［特征］无积极评价→（X 不合理∨非常规）

② 在自信的情况下，如果命题有积极评价，则说话者不能否定该命题的合理性，而只能是纯粹感叹。迁移公式为：

命题 X∧X 意外∧［特征］自信∧［特征］有积极评价→感叹 X

③ 在不自信的情况下，说话者需要对方证实或证伪（求证），或者告诉为什么如此（问原因），或者告诉有关细节（问细节），这些都是为了消除自己的意外情感。迁移公式为：

命题 X∧X 意外∧［特征］不自信→（要求证实或证伪 X∨要求告诉 X 的原因或细节）

例如"啊，你明天不来啦?!"是在要求对方证实或证伪，即明天不来是不是真的。"啊，你怎么这样啊?!"是在问对方为什么这样做，是不是有什么正当的理由。"啊，你考了啊……'100分?!"是在问细节，究竟是不是 100 分，是不是记错了具体分数。

【强化——疑问条件五】

① 当说话者特别强调命题的不合理或非常规时，就是在表达对命题的意外。迁移公式为：

命题 X∧（X 不合理∨非常规）∧［特征］强化语力→X 意外

② 当说话者特别强调自己对命题的感叹，就是在表达对命题的意外。迁移公式为：

命题 X∧感叹 X∧［特征］强化语力→X 意外

③ 当说话者特别强调要求对方证实或证伪（求证），或者告诉为什么如此（问原因），或者告诉有关细节（问细节），就是在表达对命题的意外。迁移公式为：

命题 X∧（要求证实或证伪 X∨要求告诉 X 的原因或细节）∧［特征］强化语力→X 意外

例如"你不应该这样啊！""大家都不像你这样啊！"表明"你这样"令说话者感到意外；"他

是好人！"过分感叹，就是说话者表明"他是好人"的命题令人意外。最后一条与本文有关，下面的例子，都表明说话者对"你明天不来"产生了意外：

(13) 你明天究竟，是不是不来了？

　　你明天不来了，为什么啊?!

　　你是说明天……明天不来了?!

最后来看看何时会进行强化疑问：

【疑问条件六】

① 如果说话者认为对方肯定会及时、完备地回答或做出相应的选择，就不需要使用强化表达。迁移公式为：

　　问题 X∧［特征］（对方不可能不及时回答∧不完备回答∧不做出正确的选择）→［排斥］强化语力

② 如果说话者在疑问时使用强化表达，则是他认为对方不一定会及时、完备地回答，或者还不会做出相应的选择。迁移公式为：

　　问题 X∧［特征］强化语力→（对方可能不及时回答∧不完备回答∧不做出正确的选择）

例如"你觉得他到底，是好人还是不是好人?!"就是担心对方不能及时做出正确的选择。"究竟几点开饭啊？"就是担心对方不会及时地、准确地回答。

【疑问条件七】当询问关于对方未来行为的问题时：

① 如果说话者认为对方会采取优势回应，或者自己并不迫切要求对方优势回应时，就不需要使用强化表达。迁移公式为：

　　关于对方未来行为的问题 X∧［特征］（对方会优势回应∨不要求优势回应）→［排斥］强化语力

② 如果说话者在疑问时使用强化表达，则是他认为对方可能不会优势回应，并且他又急迫地要求对方优势回应。迁移公式为：

　　关于对方未来行为的问题 X∧［特征］强化语力→（对方可能不会优势回应∧要求优势回应）

例如"你去不去?!"就是担心对方不能优势回应"去"，并且说话者实际上是希望他去。"你给不给吧！"也是如此，要求对方优势回应"给"。这成了逼迫对方做出合乎说话者要求的选择的方式。

从上面两条可以看到，在强化疑问时，会有两种可能的心理：一是要求对方尽快尽可能完善地回答，但是什么样的答案并未要求；二是要求对方按照优势回应回答。二者相比，前者无标记，而后者是一种特殊的运用，仅用于询问对方未来的行为的时候，所以实际上相当于一种间接的语用祈使，而祈使才是以同意要求为优势回应的。

5. 间接祈使和强化祈使

与疑问相似，祈使也有间接祈使，下面来看看详情：

【祈使条件一】

① 说话者一般不能要求对方去做不合理的事。迁移公式为：

　　　　　行为 X∧［特征］X 不合理→［排斥］要求 X

　②　说话者的要求一般他都认为是合理的。迁移公式为：

　　　　　行为 X∧要求 X→X 合理

格式检验一下是大概率推理：

（14）妈妈要小明去睡觉，所以妈妈认为现在应该睡觉了。

　　　　♯妈妈要小明去睡觉，所以妈妈不认为现在应该睡觉。

　　　　♯妈妈要小明去睡觉，但是妈妈认为现在应该睡觉了。

　　　　妈妈要小明去睡觉，但是妈妈不认为现在应该睡觉。

　【强化——祈使条件一】说话者如果强调行为的合理性，也就是在要求有人去实施这一行为。迁移公式为：

　　　　　行为 X∧合理 X∧［特征］强化语力→要求 X

　　如"你该去"说话者就是在要求对方去。用格式检验一下是大概率推理：

（15）妈妈说你应该去，所以她是要求你去。

　　　　♯妈妈说你应该去，所以她不是要求你去。

　　　　♯妈妈说你应该去，但是她是要求你去。

　　　　妈妈说你应该去，但是她不是要求你去。

　　与之对比，否定句就没有要求语力，如"妈妈说你不应该去"就不会要求你去。

　【祈使条件二】

　①　说话者一般不能禁止对方去做合理的事。迁移公式为：

　　　　　行为 X∧［特征］X 合理→［排斥］禁止 X

　②　说话者禁止的一般是他认为不合理的。迁移公式为：

　　　　　行为 X∧禁止 X→X 不合理

格式检验一下是大概率推理：

（16）妈妈要小明别打游戏了，所以妈妈认为现在不应该打游戏。

　　　　♯妈妈要小明别打游戏了，所以妈妈不认为现在不应该打游戏。

　　　　♯妈妈要小明别打游戏了，但是妈妈认为现在不应该打游戏。

　　　　妈妈要小明别打游戏了，但是妈妈不认为现在不应该打游戏。

　【强化——祈使条件二】说话者如果强调行为的不合理性，也就是在禁止去实施这一行为。迁移公式为：

　　　　　行为 X∧X 不合理∧［特征］强化语力→禁止 X

　　如"你不该去"说话者就是在禁止对方去，在一些方言中（如上海话）"不好"演化为了禁止词，这也是从不合理性开始的，如"不好进去"就是禁止进去。

　　与之对比，肯定句就没有禁止语力，如"你该去"就不会禁止你去。

　【祈使条件三】

　①　说话者一般不能要求对方去做会产生消极结果的事。迁移公式为：

　　　　　行为 X∧［特征］X 结果消极→［排斥］要求 X

　②　说话者的要求一般他都认为是会产生积极结果或至少是中性结果。迁移公式为：

　　　　　行为 X∧要求 X→X 结果（积极∨中性）

格式检验一下是大概率推理：

(17) 妈妈要小明去上辅导班,所以妈妈认为上辅导班有好处或至少没有坏处。

　　♯妈妈要小明去上辅导班,所以妈妈认为上辅导班有坏处。

　　♯妈妈要小明去上辅导班,但是妈妈认为上辅导班有好处或至少没有坏处。

　　♯妈妈要小明去上辅导班,但是妈妈认为上辅导班有坏处。

【强化——祈使条件三】说话者如果强调行为的积极结果,也就是在要求有人去实施这一行为。迁移公式为:

$$行为 X \wedge X 结果积极 \wedge [特征] 强化语力 \rightarrow 要求 X$$

如"你去的话奶奶一定会很高兴的"说话者就是在要求对方去,妈妈对我强调"早上起来喝一杯温开水对肠胃很有好处"时就是在要求我早上喝温开水。

与之对比,否定句就没有要求语力,如"喝温开水对肠胃没有好处"就不会要求你喝温开水。

【祈使条件四】

① 说话者一般不能禁止对方去做会产生积极结果的事。迁移公式为:

$$行为 X \wedge [特征] X 结果积极 \rightarrow [排斥] 禁止 X$$

② 说话者禁止的一般是他认为会产生消极结果或至少是中性结果的事。迁移公式为:

$$行为 X \wedge 禁止 X \rightarrow X 结果(消极 \vee 中性)$$

如"妈妈要小明别打游戏",则妈妈是认为打游戏是有坏处的或至少没有好处。

【强化——祈使条件四】说话者如果强调行为会产生消极的结果,也就是在禁止去实施这一行为。迁移公式为:

$$行为 X \wedge X 结果消极 \wedge [特征] 强化语力 \rightarrow 禁止 X$$

如"你去的话奶奶会不高兴的"说话者就是在禁止对方去,妈妈对我强调"熬夜的话对肝损害很大"时就是在禁止我熬夜。

与之对比,相反的句子就没有禁止语力,如"你去的话奶奶会高兴的"就不会禁止你去。

【祈使条件五】

① 说话者如果不希望、反对一件事发生,一般不能要求对方去做。迁移公式为:

$$行为 X \wedge [特征](言者不希望 X \vee 反对 X) \rightarrow [排斥] 要求 X$$

② 说话者所要求的,一般是他希望发生或支持的事。迁移公式为:

$$行为 X \wedge 要求 X \rightarrow (言者希望 X \wedge 支持 X)$$

张韧弦(2011)对此也有论述。用格式检验一下是大概率推理:

(18) 妈妈要小明去弹钢琴,所以妈妈希望或支持小明成为钢琴家。

　　♯妈妈要小明去弹钢琴,所以妈妈不希望或反对小明成为钢琴家。

　　♯妈妈要小明去弹钢琴,但是妈妈希望或支持小明成为钢琴家。

　　妈妈要小明去弹钢琴,但是妈妈不希望或不支持小明成为钢琴家。

【强化——祈使条件五】当说话者特别强调自己希望某事发生或支持某事时,就是在要求对方实施该行为。(但不能违反合理性)迁移公式为:

$$行为 X \wedge (言者希望 X \wedge 支持 X) \wedge [特征] 强化语力 \rightarrow 要求 X$$

如"我希望爸爸在家陪我!""我支持你们在一起!"实际上是要求爸爸在家陪他,要求对方在一起。

与之对比,否定句就没有要求语力,如"我不支持你们在一起"就不会要求你们在一起。

【祈使条件六】

① 说话者如果希望或支持一件事发生，一般不能禁止对方去做。迁移公式为：

行为 X∧[特征](言者希望 X∨支持 X)→[排斥]禁止 X

② 说话者所禁止的，一般是他不希望发生或反对的事。迁移公式为：

行为 X∧禁止 X→(言者不希望 X∧反对 X)

用格式检验一下是大概率推理：

(19) 妈妈不准小明撒谎，所以妈妈反对撒谎。

♯妈妈不准小明撒谎，所以妈妈还是支持撒谎的。

♯妈妈不准小明撒谎，但是妈妈反对撒谎。

妈妈不准小明撒谎，但是妈妈还是支持撒谎的(她自己可能会撒谎)。

【强化——祈使条件六】当说话者特别强调自己不希望或反对某事发生时，就是在禁止对方实施该行为。(但不能违反合理性)迁移公式为：

行为 X∧(言者不希望 X∧反对 X)∧[特征]强化语力→禁止 X

如"人家不想你走嘛！""我不希望这次考试有人作弊！"实际上是要求对方别走，禁止考试作弊。

与之对比，肯定句就没有禁止语力，如"我希望你走"就不会禁止你走。

【祈使条件七】

① 说话者一般不能要求或禁止非意志的主体去做事。迁移公式为：

事件 X∧[特征]X 没有有意志的主体→[排斥](要求 X∨禁止 X)

② 说话者要求或禁止的一般是有意志的主体。迁移公式为：

事件 X∧(要求 X∨禁止 X)→X 存在有意志的主体

用格式检验一下是完全概率推理：

(20) 张三要汽车停下来，所以他是认为汽车有人(有意志的主体)在控制。

♯张三要汽车停下来，所以他是认为汽车没有人(有意志的主体)在控制。

♯张三要汽车停下来，但是他是认为汽车有人(有意志的主体)在控制。

♯张三要汽车停下来，但是他是认为汽车没有人(有意志的主体)在控制。

【强化——祈使条件七】当说话者特别强调存在有意志的主体时，就是在要求该主体实施该行为。(但不能违反合理性)迁移公式为：

事件 X∧X 存在有意志的主体∧[特征]强化语力→要求 X

这种情况十分罕见，而且往往需要特定的语境，如几个人正在讨论开门的事，这时一个人说"屋里有人"，意为让屋里的人开门。再如几个人在讨论下午做卫生的事儿，一个人说"张三下午在呢！"意为让张三去做卫生。另外请注意，这里不涉及禁止，因为当我们想到一个人时，能联想到的是他能做什么，而不是他不做什么。

【祈使条件八】

① 说话者一般不能要求或禁止对方做对方无法按自己的意愿自主去做的事。迁移公式为：

行为 X∧[特征]主体不自主→[排斥](要求 X∨禁止 X)

② 说话者如果要求或禁止，则是对方可以按自己的意愿自主去做的事。迁移公式为：

行为 X∧(要求 X∨禁止 X)→主体自主

如一个人对"生病"一般是没有自主性的,因此我们一般不能要求对方"生病"或"别生病",除非可以控制。用格式检验一下是大概率推理:

(21) 老张要小明别生病,所以他是认为人可以通过注意生活习惯而避免生病。

　　♯老张要小明别生病,所以他是认为人不可能通过注意生活习惯来避免生病。

　　♯老张要小明别生病,但是他是认为人可以通过注意生活习惯而避免生病。

　　老张要小明别生病,但是他是认为人不可能通过注意生活习惯来避免生病。

【强化——祈使条件八】当说话者在强调对方有自主性时,就是在要求或禁止对方做某事。(但不能违反合理性)。迁移公式为:

　　　　行为 X∧听者自主去做∧[特征]强化语力──→(要求 X∨禁止 X)

如"你可以自己决定去做你选择的事!"其实是在要求你去做事;"你可以自己决定去不去告密!"其实是在要求你别去告密。究竟是要求还是禁止,往往要有合理性判断。

与之相对,一旦说明没有自主性,就没有要求或禁止的语力,如"你没法自己决定去还是不去",就既不能要求也不能禁止你去。

【祈使条件九】

① 说话者一般不能要求或禁止对方做对方做不到的事。迁移公式为:

　　　　行为 X∧[特征]主体无能力→[排斥]要求/禁止 X

② 说话者如果要求或禁止,则是对方有能力去做的事。迁移公式为:

　　　　行为 X∧[特征]要求/禁止 X→主体有能力

这是 Austin 所说的"运用不当"的例子。明明知道对方不会游泳,而要求"你游一个来回"则要求无效。用格式检验一下是大概率推理:

(22) 老张要小明去找他,所以他认为小明知道怎么找到他的。

　　♯老张要小明去找他,所以他认为小明不知道怎么找到他。

　　♯老张要小明去找他,但是他认为小明知道怎么找到他的。

　　老张要小明去找他,但是他认为小明不知道怎么找到他的。

【强化——祈使条件九】

① 当说话者在强调对方有能力做某事时,就是在要求对方做某事。(但不能违反合理性)迁移公式为:

　　　　行为 X∧主体有能力去做∧[特征]强化语力→要求 X

② 当说话者在强调对方有能力不做某事时,就是在禁止对方做某事。(但不能违反合理性)迁移公式为:

　　　　行为 X∧主体有能力不做∧[特征]强化语力→禁止 X

这一点比较常见,如"你能帮他的!""完全有能力把事情做好嘛!""这座桥可以通过大货车嘛! 你们还在犹豫什么?"用格式检验一下是大概率推理:

(23) 张三对李四说"你能帮我的",所以张三是希望李四帮他。

　　♯张三对李四说"你能帮我的",所以张三并不希望李四帮他。

　　♯张三对李四说"你能帮我的",但是张三是希望李四帮他。

　　张三对李四说"你能帮我的",但是张三并不希望李四帮他(只是在考虑李四的能力)。

与之相反,"你是能不受他的影响的!""你完全可以不去!"就是说要求你别受他的影响,要求你别去。

看一下著名的"能力→祈使"间接言语行为的例子,如说"你能帮我一下吗?"表示我希望你帮我。BDI(beliefs、desire、intension)模型是这样推理的:(参看张韧弦 2011:97-98)

(24) Can you pass me the sail?

　　① 说话者要求听话者告知他是否能把盐递过来。

　　② 听话者相信说话者想要他告知他是否能把盐递过来。

　　③ 听话者相信说话者想知道他是否能把盐递过来。

　　④ 由于有能力是做事的一个条件,所以听话者相信者说话者是想要他把盐递过来。

　　⑤ 说话者要求听话者把盐递过去。

可以看到,其中第③到第④过于突兀了,并不符合言说的场景,也不能反映礼貌意义的来源。

我们认为,这里实际上是通过疑问来引起对方对自己能力的注意,它有一个优势的期待,就是对方说"我能",由于对自己能力的肯定会导致允诺,所以这句话也就是在暗示对方给予允诺,于是间接地达到让对方做某事的祈使目的。其推理是:

询问对方能力→期待对方回答"我能"→期待对方允诺→期待对方实施允诺的行为

所以我们认为,从推理过程看,这根本不是一个祈使,因为在这些环节中没有一个地方提到说话者的意愿,完全是一个诱使对方回答、允诺和行动的过程。只不过最终的结果和祈使的效果一样罢了,因此是间接祈使。这里不是直接说出"你能",而是用疑问提醒对方,并且允许对方说"不能",所以具有委婉礼貌的性质。

【祈使条件十】

① 如果是第一人称主体,或者不是未来的事,就不可能是祈使。迁移公式为:

　　行为 X∧[特征](第一人称主体∨X 非未来)→[排斥]要求 X∧[排斥]禁止 X

② 如果是祈使,则必须是第二/三人称主体并且是未来事件。迁移公式为:

　　行为 X∧(要求 X∨禁止 X)→第二/三人称主体∧X 未来

这是 Searle 所说的"命题内容条件"不符的情况。这是很明显的,就不用多说。

【强化——祈使条件十】

① 当特别强调第二/三人称主体并且是未来的肯定行为时,就是在说要求做这事。迁移公式为:

　　行为 X∧第二/三人称主体∧X 未来事实∧[特征]强化语力→要求 X

② 当特别强调第二/三人称主体并且是未来的否定行为时,就是在说禁止做这事。迁移公式为:

　　行为 X∧第二/三人称主体∧X 未来反事实∧[特征]强化语力→禁止 X

在语用中有一条重要的转换规律:说话者趋向于要求自己对将来事件的认识在将来实现为真。因此,既然说话者认为听话者会有这样的趋向,也就意味着他是在要求听话者去实现这一趋向,于是获得了一个语用涵义:说话者要求听话者这样去做。这就是命令道义情态功能。如"(我想)你明天会去!"表示要求你明天去。

汉语中这一功能并不突显,但英语 will 却已经将这一语用涵义规约化,成为一种表示命令要求的道义情态构式,尤其是否定式表禁止"No one will leave the examination room before ten o'clock.(十点以前谁也不能离开考场。)"这一构式的字面意义为预测"十点以前谁也不会离开考场",我的预测要求实现,因此获得命令意义;又这是否定句,否定性命令就是禁止。来看一个汉语的否定例句,"你不会和刚才那个女人结婚吧?(我希望你不要和那个女人结婚)"请注意,虽然这句也反映了说话者的祈使意向,可以推导出禁止要求,但这种句子在汉语中远没有规约化,仅仅是一种可以取消的语用涵义。

【祈使条件十一】

① 说话者一般不能要求或禁止对方就不存在的事物做什么事。迁移公式为:

行为 X 所涉及的事物 X'∧[特征]X'反事实→[排斥]要求 X∧[排斥]禁止 X

② 说话者如果要求或禁止,则有关涉及的事物是说话者认为已经成为事实或至少有可能成为事实的事物。迁移公式为:

行为 X 所涉及的事物 X'∧(要求 X∨禁止 X)→X'(事实∨非事实)

Searle(1969:157-162)说,只有在存在一个法国国王的条件下,才能命令"把这个带给法国国王",因此语力算子是居于存在算子的辖域之内的。如"你买本语法书吧""如果有语法方面的书,帮我买一本"说话者都需要认为"语法书"是存在的,或者有可能存在,不能是绝对不存在的。看一个失效的例子,两人争吵是否有神,甲根本不相信神,当他说"(如果你说的是真的)那你弄个神来让我们看看!"时,这不是真正的祈使句,或者是反语,或者是要给对方挖个坑,让对方出丑。

【强化——祈使条件十一】当说话者特别强调有关事物,也就是在让听话者注意它的存在时,就是在要求做与之相关的行为。(但不能违反合理性)迁移公式为:

行为 X 所涉及的事物 X'∧X'事实∧[特征]强化语力→要求 X

如在一群人吃火锅时,张三对李四说"盐!"李四根据指示看到桌上的盐,可以知道张三是让他做与盐有关的事,或者是加点盐,或者是把盐递给张三,等等,具体是什么要求需要根据场景确定。这里一般不涉及禁止,因为有事物存在,会联想到做而不是不做。这也叫做"主题祈使"或"名词性祈使句"。

【祈使条件十二】

① 当事物 X 与主体无关时,说话者不能要求对方做与事物 X 有关的事。迁移公式为:

行为 X∧[特征]X 与主体不相关→[排斥]要求做与 X 有关的事

② 如果说话者要求对方做与事物 X 有关的事,则该事物与对方是相关的。迁移公式为:

行为 X∧要求做与 X 有关的事→X 与主体相关

例如甲要求乙"你去帮帮张三",乙问"他和我有什么相干?!"乙实际上是认为张三与自己无关,所以甲让自己去帮张三是无效的要求,这时甲要证明自己的要求的合理性,"他是你同学啊! 同学不该相互帮助!"这是通过相关性来证明。

【强化——祈使条件十二】

说话者特别强调主体与 X 相关,就是在要求对方做与 X 相关的事。迁移公式为:

事物 X∧X 与主体相关∧[特征]强化语力→要求做与 X 有关的事

如"国家兴亡与我们每一个人都息息相关!"就是要求我们每一个人都做与国家兴亡有关的事。与之相对,一旦说没有相关性,就没有要求语力,如"这事与你无关"就不能要求你去做这事。

【祈使条件十三】

① 当事物 X 与主体相关时,说话者不能禁止对方做与事物 X 有关的事。迁移公式为:

行为 X∧[特征]X 与主体相关→[排斥]禁止做与 X 有关的事

② 如果说话者禁止对方做与事物 X 有关的事,则是切断该事物与对方的相关性。迁移公式为:

行为 X∧禁止做与 X 有关的事→X 与主体不相关

例如甲要求乙"你别去帮张三",乙答"他是我同学啊?!"乙实际上是认为张三与自己有关,所以甲禁止自己去帮张三是无效的,这时甲要证明自己的合理性,说"他是他,你是你,和你有什么相干!"这也是通过相关性来证明。

【强化——祈使条件十三】

说话者特别强调主体与 X 不相关,就是在禁止对方做与 X 相关的事。迁移公式为:

事物 X∧X 与主体不相关∧[特征]强化语力→禁止做与 X 有关的事

如"这和你又不相关!"就是禁止你做与这有关的事。"她过不过得去和你又没有什么关系!"就是禁止你做对她过关而言有影响的事。

【祈使条件十四】

① 如果一个人已经在做或自己就将会去做的事,说话者一般不能提出要求。迁移公式为:

行为 X∧[特征]听者已实施或自己要实施 X→[排斥]要求 X

② 说话者所要求的,一般是他认为对方未实施或不会自己去做的事。迁移公式为:

行为 X∧要求 X→听者未实施或自己不会实施 X

用格式检验一下是大概率推理:

(25) 老张要小明去找他,所以他认为如果不说,小明自己是不会去找他的。

♯老张要小明去找他,所以他认为如果不说,小明自己也会去找他的。

♯老张要小明去找他,但是他认为如果不说,小明自己是不会去找他的。

老张要小明去找他,但是他认为如果不说,小明自己也会去找他的。

【强化——祈使条件十四】当说话者强调对方未实施或不会实施某一行为时,就是在要求对方实施该行为。(但不能违反合理性)迁移公式为:

行为 X∧听者未实施或自己不会实施 X∧[特征]强化语力→要求 X

如下例中字面上看是陈述你不做或没做某事,实际上就是在间接地要求你做这事:

(26)(几点了?)你还没走!

(几点了?)你不走啊!

你自己不问啊!

这事儿你没给他说啊!

用格式检验一下是大概率推理:

(27) 张三对李四说"你还没走啊",所以张三是希望李四走。

♯张三对李四说"你还没走啊",所以张三并不希望李四走。

♯张三对李四说"你还没走啊",但是张三是希望李四走。

张三对李四说"你还没走啊",但是张三并不希望李四走。

【祈使条件十五】

① 说话者一般不能禁止对方没有做或不会去做的事。迁移公式为:

行为 X∧[特征]听者未实施或不会实施 X→[排斥]禁止 X

② 说话者所禁止的,一般是他认为对方已经做了或会做的事。迁移公式为:

行为 X∧禁止 X→听者已实施或会实施 X

用格式检验一下是大概率推理:

(28) 妈妈不准小明玩游戏,所以她认为小明是在玩游戏或者是要玩游戏。

　　♯妈妈不准小明玩游戏,所以她认为小明没在玩游戏也不会玩游戏。

　　♯妈妈不准小明玩游戏,但是她认为小明是在玩游戏或者是要玩游戏。

　　♯妈妈不准小明玩游戏,不过她认为小明没在玩游戏也不会玩游戏。

【强化——祈使条件十五】当说话者特别强调对方已实施某一行为时,就是在禁止对方实施该行为。(但不能违反合理性)迁移公式为:

行为 X∧听者已实施 X∧[特征]强化语力→禁止 X

如"你已经吃过了!""你问了三遍了!"就是叫你别再吃别再问了。

【祈使条件十六】

① 如果一件事未来根本不会发生,说话者一般不能提出要求。迁移公式为:

行为 X∧[特征]X 未来不可能发生→[排斥]要求 X

② 说话者所要求的,一般是他认为可能发生的事。迁移公式为:

行为 X∧要求 X→X 未来可能发生

用格式检验一下是大概率推理:

(29) 市长提出到 2020 年本市的 GDP 要再翻一番,所以他认为在五年中 GDP 翻番是可能的。

　　♯市长提出到 2020 年本市的 GDP 要再翻一番,所以他认为在五年中 GDP 翻番是不可能的。

　　♯市长提出到 2020 年本市的 GDP 要再翻一番,但是他认为在五年中 GDP 翻番是可能的。

　　市长提出到 2020 年本市的 GDP 要再翻一番,但是他认为在五年中 GDP 翻番是不可能的。

【强化——祈使条件十六】当说话者强调事件有可能发生时,就是在要求实施该行为。(但不能违反合理性)迁移公式为:

行为 X∧X 可能发生∧[特征]强化语力→要求 X

如"你多努力努力是完全有可能做到的!"也就是在要求你去做到,"我觉得你还有提升的空间"(就是有进一步提升的可能性)就是要求你进一步提升。

【祈使条件十七】

① 说话者一般不能禁止根本不可能停止的事。迁移公式为:

行为 X∧[特征]X 不可能停止→[排斥]禁止 X

② 说话者所禁止的,一般是他认为可能停止的事。迁移公式为:

行为 X∧禁止 X→X 可能停止

用格式检验一下是大概率推理:

(30) 县长要求停止工业污染,所以他认为该县的工业污染是有可能消除的。

　　♯县长要求停止工业污染,所以他认为该县的工业污染是不可能消除的。

　　♯县长要求停止工业污染,但是他认为该县的工业污染是有可能消除的。

县长要求停止工业污染,但是他认为该县的工业污染是不可能消除的。

【强化——祈使条件十七】当说话者特别强调事件可能停止时,就是在禁止对方实施该行为。(但不能违反合理性)迁移公式为:

$$行为 X \wedge [特征]X 可能停止 \wedge [特征]强化语力 \rightarrow 禁止 X$$

如"不再嗑药是完全可以做到的!""这种材料完全有可能不依赖进口。"实际上是禁止再嗑药,禁止再进口这种材料。

【祈使条件十八】当说话者在表述某一行为 X(没有褒贬意义)时,

① 说话者如果要求或禁止对方做什么,一定要表述出来。迁移公式为:

$$行为 X \wedge [特征](要求 \vee 禁止)X \rightarrow 表述 X$$

② 如果不表述,就是不要求,也不禁止。迁移公式为:

$$行为 X \wedge [特征]不表述 X \rightarrow (不要求 \wedge 不禁止)X$$

用格式检验一下是大概率推理:

(31) 妈妈没说过让我们早点回去,所以她不要求我们早点回去。

　　♯妈妈没说过让我们早点回去,所以她要求我们早点回去。

　　♯妈妈没说过让我们早点回去,但是她不要求我们早点回去。

　　妈妈没说过让我们早点回去,但是她要求我们早点回去。

【强化——祈使条件十八】如果说话者强调地表述某一行为,就是在要求该行为。(但不能违反合理性)迁移公式为:

$$行为 X \wedge 表述 X \wedge [特征]强化语力 \rightarrow 要求 X$$

如加重地说"九点去看电影"一般而言说话者是在要求该行为实施。用格式检验一下是大概率推理:

(32) 张三说"九点看电影!"所以张三是要求或提议九点去看电影。

　　♯张三说"九点看电影!"所以张三没有要求或提议九点去看电影。

　　♯张三说"九点看电影!"但是张三是要求或提议九点去看电影。

　　张三说"九点看电影!"但是张三没有要求或提议九点去看电影。

下面来看看何时会进行强化祈使:

【祈使条件十九】祈使时:

① 如果说话者认为对方肯定会理解并去做或不做相应的事,就不需要使用强化表达。迁移公式为:

$$行为 X \wedge [特征](对方不可能不理解 \wedge 不按要求或禁止的去做) \rightarrow [排斥]强化语力$$

② 如果说话者在祈使时使用强化表达,则是他认为对方不一定会理解,或者不一定会按要求禁止的去做。迁移公式为:

$$行为 X \wedge [特征]强化语力 \rightarrow (对方可能不理解 \vee 不按要求或禁止的去做)$$

例如"走啊! 快走啊!"就是担心对方会不走。"千万别这样!"就是担心对方可能会这样。

【祈使条件二十】祈使是"高对低"类型的言语行为,所以,

① 如果说话者认为自己的社会地位低于对方(接受要求的一方,也就是行为者),就需要使用弱化表达。迁移公式为:

$$要求行为 X \wedge [特征]说话者社会地位低于行为人 \rightarrow 弱化语力$$

② 如果说话者在祈使时不使用弱化表达,则是他认为自己地位并不低于对方。迁移公

式为：

要求行为 X∧［排斥］弱化语力 →说话者社会地位不低于行为人

例如领导可以直接要求下属"走啊！走！"，因为他的地位高；下属就不能同样对领导说"走！"，因为他的地位低，要用弱化的形式，如"处长，咱走吧！""是不是该走了？"。这才是正常的上下级关系。

6. 结　语

本文在言语行为迁移理论的背景上讨论强化语力的功能，分别了一般强化与特殊的、产生溯因推理的强化，并用相关的规则检验了汉语间接疑问/祈使和强化疑问/祈使的各种情况，从而说明强化语力是显赫的触发范畴中的一个，在负迁移中担任着重要的地位。

当然，有关的迁移还不只这里提到的这些，本文的研究仅仅是这一方面的一个开始。

对同一范畴而言，强化语力的作用有很多，如本文关于疑问和祈使提出了很多的条件，这些条件并不是混乱的一堆，是属于言语行为的各个方面的。可以归纳为意愿、能力、关涉事物、使因以及行为方式等，见表 2：

表 2　疑问、祈使各条件归纳表

		疑　问	祈　使
（言者）意愿		疑问条件一、二、三	祈使条件一、二、三、四、五、六
（听者）能力		疑问条件四	祈使条件七、八、九
关涉事物			祈使条件十、十一、十二、十三、十四、十五、十六、十七
使因		疑问条件五	
方式	言说		祈使条件十八
	强化/弱化	疑问条件六、七	祈使条件十九、二十

参考文献

陈振宇.现代汉语中的非典型疑问句［J］.语言科学,2008(4).

陈振宇,姜毅宁.反预期与事实性——以"合理性"语句为例［J］.中国语文,2019(3).

段芸.言语行为语力的认知语言学研究［M］.北京：科学出版社,2014.

蒋严.走近形式语用学［M］.上海：上海教育出版社,2011.

张韧弦.言语行为的形式化探索［A］.蒋严.走近形式语用学［M］.上海：上海教育出版社,2011.

Allen, J. & C. R. Perreult (1980) Analyzing intention in utterance. Atificial Intelligence, 15: 143 – 178.

Allott, N. (2007) Pragmatics and Rationality. Ph. D. dissertation, London University.

Austin, J. (1962) How to do things with words. Oxford: Oxford University Press.

Brown, P., & S. Levinson (1987). Politeness: Some universals in languageusage. Cambridge: Cambridge

University Press.

Cohen, P. R. & C. R. Perrault (1979) Elements of a plan-based theory of speech acts, Cognitive Science, 3 (3): 177 - 212.

Gabbay, M. D. & J. Woods (2003) Agenda Relevance: a Study in Formal Pragmatics. A Practical Logic of Cognitive Systems. Volume 1. Amsterdam: Elsevier.

—— (2005) The Reach of Abduction: Insight and Trial. A Practical Logic of Cognitive Systems. Volume 2. Amsterdam: Elsevier.

Grice, H.P. (1957) Meaning.Philosophical Review (67): 183 - 198.

—— (1975) Logic and conversation. In: Cole, P. and Morgan, J., Eds., Syntax and Semantics, Academic Press, New York, 41 - 58.

Perrault, C. R. & J. Allen (1980) A plan-based analysis of indirect speech acts. American Journal of Computational Linguistics, 6(3 - 4): 167 - 182.

Sesrle, John R. (1969) Speech acts: An essay in the philosophy of Language. Cambridge: Cambridge University Press.

—— (1975) Indirect speech acts. In Cole. P. & Morgan. J. L. (eds) Syntax and Semantics 3: Speech Act. New York: Academic Press.

—— (1983) Intentionality. Cambridge University Press.

Searle, John. R. and D. Vanderveke (1985) Foundations of lllocutionary Logic. Cambridge: Cambridge University Press.

Sperber, D. & D. Wilson (1986/1995) Relevance: Communication and Cognition. Oxford: Blackwell.

Thornbur, Linds and Klaus-Uwe Panther (1997) Speech Act Metonymies. Discourse and Perspective in Cognitive Linguistics, 23(2): 205 - 219.

Vanderveken, D. (1990) Meaning and speech acts, Volume Ⅰ. Cambridge: Cambridge University Press.

—— (1991) Meaning and speech acts, Volume Ⅱ. Cambridge: Cambridge University Press.

关于语法化及语法性的思考[*]

浙江大学　史文磊

内容提要　本文对语法化研究中"语法性"这一基础性概念作出辨析和论证。功能语法和生成语法都对语法性问题作出了深入的讨论,本文首先对此加以梳理和评价,并在此基础上提出:(ⅰ)在语言世界中确实存在词汇性和语法性之分。(ⅱ)语法性和词汇性本质上属于意义层面,形态-句法结构、语音、语用语篇等方面的表现,都不是它的本质属性。语法性的本质属性是一种关系义(relational significance)。通常所谓语法化中的语法性成分,就是标记"为人"类关系义的显性语言符号。只有这类关系义发生了改变,才能说语法性发生了改变。(ⅲ)语法化就是关系义化(relationalization)。

关键词　功能语法;生成语法;语法性;语法化;关系义

1. 引　　言

"语法化"(grammaticalization)在今天的语言研究中已经成为一个基础性的重要概念,基础到有些词类的界定都是借助语法化给出的。如海涅(Heine 1993)给助动词(auxiliary)作的界定:

Auxiliaries may be defined as linguistic items located <u>along the grammaticalization chain</u> extending from full verb to <u>grammatical</u> inflection of tense, aspect, and modality, as well as a few other functional domains, and their behavior can be described with reference to their relative location <u>along this chain</u>······ (海涅(Heine 1993:131))

[助动词是典型动词沿着<u>语法化链</u>发展出时、体和情态等<u>语法性</u>曲折形式以及其他功能性范畴的演变,其演变可以根据它们在语法化链上的相对位置加以描述······]

近年来,国内外学界关于语法化的研究热度不减,呈现出不断拓展和深化的趋势。尤其是汉语学界,既涌现出了大量与汉语语言事实紧密结合的个案调查,也开始从汉语个案出发进行理论思考。最近洪波等(2017:236)对此作了全面而扼要的述评:"新世纪以来的国际语法化研究引入了构式语法、基于使用的研究方法和语料库语法、形式语法、语用化、语言接触等新研究视角和新理论,取得了一些进展。新世纪以来的国内语法化研究除引介基础上的理论探讨外,引入了构式语法、词汇化、话语标记研究、语言接触研究、主观化、语义图等新领域和新研究方法。"

然而,语法化研究中有一个最基本的问题却往往被忽视了,即**什么是语法化**?纳罗(Narrog)和海涅(Heine)两位著名学者在 2011 年主编了一本大部头的《牛津语法化手册》

＊　基金项目:国家社科基金青年项目"语法化中的语法性及相关问题研究"(14CCY034)、教育部重点研究基地重大项目"汉语基本词汇历史演变研究"(16JJD740015)。

作者简介:史文磊,男,博士,浙江大学中文系副教授,博导,浙江大学汉语史研究中心研究人员,主要从事词汇语法史、历史语言类型学研究。

(*The Handbook of Grammaticalization*)(Narrog and Heine 2011),邀请了几十位专家就各自熟悉的领域撰写语法化研究的通论。两位作者在"引言"中感慨道:

> Currently a wide range of approaches and theoretical orientations are in some way or other based on a grammaticalization perspective. This diversity is associated with a variety of different views on how this phenomenon should be defined. Going through the chapters of this volume, the reader will notice that <u>grammaticalization is far from being a uniform concept, and various definitions have been proposed.</u>

> 〔目前,许多不同思路和理论取向的研究都是基于语法化视角的。这种多样性导致了各家对语法化现象该怎么界定产生了这样那样的分歧。通读本书各章内容会发现,<u>"语法化"这个概念到底该怎样界定,远未达成共识,我们会见到各种各样的定义。</u>〕

学界在界定语法化时,往往追溯到库瑞沃维茨(Kuryłowicz 1965)。库瑞沃维茨(Kuryłowicz 1965:69)说:

> Grammaticalization consists in the increase of the range of a morpheme advancing from a <u>lexical</u> to a <u>grammatical</u> or from a less grammatical to a more <u>grammatical</u> <u>status</u>, e.g. from a derivative formant to an inflectional one.

> 〔语法化是某个语素从词汇性向语法性的转变和增强、或从语法性程度相对低到相对高的变化,如从派生性形式到曲折性形式的变化。〕

从以上定义可知,语法化包括两种情况:一是从词汇性(lexical)语素发展为语法性(grammatical)语素,二是语法性程度较低的语素发展为语法性程度较高的语素。这其中,词汇性与语法性的划分以及语法性程度的增强是一项关键指标。

在现代语言学研究中,无论是功能语言学还是形式语言学,词汇性和语法性的区分都扮演了十分重要的角色〔斯洛宾(Slobin 1997:265 - 266)〕。如前所言,这已成为许多重要概念界定的基础,如根据是否具有语法性地位(grammatical status)来区分词汇体(Aktionsart)和语法体(aspect)〔科姆里(Comrie 1976:6 - 7)〕、语气(mood)和情态(modality)、时态(tense)和时间(time)〔帕尔默(Palmer 1986:7)〕等。汉语语言学研究对语法的关注较晚。不得不承认,当代汉语学界对语法化和语法性的研究,很大程度上是建立在欧美语言学研究的基础上的。

那么,**什么是语法性**?怎样算是语法性增强了?本文拟在既有研究的基础上,就语法化和语法性的本质属性以及相关问题,作出进一步的探索。本文涉及的是语法化研究中一项极为重要却常被忽略的核心课题,在加深对语法化的认识上具有重要理论价值。

文章正文分为以下几大部分:第2节和第3节分别讨论功能语法和生成语法对语法化和语法性的研究,重点评介博伊和哈德(Boye and Harder 2012)和莱姆查安德(Ramchand 2018)的观点。辨其异同,论其得失。在此基础上,第4节提出笔者关于语法化和语法性的几点思考,并对我们的核心观点作出初步论证。第5节是总结和余论。

2. 功能语法对语法化及语法性的讨论

2.1 语法化——定义与质疑

语法化的研究最早是由功能语法学家开启和推动的。无论从理论探讨还是语料挖掘来看,功能语法学家在这方面的工作是最突出的。库瑞沃维茨(Kuryłowicz 1965)之后,功能语法学家对语法化的定义大同小异。莱曼(Lehmann 2002/2015：vii)给语法化下的定义是：

Grammaticalization is a process leading from lexemes to grammatical formatives. A number of semantic, syntactic and phonological processes interact in the grammaticalization of morphemes and of whole constructions.

[语法化是一个从词汇性形式向语法性形式转变的处理过程。大量的语义、句法和音系演变,在语法化过程中相伴而生。]

海涅等(Heine et al. 1991：2)认为,语法化是这样的演变：

lexical unit or structure assumes a grammatical function, or where a grammatical unit assumes a more grammatical function.

[词汇性单位衍生出一种语法性功能,或者语法性单位衍生出一种新的语法性更强的功能。]

霍珀和特劳戈特(Hopper & Traugott 2003：18)给语法化下的定义在国内学界影响最大：

the change whereby lexical items and constructions come in certain linguistic contexts to serve grammatical functions and, once grammaticalized, continue to develop new grammatical functions.

[词汇项和构式在某种特定的语境中转为语法性功能的变化,以及一旦语法化之后,继续发展出新的语法性功能的变化。]

不难看出,这些定义大体一致。语法化分两大阶段,第一阶段是从词汇性转变为语法性,第二阶段是从弱语法性向强语法性进一步演进。其核心判定指标就是词汇性减弱,语法性增强。

国内学界对语法化的界定,跟国外学界略有差别。下面看几家较有影响的定义。沈家煊(1994：17)说：

“语法化”(grammaticalization)通常指语言中意义实在的词转化为无实在意义、表语法功能的成分这样一种过程或现象,中国传统的语言学称之为“实词虚化”。……虚化有程度的差别,实词变为虚词是虚化,虚词变为更虚的成分(如词缀和屈折形态)也是虚化。

吴福祥(2004：18)说：

“语法化”(grammaticalization)指的是语法范畴和语法成分产生和形成的过程或现象,典型的语法化现象是语言中意义实在的词语或结构式变成无实在意义、仅表语法功能的语法成分,或者一个不太虚的语法成分变成更虚的语法成分。

沈家煊和吴福祥两位先生对语法化的界定是融通中西的。语法化在汉语研究传统里,一般理解为实词虚化。较早的汉语语法化研究,如刘坚、曹广顺、吴福祥(1995),讨论的主要现象就是实词虚化。刘坚、曹广顺、吴福祥(1995：161)说：

汉语词汇很早就有虚实之分,所谓实词是指那些具有实实在在的词汇意义的词,虚词则是指那些没有词汇意义而仅有语法意义、并在语句中起一定的语法作用的词。考察汉语的发展史,虚词一般是由实词转变来的。通常是某个实词或因句法位置、组合功能的变化而造成词义演变,或因词义的变化而引起句法位置、组合功能的改变,最终使之失去原来的词汇意义,在语句中只具有某种语法意义,变成了虚词。这个过程可以称之为“语法化”。

实词的实和虚词的虚，大体对应于语法化定义中的词汇性和语法性，但不完全对等。吴福祥先生（2004）的定义则带有更多西方学界对语法化界定的因素。一是将语法化界定为语法范畴和语法成分的产生，二是将考察范围从词语扩展到结构式，这跟学界近来的热点问题"构式化"和"构式语法化"的理念是相通的。

综合以上引述，既有的语法化定义给人一个强烈的印象是，语法化就是产生语法性成分或语法性进一步增强的过程；词汇性和语法性似乎是公认的，无需给出明确界定和论证。

长期以来，语法化研究者们致力于挖掘和归纳语法化过程中一系列重复发生的、统一的演变路径。文献中常常引举的典型语法化案例，往往是同时伴随着语音、形态句法和语义等各个层面不断复现的历时过程，正如上引莱曼（Lehmann 2002/2015：vii）所言。这些文献也往往将语法化视为一种独立的演变类型。但近些年，这种观点遭遇了严厉的挑战和质疑（如坎贝尔（Campbell 2001）；杨达（Janda 2001）；约瑟夫（Joseph 2001）；纽梅尔（Newmeyer 2001））。2001 年，国际语言学期刊 *Language sciences* 刊出一组论文，专门讨论语法化作为一种独立的语言演变现象是否合理。尽管语音、形态句法和语义演变等确实常常伴随语法化演变，然而，它们并非总是伴随语法化发生，也得见于其他一些非语法化的历时演变过程中［坎贝尔（Campbell 2001）］。纽梅尔（Newmeyer 2001：191）一上来就直截了当地说："语法化通常被看作一种与众不同的、需要单独解释的演变过程。与此相反，我认为语法化不过是把特定的句法、语义和语音演变现象合在了一个标签下而已，这些现象完全可以回归自己的领域，分别研究。""只有当语义演变和语音演变恰好跟特定类型的重新分析一致时，我们才说发生了语法化。"

可见，很大程度上正是由于大家在语法化和语法性的界定上存在疑惑或歧见，或者往往视为共识而避而不谈，才出现了各种质疑的声音。纽梅尔（Newmeyer 2001：225）总结说：

> We have examined the associated set of diachronic changes that fall under the rubric of 'grammaticalization' and have found that no new theoretical mechanisms, nor mechanisms unique to grammaticalization itself, are needed to explain them. Far from calling for a 'new theoretical paradigm', grammaticalization appears to be no more than a cover term for a conjunction of familiar developments from different spheres of language, none of which require or entail any of the others. ［纽梅尔（Newmeyer 2001：225）］

> ［我们对以往记在"语法化"名下的相关历时演变现象作了检测，发现并不需要新的理论机制或专属于语法化的机制来作出解释。语法化远称不上是一种"新的理论范式"，而似乎就是为一些早已为人熟知的语言现象贴了一个标签而已。］

杨达（Janda 2001：266）也表达了类似的意思：

> there in fact is no grammaticalization — in the sense that what is often called 'grammaticalization（theory）' is actually an epiphenomenon which results from the intersection and interaction of other, independently motivated domains relevant for the synchronic and diachronic functioning of language（and linguistics）.

> ［这个世界上根本不存在语法化这种东西。所谓的语法化（理论）实际上只是一些其他现象的交汇而已。］

海涅（Heine 2003：581）归纳了近些年语法化理论面临的质疑，有以下四条：

（1）ⅰ 不是所有的语法性演变均由语法化导致。

　　ⅱ 语法化不是单向的。

　　iii 语法化不是独立的处理过程。

　　iv "语法化理论"不是理论。

　　学界在判定语法化现象时,往往用到一些普遍认可的特征。下文就这些特征的效度加以辨析。

2.2　语法化的特征和表现

　　博伊和哈德(Boye & Harder 2012:3)将以往给语法性和语法化下定义的方式分成了三类:

　　(i) 通过无争议的典型例证作出明示性(ostensively)界定。

　　(ii) 通过无争议例证的特征集合(sets of features)作出界定。

　　(iii) 通过无争议例证的某一特征作出界定。

　　第(ii)(iii)两类都是根据特征来界定,区别不大,可以合并。马修斯(Matthews 2007)是(i)类基于典型例证下定义的一个典型案例。以下是作者给语法性语素或词(grammatical morpheme/grammatical word)下的定义:

　　(2) a. 语法性语素:具有语法性意义(grammatical meaning)的语素。

　　　　b. 语法性词:具有语法性意义的词。[马修斯(Matthews 2007:165)]

　　据此可知,作者对语法性语素或词的界定是依赖于语法性意义的。那怎么样的意义是语法性意义呢? 作者给了下面的定义:

　　(3) 语法性意义:Any aspect of meaning described as part of the syntax and morphology of a language as distinct from its lexicon. Thus especially the meanings of constructions and inflections, or of words when described similarly. [马修斯(Matthews 2007:164)]

　　　　[语言中属于句法和形态、区别于词汇的意义;尤其是结构式、曲折形式以及与之类似的词的意义。]

　　作者对语法性语素、语法性意义的界定,很大程度上依赖于典型示例,即结构式、曲折形式以及与之类似的词。正如博伊和哈德(Boye & Harder 2012:3)所言,这种定义的问题很明显,当我们面对其他形式时,仍拿不准是语法性还是词汇性。

　　海涅和雷(Heine & Reh 1984)是基于典型特征下定义的例子,作者认为语法化是:

　　an evolution whereby linguistic units lose in semantic complexity, pragmatic significance, syntactic freedom, and phonetic substance. [海涅和雷(Heine & Reh 1984:15)]

　　　　[语言单位丧失语义复杂性、语用显著性、句法自由性和音系实体性的演化。]

　　莱曼(Lehmann 2002/2015)更是用典型特征界定语法化的力作之一。作者提出了六项特征参数来观察语法化:整合性(integrity)、聚合性(paradigmaticity)、聚合变异性(paradigmatic variability)、结构辖域(structural scope)、黏附性(boundness)和组合变异性(syntagmatic variability)[莱曼(Lehmann 2002/2015:132 Table 4.1)],并认为:

　　grammaticalization is a complex phenomenon which is constituted by these aspects and has no existence independently of them; grammaticalization is made up of these six parts. (Lehmann 2002/2015:132)

　　　　[语法化是由六项特征构成的一种复合现象,且无法在这六项参数之外独立存在;语法化正是由这六部分构成的。]

文献中在采用典型特征的方式给语法化下定义时，往往会提及以下五种特征：

(4) a. 句法组合黏附（boundness/boundedness/bondedness）

　　 b. 语音销蚀（phonological reduction/erosion）

　　 c. 语义弱化（semantic reduction/bleached/generalized/abstract meaning）

　　 d. 范畴成员封闭化（closed-class membership）

　　 e. 强制使用（obligatoriness）

这些特征在国内学界也常常见到。例如："一个词语一旦语法化，就会失去独立应用的能力，而成为一种附着成分"（石毓智 2011：2）；"一个实词的语法化过程往往会导致其语音形式的弱化。"（石毓智 2011：2）；"一个词语的语法化常常会促使其原来的意义抽象化，退化掉一些原来的具体词汇意义。"（石毓智 2011：3）然而，依赖这些特征给语法性表达和语法化作出界定，会面临种种困境。下面结合实例作出辨析。

其一，语音销蚀。

语音销蚀往往被视为发生语法化的重要标志。海涅（Heine 1994：267）指出：

When a given linguistic unit is grammaticalized, its phonetic shape tends to undergo erosion.

［当一个语言单位发生语法化时，其语音形式倾向于发生销蚀。］

然而，事实表明语音销蚀现象并非语法化独有，很多语言演变都存在语音销蚀的情况。换言之，发生语音销蚀不一定就意味着语法性增强。博伊和哈德（Boye & Harder 2012）提到，英语中有一种叫作"类音删略"（haplology）的变化，如 Eng*la-lo*nd（land of Angles）变为 England，中间 la 和 lo 由于语音类同而发生删略。但这种删略跟语法性和语法化显然无关。英语 be going to 是一个经典的语法化案例，讨论广泛。一般认为，伴随着语法化进程，语音也发生了销蚀性变化。其中系词出现省缩或弱化的情况，例如 It's gonna rain 中的 It's。但在用作典型系词时，be 也会出现省缩的情况，如在 It's my book 中。这样就不能说系词的语音销蚀是语法化的判定标准了。

安萨尔多和利姆（Ansaldo and Lim 2004：345 - 346，358 - 360）指出，对于汉语这种孤立型语言来说，语音销蚀是其语法化的最典型表现。然而，在汉语中，跟语法化没有必然关联的语音销蚀并不少见。如在一些北方官话方言中，复合词中有一个语素往往要弱读，如山东昌邑话中"西瓜、南瓜"中的"瓜"，"屋门、闾门、大门"中的"门"，"南屋、北屋、东屋"中的"屋"，都是弱读的。有些地名也是如此，如"刘家庄"中的"家"弱读之后就写成了"刘各庄"。然而，这种语音销蚀跟语法化无涉。古汉语中也留下了很多语音销蚀但跟语法化无涉的痕迹，如"诸""焉"等合音词。纽梅尔（Newmeyer 2001：197）认为，语法化过程中的语音销蚀，可用省力原则（least-effort）这一独立于语法化的力量予以解释。也就是说，使用频率越高的词项，比使用频率低的词项更容易省缩、销蚀。（These are essentially 'least-effort' forces that lead to more frequently used items being, in general, shorter than less frequently used ones.）笔者认为，这是有道理的。这不但可以解释属于语法化的语音销蚀，也可以解释不属于语法化的语音销蚀现象。

语体因素对我们观察语法性与语音销蚀的关系很重要，值得引起重视。介词（preposition）在现代汉语方言的口语中一般是弱读的，但在普通话口语中，介词往往是不弱读的。例如，"张三<u>往</u>卡里存了三千块。""张三<u>从</u>家里跑出来。"中的介词"往""从"在很多方言口语中都是弱读的(轻声,韵母元音也可能变弱),但在普通话中并不弱读,还是念如动词。也就是说,同样是介词,在有的方言中发生了语音销蚀,在普通话中却没有。那么,我们是不是可以说这些介词在方言中是语法性的,在普通话中就不是了呢? 显然不可以。这只能说明,语音销蚀不是语法化和语法性的必要条件。笔者认为,这种情况应是由普通话的书面教学带来的影响。口语中依然保持了书面教学的发音。

由此可见,语体不同,语音销蚀的情况也有所不同。笔者对"鉴于"语法化过程的作了考察(史文磊、谷雨 2019)。"鉴于"从晚清到现当代汉语发展出介词和连词的功能,可以说发生了语法化。但是,在其历时演变过程中,似乎并未发生语音销蚀。例如,"鉴于"在"鉴于你今年业绩下滑,公司决定给你降薪。"中处于连词的地位,但我们在这句话时,"鉴于"并没有发生语音销蚀。"鉴于"这个形式,一般用于正式语体,口语中也会说,但正式度比较高。很可能是它的正式语体属性,导致它不易发生语音销蚀或弱化。以往有关语法化的研究,一般只关注口语语体中各项特征的变化,但对于正式语体,并未给予足够的重视。把正式语体的情况也考虑进来之后发现,一个形式,即使没有发生语音销蚀,我们还是会倾向于认定它经历了语法化。那我们就得反思,语音的销蚀,似乎既不是语法化的充分条件,也不是必要条件。

还有一种需要重视的情况是语言接触。笔者对琼海话的多功能形式"去"作了调查(杨望龙、史文磊 未刊稿),发现琼海话的"去"(i) 作谓语动词和补语念阴去调[hu²¹]和高升调[hu⁴⁵];(ii) 作介词念高升调[hu⁴⁵];(iii) 作助词念阴平调[fiu³⁴]。介词的高升调是连读变调模式和语法化共同促成,而助词独立的音义匹配模式承自大陆闽南语。由此可见,语法化过程中出现不同的读音,可能不一定是因为自然销蚀导致的,也有可能是语言接触导致的。这时,我们如果仍然按照内部独立语法化的思路来观察,就可能出问题。

其二,语义弱化。

语义弱化是一个很复杂的现象,目前学界有各种叫法,也有各种不同的理解。马提索夫(Matisoff 1991:384)曾从隐喻性扩展的角度给语法化下定义说:

> Grammatization may also be viewed as a subtype of *metaphor* (etymologically "carrying beyond"), our most general term for a meaning shift, or *glissement sémantique*. Grammatization is a <u>metaphorical shift toward the abstract</u>. [马提索夫(Matisoff 1991:384)]

> [语法化可以看成<u>隐喻</u>的一种类型……语法化是<u>向抽象概念的隐喻性转移</u>。]

马提索夫(Matisoff)的这个看法很有代表性。语义的隐喻性概括或抽象(abstract)是语义弱化的一种情况,但语义弱化还有不同的情况,我们将另文专论。这里要说的是,不是所有的语义弱化都跟语法化必然相关,或者说发生语义弱化不一定就是语法化,不一定就具有语法性。举例来说,英语的 fly 从表示"在空中快速行进"到表示一般的"快速行进",如从 bird fly 到 Flying Scotsman,其中语义成分"在空中"退化了。但这其中很难说发生了语法化,也很难说获得了语法性。汉语动词"过",可以用于"过了河""过了考试""过了几天"等。从空间(过了河)虚化为时间义(过了年、过了几天)。其中语义发生了隐喻性概括或抽象,但这跟语法化和语法性增强并无关涉。史文磊(待刊)对汉语史上"从综合到分析"的现象作了辨证,指出汉语在分析化进程中存在范畴性语义的分析和区别性语义的分析两种类型。其中范畴性语义的"溢出"或分析化表达,尽管也是抽象义的外现,但跟语法化和语法性的关系不大。可见,有些语义的弱化,也不是语法性的根本所在。

我们不是说所有的语义弱化都跟语法化和语法性无关,但至少有一些是跟语法化没有必然关联的。语法性的本质属性依然有待于进一步的探索。斯威策(Sweetser 1988:389)主张:

> to treat the semantic changes attendant on grammaticalization as describable and explicable in terms of the same theoretical constructs necessary to describe and explain lexical semantic change in general.

> [语法化中发生的语义演变跟词汇性语义演变,理论上不应有什么差异。二者应该同样对待。]

笔者以为,斯威策(Sweetser)的这个意见要分两面看。有些语义演变跟语法化没有必然的关联,这种情况的语义演变跟词汇性语义演变可作统一处理和解释,这个看法是很有见地的;但另一方面,一些语义和语义演变,比如我们将要在下文提出的"为人"的"关系义",跟语法化和语法性密切相关,跟词汇性的语义和语义演变有重要差别,应该区别对待。

其三,黏附性和强制使用。

黏附性和强制使用,一般视为语法化的重要标志。海涅等(Heine et al. 1991:222)提出了著名的语法化链(grammaticalization chains),即语法化的路线是沿着一定的链条发展的。霍伯和特劳戈特(Hopper and Traugott 2003:7)指出,语法化链上具体某个成分该处在哪一环上,可能有不同意见,但是,不同成分之间的相对位置,大致的意见的统一的。例如,大多数语言学家同意有一个语法性链条(cline of grammaticality)。在下面的语法性链条中,从左向右,语法性递增。

(5) content item＞grammatical word＞clitic＞inflectional affix

　　实义形式＞语法词＞黏着语素＞曲折词缀

可以发现,在这条语法性链上,伴随着语法化的进程,从左到右的形式在黏附性上也在递增。莱曼(Lehmann 2004:155)也指出,语法化是下面这样的过程:

> involving a sign losing autonomy and becoming more subject to constraints of the linguistic system.

> [包含丧失自主性,变得更加依赖于语言系统的限制。]

哈斯佩尔马斯(Haspelmath 2004:26)对语法化的定义是:

> A grammaticalization is a diachronic change by which the parts of a constructional schema come to have stronger internal dependencies.

> [语法化是一种构式图式的内部依附性越来越强的历时演变。]

的确,有些语法化案例经历了内部依附性增强的演变,如英语的 be going to,从空间位移到将来时,这公认是语法化。其内部依附性也随之增强,如 be gonna 的出现。但不是所有语法化案例全都伴随构式图式内部依附性的增强,即便没有争议的典型语法化案例也很难确断。例如,英语 have 可以用作实在动词,也可在完成时构式中用作助动词。从实在动词到助动词的转变,一般都认为是语法化。但我们能不能说,助动词 have 所在的构式图式(have 跟主要动词之间)的内部依存性就比实在动词所在的构式图式(have 跟其主、宾语之间)更强呢?似乎很难。因此,很难说 have 从实在动词语法化为助动词一定伴随了内部依附性的强化。

另外,具有或者获得黏附性,并不必然意味着具有或者获得语法性。博伊和哈德(Boye & Harder 2012)举了英语的例子说,英语复合谓词结构 put away 中,黏附性和使用强制性显然是 away 和 put 都具有的属性特征；而 away 是语法性的，put 却是词汇性的。这样的例子在汉语复合结构中比比皆是。

我们对台州方言的量名结构作了调查（金龙、史文磊 2019）。结果发现，台州方言量词有一类特殊用法。一般认为，汉语"量名结构"中量词的功能沿着定语标记和指示词两条路线发展。而在台州方言中，有一类量名结构（如"条肚""张面"）用法独特，整个结构相当于一个光杆名词，其中的量词成分没有语义贡献，也不再承担语法功能，而仅在形式上参与构词。这类结构是在"限定成分（人称代词）＋量词＋名词"式短语的基础上，通过重新分析而来的。台州方言中的这一特殊用法，展示了量词功能发展的另一条路，即量词向词内语素发展。这可以说是发生了结构上的词汇化。在词汇化过程中，量词的黏附性和强制使用性都大大增强了。现在的台州方言中，要表达"肚"这个意思，不能单说"肚"，一定要说"条肚"。但从语法化的角度来看，我们很难说"条"等量词的这种用法是经历了语法化，也并不存在语法性的增强。

其四，范畴成员封闭。

泰尔米（Talmy 1985）提出，词汇性范畴的成员是开放性的（open-class），而语法性范畴的成员是封闭性的（closed-class）。泰尔米（Talmy 2007）又对开放类和封闭类作了进一步的阐述。这个思路给人很大的启发。后来很多研究都采用范畴成员的开放或封闭作为鉴定词汇性和语法性的重要指标。

毫无疑问，不少公认的语法性范畴，其成员都是封闭的。但有些范畴处理起来比较麻烦。第一种情况，并非全部封闭类的范畴都是语法性的，如代词和颜色词。颜色词无疑是封闭类范畴，但我们很难说颜色词是语法性的，也极少见到颜色词发生语法化。代词的地位比较尴尬。有的研究认为代词是语法性的，但代词的语法性表现在哪些方面呢？它可以独立充当论元，是跟名词具有相似句法行为的范畴，很难说它是语法性的。博伊和哈德（Boye ＆ Harder 2012）还举了拉丁语世界人名中 praenomina 的例子。人们在取名的时候，一定要区分男性还是女性。这种区分很难说是语法性范畴，所以作者认为这是范畴封闭的词汇性范畴。可备一说。第二种情况，一些开放类的范畴，有的学者认为是语法性的，例如汉语的量词。郑礼珊和司马翎（Cheng and Sybasma 1999）认为，汉语的量词是 DP 内部 ClP 的功能核心，相当于英语的 determiner，是功能性成分，即语法性的。此后很多学者都依从此说。但一件非常棘手的事情是，量词的成员有好几百个，我们很难接受一个语法性范畴的成员有好几百个。所以有的学者坚决反对，提出量词顶多算是半词汇性（semi-lexical）或半语法性的。可仔细想想，问题不但没解决，反倒更微妙了。什么叫半词汇性或半语法性？一个语言符号，或是具有语法性的功能，或者具有词汇性的功能，可半词汇性怎么界定呢？

其五，单向性。

以往学界提出，语法化作为一种理论，单向性（unidirection）是其核心假设之一。前文提到的语法化链或语法化通道（channel）［莱曼（Lehmann 1982）］，都是倾向于认为，语法化是沿着单一方向发展的。海涅和库特瓦（Heine and Kuteva 2002/2019）则整理了大量的语法化演变的实例，展示出语法化的演进路线。但后来的研究逐渐发现，单向性是有问题的。如纽梅尔（Newmeyer 2001）认为，单向性并不存在。纽梅尔（Newmyer 2001：215）说：

Thus the unidirectionality hypothesis with respect to grammaticalization from one grammatical morpheme to another is shown to be <u>factually incorrect</u> and certainly should not be used as a tool in grammaticalization research. In fact, <u>bidirectionality</u>

appears to be the most likely possibility for those grammaticalization processes that involve metaphor and metonymic extensions.

[语法化中的单项性假设事实上是错的,不应该用作语法化研究的工具。事实上,对于涉及隐喻和转喻性扩展的语法化过程而言,双向性看起来是最大的可能。]

霍珀和特劳戈特(Hopper & Trautott 2003:133)则申辩说:

Therefore, characterizing grammaticalization exclusively as an epiphenomenon of reanalysis or of other factors in change fails to address a large subset of the phenomena under consideration in studies of grammaticalization.

[如果把语法化单纯看成是重新分析或演变中其他因素的附带现象,那将无法涵盖语法化研究中所描述的多数现象。]

然而,这并不能消解语言中存在的大量语法化的逆向演变现象。诺德(Norde 2009)对印欧语作了广泛的调查,吴福祥(2017)则列举了汉语方言中存在的大量现象,证明逆语法化的广泛存在。

综上所述,第一,如果语法性意味着在音、义、句法等方面具备某种特征,那么,语法化作为独立的语言演变现象而存在的地位必然要遭受质疑。第二,上述特征是从大量的语法化实例中归纳出的特征集合,而就任何单个儿实例来说,基本上都不会符合集合中全部特征。即便是最没有争议的语法化个案,一般也只是伴随其中的某几条特征的变化。第三,上面列举的各项特征不只见于语法性表达,也见于词汇性表达和词汇性的演变过程。换言之,具备某项特征并能不必然证明这是语法性表达或是发生了语法化。纽梅尔(Newmeyer 2001:202)画了一张图式,用来表示语法化过程中各项特征的变化只是语音、形态句法、语义等各部门演变的附带现象。综观以往对语法化的界定和讨论,纽梅尔(Newmeyer)的观点不是没有道理的。

2.3　基于使用的理论对语法性和语法化的定义

哈德和博伊(Harder and Boye 2011)、博伊和哈德(Boye and Harder 2012)主张,词汇性形式和语法性形式的区分应当予以保留。作者提出了一种基于语用或语篇(usage- or discourse-based)的理论。该理论重点关注的是,某一语法性成分相对于跟它构成横向组合(syntagmatic)关系的其他成分而言所承担的功能角色(functional role)。其核心思想如下:

grammar is constituted by expressions that by linguistic convention are ancillary and as such discursively secondary in relation to other expressions — and that grammaticalization consists in the diachronic change that leads to such expressions. Conversely, lexical expressions are by linguistic convention potentially primary in terms of discourse prominence. [博伊和哈德(Boye & Harder 2012:2)]

[语法是由根据语言规约处于附属地位、从而在语篇分布上相对于其他表达来说处于次要地位的表达构成的;语法化则是产生这类表达形式的历时演变。与此相反,词汇性表达是根据语言规约在语篇显著性上能够占据潜在主要地位的成分。]

作者基于"语篇显著性"(discourse prominence)提出了语法性的诊断方案,给人很大的启发。我们下面重点介绍其理论和思路,并在此基础上作出评价。

基于语用的语法性理论是一个泛时理论,涵盖了共时平面的语法性表达和产生语法性表达的语法化演变。据此,词汇性表达在交际中可以承载语言信息的主要观点,而语法性表达

（语素、词、构式）通常是不承担主要观点的，而只是作为次要成分或背景性成分，以交际的次要目的成分存在。

以下是相关概念的定义［博伊和哈德（Boye & Harder 2012：7 - 13）］：

（6）Lexical Expressions：Lexical expressions are by convention capable of being discursively primary.

［词汇性表达：根据约定俗成能在语篇分布上处于主要地位的表达形式。］

（7）Lexical meaning：Lexical meaning is by convention capable of being discursively primary.

［词汇性意义：根据规约能够占据语篇主要地位的意义。］

（8）Grammatical Expressions：Grammatical expressions are by convention ancillary and as such discursively secondary.

［语法性表达：根据约定俗成处于附属地位、从而在语篇分布上位居次要地位的表达形式。］

（9）Grammatical meaning：Grammatical meaning is by convention discursively secondary.

［语法性意义：根据规约处于语篇次要地位的意义。］

（10）Grammaticalization：Grammaticalization is the diachronic change that gives rise to linguistic expressions that are by convention ancillary and as such discursively secondary.

［语法化：产生交际中处于附属地位从而在语篇分布上占次要地位的语言表达的历时演变。］

作者指出，语法性意义和词汇性意义之间的区别在于，语法性意义不但可以规约化地跟语法性表达关联，也可以跟词汇性表达关联。词汇性表达需要具有词汇性意义，否则就无法具备语篇主要地位的能力；但是词汇性表达还可以额外具有语法性意义。举例来说，英语的动词 ran。这个动词形式可以分析出两项规约化的意义：run（跑）和 past（过去式）。作者认为前一项意义无疑是词汇性的，具备成为主要地位的潜能，而后一项意义是语法性的，因为过去时的意义无法成为语言交流信息的主要观点。同样，tree 这个形式除了词汇意义之外，还含有另一个规约化的语法意义，即可数性。可数性也不能成为交流的主要意义。跟语法性意义相对的是，词汇性意义只能见于词汇性表达形式。这是因为词汇性意义迫使词汇性表达形式能够占据语篇主要地位。

作者认为，在以上定义的基础上，我们可以连接起功能和语言使用以及语言结构，可以揭示出词汇性和语法性之间的异同，提供明确的、可操作的测试方法来判断语法性地位。以下是作者提出的两条重要的诊断手段。

很多情况下，言者能够通过直觉或经验就可以明确地断定某项语言表达形式是否可以显示话语中的主要观点（main point）。例如，很难想象 happily 中的后缀-ly 能够表达主要观点。当然，经验判断会得到以下检测手段的支持。

判断一个表达形式是词汇性的，需要它可以在实际使用中能够成为语篇主要成分的证据。判断一个表达形式是语法性的，需要找出它不能成为语篇主要成分的证据。第一个检测表征是"可聚焦性"（focalizability）。焦点表达是话语中的主要成分，可聚焦性因此就成为词汇性地位的重要表征：只有词汇性表达，即潜在主要的表达，有通过焦点成分指派语篇主要地位的能力。

相应地,"不可聚焦性"(nonfocalizability)则是语法性地位即规约化次要地位的重要表征。

(11) Nonfocalizability as symptom of grammatical status：Grammatical expressions cannot be assigned discursively primary status by focalizing expressions.[博伊和哈德(Boye & Harder 2012：14(17))]

[不可聚焦性作为语法性地位的表征：语法性表达不能通过焦点表达指派语篇主要地位。]

这项表征在不同的语言中可以通过不同的方式作出检测。在英语中,焦点表达包括分裂结构(cleft constructions)、准分裂结构(pseudo-cleft constructions)、窄焦点重读(narrowly focal stress)以及焦点助词(focus particles)如 only、just 和 even 等。

(12) 英语的焦点检测

　　a. 语法性表达不能单独出现在分裂结构的焦点位置。

　　b. 语法性表达不能单独出现在准分裂结构的焦点位置。

　　c. 语法性表达不能单独承担窄焦点重读。

　　d. 语法性表达不能单独出现在焦点助词(如 only、just、even 等)的语义辖域之内。

人类语言在实现焦点化操作的策略上不尽相同,但只要具有句内层面的焦点表达手段,那就可以用这个办法来检测。

第二项用来检测语法性地位的表征是"可述及性"(addressability)：述及某一语言表达的意义,就是在紧接的一段话语中把它挑出来单说。跟可聚焦性相似,可述及性是词汇性地位的重要检测手段：只有词汇性表达即潜在主要的表达,才能通过在紧接语篇中被述及的策略指派主要地位。但与可聚焦性不同的是,可述及性是一种句外的或基于语篇的表征。这一手段,在后续紧接话语中利用某种语言策略进行提问、确认、拒绝、反馈,或者评论、述及属于此前话语中的某一表达成分,并假设述及某一表达成分意味着指派给该成分语篇主要地位。

(13) Nonaddressability as symptom of grammatical status：Grammatical expressions cannot be assigned discursively primary status by being addressed in subsequent discourse.

[不可述及性作为语法性地位的表征：语法性表达不能通过在语篇中被述及的策略指派语篇主要地位。]

我们可以根据不同语言的具体特点和个性,找出可述及性的各种检测手段。英语用来检测可述及性的手段大致有如下几种：

(14) 英语的可述及性检测

　　a. 语法性表达不能单独用 WH-问句进行提问。

　　b. 语法性表达不能单独用回指或后指的方式(anaphorically or cataphorically)进行指称。

　　c. 语法性表达不能单独用是非问句(yes-no questions)进行提问。

博伊和哈德(Boye & Harder 2012)通过下面的例子作了阐述：

(15) Jones is gonna call her tomorrow.

作者认为,可以通过可述及性检测证明 gonna 是语法性的。在听到上面这个句子的时候,听者很难用"how, gonna?"(怎么办,gonna?)来回应。"how?"这一问述及的是事态发生的方式,它只能用来陈述句中的 call："how, call?"(怎么办,call——通过手机还是 Skype?)。通过可述及性检测可知,call 是词汇性的,gonna 是语法性的。

还可以通过可聚焦性检测证明 gonna 的语法性。例如,gonna 不能通过句重读策略承载窄焦点。拜比等(Bybee et al 1994：7)也提到了这一点。因此,Jones 和 tomorrow 等成分都可以承载窄焦点,但是 gonna 不能。这也证明 gonna 是语法性的。

相对于 gonna 而言,动词 kill 就是词汇性的,这可以通过可述及性和可聚焦性检测得到证明。该动词可以通过重读处于窄焦点的位置,如下例(16),可以用 how 来提问述及,如(17),可以置于准分裂结构的焦点位置,如(18),或置于焦点助词 even 的辖域之内,如(19)。

(16) I'll kill anyone who insults my mother.

(17) — I am fully prepared to kill.

　　— How?('how, kill?'; alternatively, 'how, prepared to kill?')

(18) What I want is to kill (him).

(19) I am ready to even kill.

比较下面第一例插入语(parenthetical)I think 和第二例 Jill regrets 的用法：

(20) Jill left her husband, I think.

(21) Jill regrets that she left her husband.

根据可述及性检测,插入语(或话语标记)I think 展示出语法性表征。当我们听到这句话时,不能通过是非问(如"really?")来问"really, do you think so?"(真的吗? 你是这样认为的吗?)但是非问可以述及 Jill left her husband。相对而言,第二例中 Jill regrets 显示出词汇性特点,当我们听到这句话时,完全可以通过问"really?"来提问"really, does she regret?"(真的吗? 她后悔吗?)

作者坚信,他们提出了一个具有优越性的理论,可以涵括全部无争议语法性表达,且提供了一套可以鉴别词汇性和语法性地位的有效手段。有些例子现有的鉴定结果和传统的一般看法不一致,对此,作者认为这是"由于传统的思路并非基于前后一贯的理论,是前理论的和基于直觉的,这种冲突或不一致当归咎于传统研究的不足"。博伊和哈德(Boye & Harder 2012：21)

毫无疑问,作者提出的这一观点,对当下语法化的实践和理论探索来说是重要的推动。文章颇具启发性,我们在前文介绍的时候也已经提到了。下面重点谈谈以下几点问题。

第一,作者提出的这两种检测手段均存在若干局限。焦点标记和述及策略是受语言结构的特性制约的。例如,wh-疑问和回指代词这种策略只能述及单元性成分((sub)constituents),是非问(yes-no questions)只适用于小句(clauses)。同样,分裂句和准分裂句结构的适用面也是受语言结构限制的,它们只适用于短语(phrasal level)或更高的层次。这意味着,这些检测手段不具有普适性。例如,如果某个成分是句法单元层次之下的成分,那用分裂句和准分裂句检测就失效了。关于汉语倚变构式"越来越"中"来"的语法地位,学界有不同意见。史文磊、王翠(2021)对此作了辨析,发现通过可述及性很难检测出"来"的属性。这很大程度上是由于"越来越"是作为整体发生构式化的,"来"具有高度的构式依赖性。

检测手段的应用面越广,诊断价值显然就越高。由此而论,通过焦点重读(focus stress)来做的焦点测试,是最有效的测试手段了。通过重读标识的窄焦点这个办法,我们有可能检测出所有的词汇性表达。但也有不灵的时候。例如,面对古代的书面文献时,重读策略难以实施。再如,英语中的复数后缀-s。

(22) The streets are wet.

很显然,由于-s 不构成一个句法单元性成分,所以它无法通过分裂句、准分裂句结构以及焦点助词等焦点化策略进行检测。后缀-s 甚至不是独立的音节,连窄焦点重读测试也无法执行。因此,上面介绍的所有焦点测试手段都难以奏效。

有鉴于此,作者给出的解决方案是:

Therefore, we are left with <u>intuitions</u> to tell us whether -s is potentially discursively primary. We believe intuitions are firm enough to warrant the answer 'no' …… we prefer to say that in certain cases we have to rest content with intuitive judgments unsupported by tests. [博伊和哈德(Boye and Harder 2012:17)]

[因此,我们最后依靠<u>直觉</u>来判断后缀-s 是否具有潜在语篇主要地位。我们相信直觉具有足以保证-s 不具备潜在的语篇主要地位。……我们倾向于认为,在某些特定的情况下,我们不得不依赖直觉来作出判断。]

依赖直觉,其实还是没有从根儿上解决问题。

还有一些例外情况,即在元语言性(metalinguistic)和对比性(contrastive)表达的语境中,有一些例外。在元语言性和对比性表达语境中,语法性表达形式可以置于窄焦点的位置,语法性表达也可以被述及。

作者认为,这种例外之所以出现,是因为这里可聚焦性和可述及性操作并非相对于相邻组合成分(syntagmatically related elements)而言指派语篇显著地位的。下面是元语言语境中语法性成分作焦点的例子。

(23) I said Smith hated her — not hates.

(24) —— Has he called her?

　　　—— No, he is gonna call her.

上例中通过重读置于窄焦点位置的-ed 和-gonna,并不只是放在句法结构中使用的语言成分,也是被提及(mentioned)的成分。下面的例子情况相似。

(25) —— He is gonna call her.

　　　—— What? He has called her already, hasn't he?

例中"what?"在此可以理解为元语言层面述及 gonna:问话问的不只是 gonna 的意义,也是在问 gonna 这个词使用的适当性。

这里 gonna 的焦点化和述及化,不是为了在线性组合语篇中相对于邻接成分凸显语篇主要地位,而是强调相对于聚合性的相关表达而言,该形式在使用上的适当性。

再如下例,句中重读的前缀 im-覆盖了规约化的词汇重音(accent),但显然不是相对于邻接的组合性语篇(-port)而言的,而是强调 im-在使用上的适当性,以及它跟 ex-之间的对比性。

(26) I said they import (not export) toxic waste.

下面是对比焦点的例子。

(27) This is what we have done; now I'll talk about what we're gonna do

对比焦点可以视为在常规焦点之上叠加(superimpose)的一种焦点。其叠加的性质具有以下特点:首先,跟常规焦点不同,对比焦点可以指派给非句法范畴的成分;其次,对比焦点在语义上激活了一个对比的集合,如上例中 gonna 理解为"而非 have"。跟元语言焦点相似,对比焦点凸显的成分不是相对于组合关系层面的邻接成分而言的,而是相对于聚合关系层面的候选项而言的。

的确,句内范围的常规焦点和分句之间的对比是不同的,对此我们应当承认。但这似乎也恰好说明,作者提出的测试手段并不能涵盖全部现象,尚未触及语法性的本质属性。

第二,作者提出的这一思路,可以用来对语法化中词汇性和语法性做一个大体的划界,但对于语法性程度和词汇性程度的高低的刻画,就显得捉襟现肘。该理论只是大致上勾勒出了哪些形式是语法性的,哪些是词汇性的。但是,至于这些形式内部相互的转变,是语法化还是词汇化?这个问题就无法解答了。例如副词之间的转变问题;再如,名词变为副词是不是语法化?再如一些结构内部成分的语法性如何界定,也是问题。因此,基于使用的检测既给我们提供了一套方法,其实也给我们提出了新的课题。

第三,有些例子很难说一定是语篇主次地位的问题。例如,作者认为语法性表达的黏附性是它们所具有的规约化次要地位的直接后果。语法性表达要求以之为次要地位的另一表达形式与之共现。如英语助动词 gonna 依附于后接的非限定性补足语,作为次要地位成分为后者提供"将来性"(prospectivity)意义。

(28) I am gonna go.

(29) * I am gonna.

可是,换个角度来看,我们如何断定 gonna 不能脱离后接 VP 是因为语法性地位而不是使用的频率效应呢?

再如,作者提到法语中的第一人称形式有两类,一个是独立的,一个是黏附。于是作者认为黏附的是语法性的,独立的是词汇性的。然而,我们如何确定这种差别不是因为使用频率导致的结构销蚀,而是由于语法性的要求呢?显然两种可能都存在。作者提出了语篇主次地位的观点来反驳语法化特征观,结果还是落入了特征的陷阱。

第四,如何处理古代文献语料的问题。我们知道,语法化的主要研究对象是历时演变,因此,我们不可避免要追溯历史文献语言。正如特劳戈特和特劳斯代尔(Traugott and Trousdale 2013:105)所说,当我们面对历史文献的时候,我们并没有母语的语感来判断某个形式的潜在语篇主要地位。这样一来,基于语篇的语法化理论在处理历史语料时,会存在诊断上的困境。

鉴于以上分析,我们认为博伊和哈德(Boye and Harder 2012)的理念以及操作方法,给我们进一步揭示语法性的本质属性带来了很大的启发,但还存在一些需要进一步思考的问题。

3. 生成语法对语法化及语法性的研究

3.1 关于语法化的本质属性

近些年来,生成语法学家也开始关注语法化和语法性问题,其中罗伯茨和罗素(Roberts and Rossou 2003)是最具代表性的研究之一。作者一上来开门见山:

Within the set of assumptions we adopt, there is no need to treat grammaticalization as a separate framework, or for that matter as a distinct process of the grammar. Thus our central claims are:(a)that grammaticalization is a regular case of parameter change not fundamentally different from other such changes;(b)grammaticalization is therefore epiphenomenal.[罗伯茨和罗素(Roberts and Rossou 2003:2)]

[根据我们采取的假设,没有必要把语法化看作一种独立的理论框架或一种单独的

语法处理过程。因此,我们的核心观点是:(a)语法化是参数取值变化的一种常规案例,跟其他演变并无本质区别;(b)因此,<u>语法化只是语言中其他领域的演变的一种附带现象</u>。]

另一位代表性人物范·格德伦(van Gelderen 2004)更为明确地指出,语法化就是成分沿着树形结构的上移(move upward)。作者提出了两条经济性原则,作为语法化的机制。此外,辛普森和吴秀枝(Simpson and Wu 2002)、吴秀枝(Wu 2004)等采取生成语法的理论框架,对汉语中若干语法化现象作了刻画和分析。以上各家的基本理念是一致的。

3.2 关于语法性和词汇性的区分

在当代的形式句法理论体系中,词汇性表达和语法性表达的区分,是观察句法和词库关系以及句法和语义关系时普遍设置的一项特征。词汇性和语法性(或功能性)的划分,已经成为当代句法理论的普遍假设,几乎没人怀疑过二者之间的区别是否真正存在。

然而,乔姆斯基在他经典的 *Syntactic Structures*(1957)一书中,对于词汇性和语法性的区分是持否定态度的。他有一段经典论述,引在这里:

> Another common but dubious use of the notion 'structural meaning' is with reference to the meanings of so-called 'grammatically functioning' morphemes such as *-ing*, *-ly*, prepositions etc. The contention that the meanings of these morphemes are fundamentally different from the meanings of nouns, verbs, adjectives, and perhaps other large classes, is often supported by appeal to the fact that these morphemes can be distributed in a series of blanks or nonsense syllables so as to give the whole the appearance of a sentence, and in fact, so as to determine the grammatical category of the nonsense elements. For example, in the sequence "Pirots karulize elatically." we know that the three words are noun, verb and adverb by virtue of the *s*, *ize* and *ly*, respectively. But this property does not sharply distinguish 'grammatical' morphemes from others, since in such sequences as "the Pirots karul — yesterday" or "give him — water", the blanks are also determined as a variant of the past tense, in the first case, and as "the", "some" etc. but not "a" in the second. The fact that in these cases we were forced to give blanks rather than nonsense words is explained by the productivity or 'open-endedness' of the categories Noun, Verb, Adjective, etc., as opposed to the categories Article, Verbal Affix, etc. In general, when we distribute a sequence of morphemes in a sequence of blanks, we limit the choice of elements that can be placed in unfilled positions to form a grammatical sentence. Whatever differences there are among morphemes with respect to this property are apparently better explained in terms of such grammatical notions as productivity, freedom of combination, and size of substitution class, than in terms of any presumed feature of meaning. [乔姆斯基(1957:104-105)]

["结构性意义"另一常见却令人怀疑的用法是用来指所谓的"语法性功能"语素,如-ing、-ly、介词等。人们认为这类语素的意义跟名词、动词、形容词等的意义之间有根本性区别,通常是基于以下现象:这些语素可以分布在一系列空位或无意义音节上,由此我们可以

得到整个合法的句子,并在事实上决定这些无意义成分的语法范畴。举例来说,在"Pirots karulize elatically."这一序列中,我们知道这三个词分别是名词、动词和副词,因为这三个形式分别带了s、ize和ly。但是,这一特性并没有把所谓的"语法性"语素跟其他成分截然分开。因为在"the Pirots karul — yesterday"或"give him — water"这样的序列中,即便是以空位("—")的身份存在,我们还是可以确定第一例中表达的是过去时态,第二例中表达的是the、some等而非a。换言之,在这些场合下,我们就是倾向于给这些空位有意义的识解,而不是毫无意义的。这可以用能产性或者范畴成员的开放性(如名词、动词、形容词等跟定冠词、动词词缀等对立)等结构性的因素来作出解释。通常来说,当我们把一组语素置于一个空位序列中时,我们就会倾向于将这些语素排成合乎语法的句子。无论这些语素之间有什么样的差异,这些差异最好是根据能产性、组合自由度、替换成员的多寡等因素作出解释,而不是根据某种假定的意义特征进行解释。]

从上面这段话可以看出,乔姆斯基是反对把"语法性功能"语素跟词汇性语素区分开来的。他的理由主要是:一个句子中这些所谓的语法性语素所编码的意义,在它们不出现而只有空位的时候,语言使用者照样倾向于识解出这样的意思来。现在看来,乔姆斯基用来反对语法性语素和语法性意义单独分出来的理由并不充分。在这些显性形式不出现的情况下,原先用显性形式表达的意义,现在的承载形式有三种可能。一是这种意义在空位上,二是在于构式,三是在空位所依的词汇性语素上。第一种可能显然不可取。我们很难说这么多的意义是由空位编码的。第二种可能似乎是乔姆斯基选择的立场。他认为这种意义可以通过能产性得到解释,那就意味着,一种搭配格式,人们用多了自然会有某种识解的倾向。但这种解释很难否定语法性语素的意义跟词汇性语素的意义有区别。第三种可能是非常关键的,也给人很大的启发。当语法性语素不出现的时候,如果这种语法性意义可以由它所依附的词汇性成分表达,那就意味着,语法性语素具有语法性意义,而词汇性语素也可以具有语法性意义。这样就不排除一种可能,即词汇性成分和语法性成分都是具有语法性意义的。如此一来,把语法性语素、语法性意义和词汇性语素、词汇性意义区分开来的理据何在?

尽管乔姆斯基本人不太情愿分出语法性或功能性范畴和词汇性范畴,但生成语法学家很早就流露出这个倾向,如管辖与约束(GB)时期的斯托厄尔(Stowell 1981)、阿布尼(Abney 1987)、欧哈拉(Ouhalla 1991)以及凯恩(Kayne 1994)等,将语言成分分出实在性的(contentive)或可以指派论元的(theta-assigning)和功能性的两类。他们认为功能性成分一般是抽象的、为词汇性成分搭架子(scaffolding)、形成扩展性投射的成分。阿布尼(Abney 1987)提出DP分析,认为名词短语的核心不是名词,而是D(determiner)。作者将这个D称作非词汇性范畴或功能性范畴(non-lexical/functional categories),并提出了一些功能性成分的判定标准。这些标准可以归纳为如下几条[莱姆查安德(Ramchand 2018:288)]:

(30) a. 词汇性成分属于开放类(open class),而功能性或语法性成分属于封闭类(closed class)。

b. 功能性成分相对于词汇性成分而言,更倾向于发生语音销蚀(phonologically reduced)。

c. 功能性成分无法进行派生处理(derivational processes)。

d. 功能性成分相对于词汇性成分而言,出现在更加受限的句法环境中(appear in

more restricted syntactic contexts）。

　　e. 功能性成分具有语法性意义（grammatical meaning），而词汇性成分具有实体性
（substantive）或实在的（contentful）意义。

　　由此我们可以看出，早期形式句法理论框架下的研究，不但划分出了语法性成分和词汇
性成分，而且鉴别标准跟功能主义的研究有诸多相似之处。如范畴成员类数封闭、语音销蚀、
具有语法性意义等。当然，阿布尼（Abney 1987）提出的这些鉴定标准面临很多问题和反例。
功能主义研究如此，形式主义的研究也概莫能外。但是，后来的研究从中获得了巨大的启发
和灵感。

　　近年来，在词汇主义研究中，如在莱文和拉帕波特（Levin and Rappaport Hovav 1995）、拉
帕波特和莱文（Rappaport Hovav and Levin 1998）中，意义也分为两类：语法性的意义和不参
与句法运作的概念内容（常项/constants）。词汇表征（lexical representation）就是在概念内容
之外，可以分派到模板上、表达事件结构和语法性意义的结构性信息。在形式语言学的研究
中颇受学界关注的分布构词学理论（Distributed Morphology）（哈勒和马兰土 Halle and
Marantz 1993；哈雷和诺伊尔 Harley and Noyer 1999；哈雷和诺伊尔 Harley and Noyer 2000；
西迪奇 Siddiqi 2009），也区分出了功能性语素和词汇性语素。

　　在新近生成语言学关于语言变异的假设中，最著名的要数"Borer-Chomsky 猜想"（Borer-
Chomsky conjecture）。这其中就吸收了区分词汇性和功能性的思想。贝克（Baker 2008：
353）对这一假设作了凝练：

（31）保莱-乔姆斯基猜想（Borer-Chomsky Conjecture）

　　　All parameters of variation are attributable to differences in features of particular
　　　items (e.g. the functional heads) in the lexicon.

　　　〔所有变异的参数都可以归因于词库中特定功能核心所携带的特征的差异。〕

　　最近，莱姆查安德（Ramchand 2018）在生成语法理论框架下，对语法性形素（grammatical
formative）和词汇性形素（lexical formative）作出进一步的思辨和区分。其论证给人启发良
多，下面我们先简要介绍莱姆查安德（Ramchand）的研究，进而在此基础上对相关观点的是非
得失作出评价。

　　从索绪尔开始，我们一般都是把语言看成是一个由能指（signifier）和所指（signified）构成
的符号系统。但莱姆查安德（Ramchand 2018）指出，语言不只是一袋子能指，这种手段猴子也
有；语言是由形成各种结构关系的、能组装起来的复杂能指系统（a system of structurally
combining 'signifiers' to make complex 'signifiers'）。因此，除了"能指-所指"这样的简单指
称符号之外，人类语言的核心特质在于它能够取用符号与符号之间构建起来的各种关系
（human linguistic systems crucially employ sign-to-sign relationships）。莱 姆 查 安 德
（Ramchand 2018）在此基础上进一步提出，人类语言相应地具有两种意义：

　　　There is one kind of meaning that involves a conventional association to some
　　　aspect of the world, or our cognitive reality, and there's another kind of meaning that is
　　　essentially relational that provides the interpretational glue between signs.〔莱姆查安德
　　　（Ramchand 2018：285）〕

　　　〔一种意义是规约化地关联着现实世界或我们认知现实中的某个方面，另一种意义
　　从本质上说是关系性的，它为符号和符号之间的关系提供阐释性"黏合剂"。〕

为了避免意义(meaning)和语义(semantics)这两个术语之间可能导致的争议,同时又为了跟索绪尔的符号观保持一致,Ramchand 将前一种意义称作 external significance,将后一种意义称作 relational significance。我们将前者译作"外指义",将后者译作"关系义"。例如,说英语的人把 red 和 car 这两个词放在一起说的时候,他们知道这两个词的意义关系是 red car,而不是其他。关系义和外指义的区分,对于语言符号和简单符号的区分很关键。

在乔姆斯基(Chomsky 1957)中,外指义(即 Chomsky 说的 meaning)并不承担语法系统的功能。语法系统在很大程度上独立于外指符号。乔姆斯基(Chomsky)的立场是,如果我们想要试图理解人类语言的本质,我们就必须对这些抽象的特性作出深入研究。乔姆斯基对外指义是否能够纯粹地通过词汇性成分表达也表示怀疑。指称是通过话语中的语法手段和参与者的阐释判断联合实现的。

尽管来自外部世界的感官输入对于我们如何阐释至关重要,但语言系统会将其与内在的指称框架集合和组织原则整合在一起,将人们自己的逻辑和阐释强加于外部世界。这些内在的框架是相当复杂的,并且伴随着关系义始终贯穿于整个语言系统之中。莱姆查安德(Ramchand)在此基础上作了进一步阐发,她认为:

> From this point of view, we could conclude that even a 'lexical' item like *dog* carries relational significance in addition to its contribution to external signification, by virtue of the fact that it bears the syntactic feature N, which determines how it slots in to the grammatical system and combines with other formatives around it. [莱姆查安德(Ramchand 2018:287)]

> [从这个角度来说,我们可以得出以下结论:即便是一个词汇性成分,如 dog,除了编码了外指义之外,也携带了关系义;因为它承载了它作为名词的句法特征 N,这种特征决定了它怎样在语法系统中占位,以及怎样跟周围的成分进行组合。]

莱姆查安德(Ramchand)的这一看法极具启发性。她跟我们前面征引的乔姆斯基(Chomsky 1957)中的观点不完全一致,但是相通的。不一致之处在于,乔姆斯基明确提出,不该单设一种语法性语素或语法性意义,而莱姆查安德(Ramchand)相信,语言中是存在这两种意义的。相通之处在于,其实二者都认为词汇性成分中也携带了语法性意义。这正是我们前文在评论乔姆斯基(Chomsky 1957)那段话时提出的第三种可能。

近来的研究表明,分布构词学理论将语法性意义和词汇性意义作为两个不同的范畴加以区分,遇到了种种困难。莱姆查安德(Ramchand)对此作了评论,并进一步发表了自己的观点认为,词汇性和语法性有必要分开,但无法区分为两个不同的范畴。她从以下三个方面作了论证。

第一,词汇性成分和语法性成分缺乏区分范畴的界定(lack of categoricality)。以低位介词(lowly preposition)为例。在格里姆肖(Grimshaw 1991)关于扩展投射的经典论文中,低位介词被视为名词的扩展投射成分,所以应是功能性成分。然而,如果仔细辨析英语中的介词成员,我们会发现它们的意义除了含有抽象的关系义外,还含有<u>彼此区分不同空间关系的概念信息</u>。该如何解释?莱姆查安德(Ramchand 2018:294)认为合理的处理方式是,将"前景—背景"(Figure-Ground)关系保留,作为普遍的结构性关系和自然语言编码空间信息的普遍原则,同时将其跟表达具体物理属性的概念意义相平行。换言之:<u>将介词形式视为结合了"关系义"和"外指义"的综合体</u>。(to see the prepositional formative as combining both 'relational' and 'external' signification.）作者总结说：

To summarize，any detailed categorization of the formatives，or even abstract formatives of a particular language，will immediately expose cases（possibly the majority），where the grammatical morpheme in question bears both grammatical and conceptual content ... Even the seemingly unproblematic *dog* is only purely conceptual if we deprive it of its category label N（as DM does）. If we reinstate N for *dog*，then it too carries some minimal sliver of 'relational' signification，grammatical information that shows how it is to be integrated into a system of symbolic representation.

　　〔总之，对任何语言形式甚至是抽象形式的仔细分析、归类之后都会发现，语法性语素不但携带了语法性意义，同时还携带了词汇性的概念内容……即便是表面上看似最无争议的 dog 这个词，只有在我们将其作为名词范畴的标签 N 剥去之后，才是纯粹的概念性的成分。但如果我们把 N 这个特征重新还给 dog 这个词，那么它同样也携带了关系义，即显示它如何整合进语言符号表征系统的语法性信息。〕

　　莱姆查安德（Ramchand）的这个思路给笔者很大的启迪。也就是说，即便是大家都默认的名词"狗"也包含了语法性信息。因为我们但凡是要用语言作为符号系统表征世界，就会把概念纳入句法系统之中；这时，任何概念成分都会携带上语法性的信息或意义。

　　第二，系统多义性（systematic polysemies）。众所周知，历时来看，一个形式可以从意义实在的词汇性语素重新分析为语法性语素。前文我们已经显示，这在功能语言学的研究中拥有悠久的历史传统。然而，还有一种情况是，一个形素在共时层面可以既用作词汇性语素和语法性语素。如轻动词（light verb），可以用 Butt's Generalization 来刻画莱姆查安德（Ramchand 2014）：

（32）Butt's Generalization（Butt 2003，Butt and Lahiri 2013）：

Unlike auxiliaries which may become grammaticalized over time to have a purely functional use，light verbs always have a diachronically stable corresponding full or 'heavy' version in all the languages in which they are found.

〔轻动词跟助动词不同。助动词经过一段时间之后可能发展为只有功能性用法的形式，而轻动词无论变得怎么空灵，总是有一个相应的实义用法。〕

　　如果轻动词是语法性语素，与之相应的实义语素是其词根（roots），如芙丽等（Folli et al. 2015）中对波斯语（Persian）轻动词的分析那样，那么，没有现成的理论可以解释二者之间的相关性。但事实上，如莱姆查安德（Ramchand 2014）所言，这种多义性是很稳固的。

　　第三，意义整合存在的问题（Meaning Integration Problem）。如果一个词根或词汇性语素只携带了概念性信息，而完全没有关系性信息或句法内容，那我们需要一个理论来刻画这些意义成分是如何系统性地组合起来的。

　　作者总结说：

Actual investigation of the formatives of natural language shows that relational signification and external signification do not seem to be separable from each other in practice，even at the level of the easiest cases *dog* vs. *the*. Each linguistic sign is a complex signifier，which seems to exist as a potent *combination* of the outward looking （external signification）and sideways-looking（relational signification）. We have seen that attempting to separate these within the grammar leads to paradoxes, extra mechanisms, and loss of generalizations. All the effects of grammatical vs. lexical can be seen to be epiphenomenal of the differences in degree of sensory associations, and the size of the paradigmatic choices for each formative available within the system.［莱姆查安德(Ramchand 2018：299)］

　　［对自然语言中形素的实际调查显示,关系义和外指义在实际操作中似乎是不可分离的,即便是对于最简单的例子 dog vs. the,也是如此。每一个语言符号都是一个复杂能指,这些能指都是作为外指义和关系义的结合体而存在的。我们已经看到,试图在语法系统中将这两种意义剥离开,会导致陷入矛盾、设置额外机制以及失去概括性规则。语法性和词汇性对立产生的效应,都可以视为感知关联的程度、聚合中可选成员的多寡等带来的附带效应。］

　　综上可知,莱姆查安德(Ramchand)对语法性和词汇性的观点大体可作如下归纳:第一,语言表达存在词汇性意义和语法性意义,但不存在作为不同范畴的词汇性和语法性。第二,任何一个形素或符号,都含有语法性意义,而不像一般认为的那样,有的含只有词汇性,有的只含有语法性。第三,语法性和词汇性的对立,是一种附带效应。

4. 关于语法化及语法性的几点思考

4.1　从功能语法和生成语法观点的比较出发

　　范·格德伦(van Gelderen)在生成语法理论框架下从事语言演变和语法化研究多年,作者在一篇综述性的文章［范·格德伦(van Gelderen 2011：54)］中略显无奈地说:

Grammaticalization and generative grammar have had an uneasy relationship. Proponents of generative grammar see syntax as autonomous (see e.g. Chomsky 1957), whereas advocates of grammaticalization see meaning and function as the determining factors behind syntactic structure and, of course, behind change.

　　［语法化和生成语法很难走到一起。生成语法学界的前辈学者把语法看成是自治的,而语法化的早期践行者则将意义和功能看成是句法规则和演变背后的决定性因素。］

　　功能语法学者们常认为,语法化理论对生成语法学说提出了关键性的挑战。目前学界普遍认为,语法性成分和词汇性成分二者难以截然分开。词汇性成分经过历时演变而成为语法性形式。因此,如果语法化作为一种独立的语言演变现象存在,这就意味着语法系统并不具有自足性(autonomous)或独立性［特劳戈特和康尼格(Traugott and Konig 1991);海涅等(Heine et al. 1991)］,这样就给生成语法观提出了挑战。甚至有的生成语法学者也是这么认为的,如罗珀茨和罗素(Roberts and Roussou 2003)。但纽梅尔(Newmyer 2001)认为语法化并没有对生成语法的相关理念造成挑战。例如,他说在形式语言学的研究中,存在大量有关语言演变的研究。一种语言的现状是儿童对该语言更早状态的重新分析。从这个意义上说,共时和历时自然是分不开的。生成语法对历时演变的研究一般认为,历时演变是参数取值调整的结果。例如近年来黄正德(Huang 2015)通过对汉语史上若干从综合(analyticity)到分析(syntheticity)演变的研究指出,此类演变是句法分析性参数值调整的结果。

功能语法和生成语法关于句法是否自主的理念自然是存在差异。功能主义相信句法是不自主的，句法是用法的规约化塑造；形式主义相信句法是自主的。但我们发现，<u>就有必要把语法性表达（及意义）和词汇性表达（及意义）区分开这方面，功能语法学者和生成语法学者的意见是趋于一致的</u>。

4.2　词汇性意义和语法性意义

笔者认为，在语言世界中是确实存在词汇性意义和语法性意义之分的，也确实存在词汇性表达和语法性表达之分的。除了前文引举的功能语法和生成语法的论证外，典型的词汇性成分和语法性成分的区分也得到了心理语言学和神经语言学等领域的实验证据的支持。

第一是来自语言处理或语言产出方面的实验证据。说话时不同范畴成分之间的转换错误（switching errors）时有发生。实词（contentful）和相邻的另一实词之间可能发生首音误置（spoonerisms）现象，但实词跟相邻的功能词之间基本不会发生这种情况。加勒特（Garrett 1976，1980）等研究正是基于这类事实，提出词汇性成分的组合先于功能性成分的插入。在词汇判断任务（lexical decision tasks）实验中，实词的确断率依赖于频率效应，但功能词的确断率与频率效应无关［布拉德利和祖里夫（Bradley and Zurif 1980）］。在词汇启动（word priming）实验中，词汇性形式会激活或启动同音且语义有关联的形式，但功能性成分没有这种表现［希尔库克和巴德（Shillcock and Bard 1993）］。

第二是来自失语症（aphasias）和语言障碍（language impairment）方面的实验证据。失语症患者分两类，一类是由于 Broca 区域出现问题，一类是由于 Wernicke 区域出现问题。实验发现，Broca 失语症患者在语法结构的理解上存在严重问题，但在词汇性成分的理解上基本不受影响；而 Wernicke 失语症患者在语法性成分的产出上很流利，但在词汇性成分的产出和理解上却存在严重问题（Goodglass 1976）。近几年，博伊（Boye）及其同行学者也作了几项失语症患者的实验。结果也显示出，词汇性成分和语法性成分之间存在区别。例如，伊舒简恩等（Ishkhanyan et al. 2017）对法语代词产出研究发现，失语症患者在语法性的代词 je 和 me 的产出上受影响大于词汇性代词 moi。博伊和巴斯蒂安斯（Boye and Bastiaanse 2018）的实验发现，失语症患者语法性动词的产出受的影响大于词汇性动词。

第三是来自母语习得（acquisition）方面的实验证据。实验表明，词汇性形式在母语习得中是最早习得的，远比功能性成分早得多（布鲁姆 Bloom 1970；鲍尔曼 Bowerman 1973）。

4.3　语法性的本质属性

话说回来，要真正做到将词汇性和语法性区分开来，就要揭示出语法性的本质属性是什么。博伊和哈德（Boye and Harder 2012）认为语法性和词汇性是语用或语篇主次地位规约化认定。这一观点我们不同意。我们认为<u>语法性和词汇性本质上是属于意义层面的现象</u>，形态句法结构、语音、语用语篇等方面的现象都不是它的本质属性。

那么，如何认识语法性意义呢？博伊和哈德（Boye and Harder 2012）将既有文献中对语法性意义的界定方式归纳为三种方式。第一种方式，如前所言，将语义性意义界定为<u>弱化</u>（reduced/bleached/generalized/abstract）甚至不存在（nonexistent）的意义。如特拉斯克（Trask 1993：123）对语法性语素的定义：

grammatical morpheme *n*. A morpheme which has <u>little or no semantic content</u> and which serves chiefly as a grammatical element in morphology or syntax, such as *of*, *the*, the complementizer *that*, the *-ing of* gerunds and participles, Plural or Past tense.［语法性语素：含有很少或者没有语义内容的语素，通常主要在句法和形态运作中用为语法性成分。例如……］

这种思路在观察功能词的时候是很普遍的（如克里斯特尔 Crystal 2008）。

第二种方式，将语法性意义视为本体上独立的一种意义类型。例如，尼科尔（Nicolle 1998，2011）在关联理论（relevance theory）的框架内认为，语法性表达具有程序性（procedural）意义，而非概念性（conceptual）意义。第三种方式，跨语言的考察显示出一个明显的倾向，语法性表达或者可被语法化的表达所具有的意义，往往局限在有限的范围之内（a notionally limited range），即范畴成员类数封闭（斯洛宾 Slobin 1997；泰尔米 Talmy 2000；克罗夫特 Croft 2003：225）。相应地，语法性表达和语法化可以简单地根据概念范围来界定。或者提供限定范围的概念清单，或者提供语法性意义的共享特征。例如，迪瓦尔德（Diewald 2010）建议，语法性表达普遍具有弱性直指（weakly deictic）的特征。

博伊和哈德（Boye & Harder 2012：5-6）对此提出质疑，认为这三种界定语法性意义的方式全都有问题。作者说：

> However, all three ways of defining grammatical meaning are problematic. Some definitions, like Diewald's or Nicolle's, do not obviously cover all uncontroversial examples of grammatical expressions. It is not clear, for instance, in what sense noun classifiers, gender distinctions, and derivational affixes like English *-ing* are 'weakly deictic' or procedural.[①] Other definitions are insufficient because they also apply to certain lexical expressions. This includes definitions in terms of the most intuitively appealing feature, the property of being 'empty' or 'bleached', or 'abstract': in one sense, the word *thing* is virtually empty of descriptive content (cf. *it's just one of those things* as opposed to *thing* in the sense of 'physical object'), but the word is normally considered lexical in both usages (but see Fronek 1982). All definitions in terms of notional domain suffer from this problem, as can be illustrated with the domain of possession. Compare the expressions emphasized in 4-6.
>
> (4) John HAS a mother.
>
> (5) the mother OF John
>
> (6) John's mother
>
> While there would probably be some disagreement about the status of *of* in 5, most scholars would recognize *has* in 4 as a lexical expression, and *-s* in 6 as a grammatical expression. But this distinction cannot be accounted for with reference to differences in terms of notional domain: 4-6 all express 'possession', and would all

---

① 作者原注：By contrast, if the notion of 'procedural' is interpreted broadly (i.e. as 'includes procedural meaning' rather than 'has nothing but procedural meaning'), Nicolle's (1998) proposed generalization can be contrasted with the position that all meaning is basically procedural (cf. Harder & Togeby 1993, Harder 2007 on 'instructional semantics', and e.g. Evans & Green 2006, Evans 2009 on linguistic meanings as 'prompting' or 'providing access to' conceptual knowledge).

have to figure in an account of how possession is expressed in English (irrespective of the differences in meaning between the three expressions). More generally, one can refer to the glosses standardly provided for grammatical categories: the grammatical difference between *hat* and *hats* is standardly glossed by the lexical contrast 'singular' vs. 'plural'.

[有些定义,如迪瓦尔德(Diewald 2010)或尼科尔(Nicolle 1998),无法涵盖全部无争议的语法性表达的案例。例如,很难说清楚名词分类词(noun classifiers)、性别区分(gender distinctions)、派生性词缀(如英语-ing)等是什么性质的意义。有些定义的特征,也适用于词汇性成分,如'empty' or 'bleached', or 'abstract',如 thing 这个词。所有的基于概念域的定义,都存在这个问题。如 has、of、's 三个形式都表达领属义。不好区分它们的语法性和词汇性。]

笔者认为,博伊和哈德(Boye & Harder 2012)的这段评论很有典型性。他们认识到,第一,有些特征难以涵盖所有的语言符号;第二,has、of、's 这三个形式有一定的共性。对于第一点,我们非常赞同。但对于第二点,我们认为这只看到了表象。

我们在莱姆查安德(Ramchand 2018)的基础上提出,语法性的本质属性是一种关系义。语言符号的意义分为两大类,即外指义和关系义。但莱姆查安德(Ramchand 2018)没有区分不同类型的关系义。我们认为,关系义应再分为两个子类,一类是"为己"的关系义,一类是"为人"的关系义。界定如下:

(33) 为己的关系义:

一个语言符号把自己整合进语言的表征系统中占据何种位置,即莱姆查安德(Ramchand 2018)所说的,dog 也有的关系义,承载了它作为名词的句法特征,这种特征决定了它怎样在语法系统中占位,跟周围的成分怎样进行组合。这种为己的关系义,不是我们所说的语法化中的语法性意义。

(34) 为人的关系义:

把另一个横向关联的(syntagmatically)语言符号标识为某种类别,或者把两个关联成分之间构建起某种逻辑关系,而该符号本身并无独立的语义。为人的关系义是以命题的表达为轴心,其本身不能是命题的谓词。为人的关系义是语法化中语法性的本质界定要素。

语法性成分就是标记"为人"类关系义的显性语言符号。一个符号可能是多义的,既有外指义,也有为人的关系义,如某些介词、汉语量词等。换言之,一个语言符号,可以兼有外指义和为人的关系义,也可以只有为人的关系义;但为己的关系义是每一个语言符号都有的。典型的语法性成分,只有为人的关系义,没有外指义。用表例示如下:

	外　指　义	为己关系义	为人关系义
in front of	√	√	√
dog	√	√	×
of	×	√	√

李宗江(2019：6)在其新著中说：

近代汉语语用标记的演变具有如下一些规律：

3.1　语法化程度低

从源结构到语用标记的语义演变来看，相当一部分近代汉语的语用标记没有经过去语义化过程，如许多语用标记的字面意义与其语用功能之间有着密切的联系，或者说根据其字面意义可以预测其语用功能，如"意外"类语用标记有的由"料""想""知"等动词加上否定或反诘副词构成，如"不料、岂料、谁料、孰料，不想、岂想、怎想、哪想、谁想、没想到，不知、岂知、岂知道、宁知、哪知、哪知道、哪里知道、谁知、谁知道、争知、争知道、怎知、怎知道"等，从这些词语的字面意思不难推知其表达"意外"的语用功能，因为料不到、不知道或想不到的事情当然就是意外的事情。再如作为"坦言"类语用标记的"诚言之、实不妄语、以实言之、我老实说、我老实对你说、和你说正经话、老实说、我老身不打诳语、公道说来、老实和你们说，我不瞒你、我只依你直说、实不相瞒、我不瞒你说、实不瞒你说、不瞒你说、实不敢相瞒"等，其字面意思与其语用功能之间的关系也很明显。同时语用标记在演变过程中也基本没有发生语音销蚀，因而就近代汉语从小句或词组演变而来的语用标记的主体而言，虽然从结果上说是变成了功能性的成分，但从演变过程上说，并没有语法化的典型特征，很难说经历了语法化过程。

莱姆查安德(Ramchand 2018：293)说：

Take the lowly preposition. In Grimshaw's original paper on extended projections, this was taken to be an extension of the nominal extended projection, and therefore by this reasoning, a functional element. However, if we look at the class of prepositions in English, we see that in addition to possessing clear and abstract relational content, they also possess conceptual information that distinguishes one kind of spatial relationship from another.

[以低位介词为例。在格里姆肖(Grimshaw)经典的扩展投射研究中，这些介词被定为名词性扩展投射，因此是功能性成分。然而，如果仔细分析英语的介词，我们发现它们除了关系义外，还有区分不同空间关系的概念信息。]

从我们的观点来看，以上近代汉语的语用标记和英语介词就比较好处理。一个语言符号可以同时兼有语法性和词汇性。语用标记和介词的这种特点是两种意义多义叠置的表现。当然，凡是兼具外指义和为人关系义的成分，外指义不能是很具体的，否则很难兼容。

弗拉辛格(Frajzyngier 2011)对语法化的理解是，对一个符号在语法系统中的编码。这种思想已经向前迈出了实质性的一步，但他把两类关系义都包括在内了，没有区分两种不同的类型。关联理论中所说的程序义(斯珀泊和威尔逊 Sperber and Wilson 1995；克拉克 Clark 2013)，也是既有为己的关系义，也要为人的关系义。例如，一般认为人称代词也有程序义。但是这种程序义，其实更接近于为己的关系义，即把自己整合进语言的语法系统中。

因此，语法性本质上就是一种关系义。只有关系义发生了改变，才能说语法性发生了改变。关系义本身并无量级上或程度上的高低可言。结合既有的案例调查(如海涅和库特瓦 Heine and Kuteva 2002/2019)，语法化(关系义化)过程中存在发展方向上的倾向性，但按照我们的理解，这很难说是语法化程度的加深。

语法性的本质属性和语法性的表现不是一回事儿。语法性可表现在形态句法结构上，也可以表现在语音上。这一点跟博伊和哈德(Boye and Harder 2012)的思路大体一致。但我们不认为语法性是一种语篇地位的心理认定。

4.4　语法化的本质属性和表现特征

在确定了语法性的本质属性和表现之后,下面讨论语法化。语法化就是关系义化(relationalization)。我们可以化用霍珀和特劳戈特(Hopper and Traugott 2003:18)给关系义化下定义。关系义化是:

(35)语法化(关系义化):

词项和构式在某种特定的语境中转向为人的关系义的变化,以及一旦语法化之后,继续发展出新的为人关系义的变化。

关系义化在句法结构上可以沿着两个方向行进,第一个方向是向内,即传统语法化链认定的从句法到词法再到消失的变化;第二个方向是向外,即从命题内向命题外成分发展,如语用标记或话语标记的形成即是此类。汉语中的评注副词/语气副词"的确""真的""到底""究竟""明明"也是此类。

有学者(如尼科尔 Nicolle 1998,2011)认为,语法化就是程序化(proceduralization)。这是有一定道理的。如果能够分出两类不同的程序化,那就跟本文的观点相近了。

国内汉语学界对语法化的界定,往往会结合"实词虚化"。现在想来,抛开"实词"这个限定,其实<u>"虚化"在很大程度上抓住了语法化的根本属性</u>。换言之,语法化就是一种关系义的变化,而这种变化跟意义的虚化密切相关。前文我们引举了刘坚、曹广顺、吴福祥(1995:161)的话,作者说:

汉语词汇很早就有虚实之分,所谓实词是指那些具有实实在在的词汇意义的词,虚词则是指那些没有词汇意义而仅有语法意义、并在语句中起一定的语法作用的词。考察汉语的发展史,虚词一般是由实词转变来的。通常是某个实词或因句法位置、组合功能的变化而造成词义演变,或因词义的变化而引起句法位置、组合功能的改变,<u>最终使之失去原来的词汇意义,在语句中只具有某种语法意义,变成了虚词</u>。这个过程可以称之为"语法化"。

上引这段话,现在看来其实是很有道理的。

5. 总结和余论

语法化是近二三十年来学界热烈关注的重要课题,也取得了显著的成绩。我们针对语法化研究中非常基本却往往被忽视的问题——什么是语法化——作了辨析和思考。本文的贡献体现在:第一,梳理了功能语法和生成语法学者对语法化和语法性的研究,重点评介了新近博伊和哈德(Boye and Harder 2012)和莱姆查安德(Ramchand 2018)的观点。这有助于国内学界同行意识到该问题的重要性以及了解国外同行的研究动态。第二,本文对既有的研究作了评价,并在此基础上提出了新的观点。该观点不但对国际学界的既有观点有所推进,同时也跟国内学界的经典看法有相通之处。这能够推动我们更加深入地认识语法化及相关问题,同时对我们挖掘和发展我国优秀学术体系和话语体系,或许也是一个很好的切入点。

当然,这远不是终点,而恰恰只是一个起点。我们提出目前的看法,并非与既有观点相冲突,而是在既有研究的基础上作了进一步是思考和探索。思虑或有不周,希望能够引起同行专家的关注和讨论。

〔附记〕本文初稿请业师汪维辉先生看过,谨致谢忱!

参考文献

洪波,龙海平,Bernd Heine.新世纪以来语法化研究综观[J].历史语言学研究,2017(1).

金龙,史文磊.说台州方言一类特殊的量名结构[J].语言研究,2019(4).

李宗江.近代汉语语用标记研究[M].上海:上海教育出版社,2019.

刘坚,曹广顺,吴福祥.论诱发汉语词汇语法化的若干因素[J]中国语文,1995(3).

沈家煊."语法化"研究综观[J]外语教学与研究,1994(4).

石毓智.语法化理论[M].上海:上海外语教育出版社,2011.

史文磊,谷雨.施为主语隐去诱发的语法化——"鉴于"虚词用法形成过程的考察[J].汉语史学报,2019,第二十二辑.

史文磊."从综合到分析"相关概念辨证——以〈左传〉〈战国策〉"派遣"义"使"的用法差异为例[J].浙江大学学报(人文社科版),2021 待刊.

史文磊,王翠.组合构成还是整体演成? ——"越来越"历史形成诸问题的考察[J]. *Journal of Chinese Linguistics* 2021(2).

吴福祥.近年来语法化研究的进展[J].外语教学与研究,2004(1).

吴福祥.汉语方言中的若干逆语法化现象[J].中国语文,2017(3).

杨望龙,史文磊.琼海话的多功能性成分"去"及其语法化[J].待刊.

Abney, Steven. 1987. The English Noun Phrase in its Sentential Aspect. Doctoral Dissertation, MIT.

Ansaldo, Umberto, and Lisa Lim. 2004. Phonetic absence as syntactic prominence: Grammaticalization in isolating tohal languages. Up and down the cline — The nature of Grammaticalization. ed. by olga Fischer, Muriel Norde, and Harry Perridon, 345 – 362.

Baker, Mark. 2008. *The Syntax of Agreement and Concord*. Cambridge: Cambridge University Press.

Bloom, L. 1970. *Language Development: Form and Function in Emerging Grammars*. Cambridge, MA: MIT Press.

Bowerman, Melissa. 1973. *Early Syntactic Development: A Cross-linguistic Study with Special Reference to Finnish*. Cambridge: Cambridge University Press.

Boye, Kasper & Peter Harder. 2012. A usage-based theory of grammatical status and grammaticalization. *Language* 88(1). 1 – 44.

Boye, Kasper & Roelien Bastiaanse. 2018. Grammatical versus lexical words in theory and aphasia: Integrating linguistics and neurolinguistics. *Glossa: A Journal of General Linguistics* 3(1): 29.

Butt, Miriam, and Aditi Lahiri. 2013. Diachronic pertinacity of light verbs. *Lingua* 135: 7 – 29.

Butt, Miriam. 2003. The Morpheme that Wouldn't Go Away. Handout, University of Manchester seminar series.

Bybee, Joan; Revere Perkins; and William Pagliuca. 1994. *The evolution of grammar: Tense, aspect, and modality in the languages of the world*. Chicago: University of Chicago Press.

Campbell, Lyle. 2001. What's wrong with grammaticalization? *Language Sciences* 23. 113 – 61.

Chomsky, Noam. 1957. *Syntactic Structures*. Mouton & Co.

Cheng，Lisa L.-S. and Rint Sybesma. 1999. Bare and not-so-bare nouns and the structure of NP，*Linguistic Inquiry* 30，509 - 542.

Clark，Billy 2013 *Relevance Theory*. Cambridge University Press.

Comrie，Bernard. 1976. *Aspect*. Cambridge：Cambridge University Press.

Croft，William. 2003. *Typology and universals*. 2nd edn. Cambridge：Cambridge University Press.

Crystal，David. 2008. *A dictionary of linguistics and phonetics*. 2nd edn. Oxford：Blackwell.

Bradley，D.，M. F. Garrett，and E. B. Zurif. 1980. Syntactic Deficits in Broca's Aphasia. In *Biological Studies of Mental Processes*，ed. D. Caplan. Cambridge，MA：MIT Press.

Diessel，Holger. 1999. *Demonstratives: Form，function，and grammaticalization*. Amsterdam：John Benjamins.

Diessel，Holger. 2006. Demonstratives，joint attention，and the emergence of grammar. *Cognitive Linguistics* 17. 463 - 89.

Diewald，Gabriele. 2006. Context types in grammaticalization as constructions. *Constructions all over: Case studies and theoretical implications (Special issue of Constructions 1)*，ed. by Doris Schönefeld，1 - 29.

Diewald，Gabriele. 2010. On some problem areas in grammaticalization theory. *Grammaticalization: Current views and issues*，ed. by Katerina Stathi，Elke Gehweiler，and Ekkehard könig.

Evans，Vyvyan，and Melanie Green. 2006. *Cognitive linguistics：An introduction*. Edinburgh：Edinburgh University Press.

Evans，Vyvyan. 2009. Semantic representation in LCCM theory. *New directions in cognitive linguistics*，ed. by Vyvyan Evans and Stephanie Pourcel，27 - 55. Amsterdam：John Benjamins.

Fronek，Josef. 1982. Thing as a function word. *Linguistics* 20.633 - 654.

Garrett，M. 1976. Syntactic processes in sentence production. In *New Approaches to Language Mechanisms*，ed. R. Wales and E. Walker. Amsterdam：North-Holland Publishing.

Garrett，M. 1980. Levels of processing in sentence production. In *Language Production*，ed. B. Butterworth. London：Academic Press.

Goodglass，H. 1976. Agrammatism. In *Studies in Neurolinguistics*，ed. H. Whittaker and H.A. Whittaker. New York：Academic Press.

Grimshaw，Jane. 1991. Extended projections. Ms.，Brandeis University.

Halle，Morris，and Alec Marantz. 1993. Distributed Morphology and the pieces of inflection. In *The View from Building 20: Essays in Linguistics in Honor of Sylvain Bromberger*，ed. Kenneth Hale and Samuel Jay Keyse，111 - 176. Cambridge，Ma.：MIT Press.

Harder，Peter，and Ole Togeby. 1993. Pragmatics，cognitive science and connectionism. *Journal of Pragmatics* 20. 467 - 492.

Harder，Peter. 2007. Shaping the interactive flow：Language as input，process and product. *Acta Linguistica Hafniensia* 39. 7 - 36.

Harley，Heidi，and Rolf Noyer. 1999. State of the Article：Distributed Morphology. *GLOT International* 4. 4：3 - 9.

Harley，Heidi，and Rolf Noyer. 2000. Licensing in the non-lexicalist lexicon. In *The Lexicon/Encyclopaedia Interface*，ed. Bert Peeters. Amsterdam：Elsevier.

Harley，Heidi. 1995. Subjects，Events，and Licensing. Doctoral Dissertation，MIT，Cambridge，MA.

Haspelmath，Martin. On directionality in language change with particular reference to grammaticalization. *Typological Studies in Language* 59(2004)：17 - 44.

Heine，Bernd. 2003. Grammaticalization. *The Handbook of Historical Linguistics*. Edited by Brian D.

Joseph and Richard D. Janda. Blackwell Publishing Ltd.

Heine, Bernd & Tania Kuteva. 2002. *World Lexicon of Grammaticalization*. Cambridge: Cambridge University Press.

Heine, Bernd, and Mechthild Reh. 1984. *Grammaticalization and reanalysis in African languages*. Hamburg: Buske.

Heine, Bernd, Ulrike Claudi, and Friederike Hünnemeier. 1991. *Grammaticalization: A conceptual framework*. Chicago: University of Chicago Press.

Hopper, Paul J. and Elizabeth C. Traugott. 2003. *Grammaticalization*, 2nd Edition. Cambridge: Cambridge University Press.

Huang, C-T. James. 2015. On syntactic analyticity and parametric theory. In Li, Audrey, Andrew Simpson, Wei-Tian Dylan Tsai (eds.) *Chinese Syntax in a Cross-linguistic Perspective*: 1 - 48. OUP.

Ishkhanyan, Byurakn, Halima Sahraoui, Peter Harder, Jesper Mogensen & Kasper Boye. 2017. Grammatical and lexical pronoun dissociation in French speakers with agrammatic aphasia: A usage-based account and ERF-based hypothesis. *Journal of Neurolinguistics* 44. 1 - 16.

Janda, Richard D. 2001. Beyond 'pathways' and 'unidirectionality': On the discontinuity of language transmission and the counterability of grammaticalization. *Language Sciences* 23, 265 - 340.

Joseph, Brian D. 2001. Is there such a thing as 'grammaticalization'? *Language Sciences* 23, 163 - 86.

Kayne, Richard S. 1994. *The Antisymmetry of Syntax*. Cambridge, MA.: MIT Press.

Kuryłowicz, Jerzy. 1965. L'évolution des catégories grammaticales. *Diogenes* 51: 54 - 71.

Lange, Violaine Michel, Maria Messerschmidt, and Kasper Boye. 2018 Contrasting grammatical and lexical determiners. *Journal of psycholinguistic research* 47. 3: 467 - 482.

Lehmann, Christian. 1985. Grammaticalization: Synchronic variation and diachronic change. *Lingua e stile* 20.303 - 18.

Lehmann, Christian. 2004. Theory and method in grammaticalization. *Zeitschrift für germanistische Linguistik* 32. 152 - 87.

Lehmann, Christian. 2008. Information structure and grammaticalization. *Theoretical and empirical issues in grammaticalization*, ed. by Elena Seoane and María Jóse LópezCouso, 207 - 29. Amsterdam: John Benjamins.

Lehmann, Christian. 2015. *Thoughts on Grammaticalization*. Berlin: Language Science Press.

Levin, Beth, and Malka Rappaport Hovav. 1995. *Unaccusativity: At the Syntax-Lexical Semantics Interface*. Cambridge, Ma.: MIT Press.

Matisoff, James A. 1991. Areal and universal dimensions of grammaticalization in Lahu. In Traugott, Elisabeth Closs and Bernd Heine (eds.) *Approaches to Grammaticalization*, Vol. Ⅱ: *Types of Grammatical Markers*, 383 - 453. Amsterdam/Philadelphia: John Benjamins.

Matthews, Peter H. 2007. *Oxford Concise Dictionary of Linguistics*. 2nd edn. Oxford: Oxford University Press.

Meillet, Antoine. 1958 [1912]. L'évolution des formes grammaticales. *Linguistique historique et linguistique générale*, 130 - 48. Paris: Champion. [初版刊于 *Scientia* 12. 384 - 400, 1912.]

Narrog, Heiko and Bernd Heine, eds. 2011. *The Oxford handbook of grammaticalization*. Oxford University Press.

Newmeyer, Frederick J. 2001. Deconstructing grammaticalization. *Language Sciences* 23. 187 - 229.

Nicolle, Steve. 1998. A relevance theory perspective on grammaticalization. *Cognitive Linguistics* 9. 1 - 35.

Norde, Muriel. 2009. *Degrammaticalization*. Oxford: Oxford University Press.

Ouhalla，Jamal. 1991. *Functional Categories and Parametric Variation*. London：Routledge.

Palmer，Frank R. 1986. *Mood and modality*. Cambridge：Cambridge University Press.

Peyrauge，A. 2014. Has Chinese changed from a synthetic language into an analytic language？［A］何志华、冯胜利.承继与拓新——汉语语言文字学研究［C］.商务印书馆。

Ramchand，Gillian. 2014. Structural meaning and conceptual meaning in verb semantics. *Linguistic Analysis* 39：211－247.

Ramchand，Gillian. 2018. Grammatical vs. lexical formatives. *Syntactic Structures after 60 Years: The Impact of the Chomskyan Revolution in Linguistics*：283－299.

Roberts，Ian，and Anna Roussou. 2003. *Syntactic change: A minimalist approach to grammaticalization*. Cambridge：Cambridge University Press.

Shillcock，R. C.，and E. G. Bard. 1993. Modularity and the processing of closed class words. In *Cognitive Models of Speech Processing*，ed. G. Altman and R. Shillcock，163－185. Cambridge，MA：MIT Press.

Siddiqi，Daniel. 2009. *Syntax within the word: Economy，allomorphy，and argument selection in Distributed Morphology*. Amsterdam：Benjamins.

Simpson，Andrew & Xiu-Zhi Zoe Wu. 2002. From D to T－Determiner Incorporation and the Creation of Tense. *Journal of East Asian Linguistics* 11. 169－209.

Slobin，Dan I. 1997. The origins of grammaticizable notions：Beyond the individual mind. *The crosslinguistic study of language acquisition*，vol. 5: *Expanding the contexts*，ed. by Dan I. Slobin，265－323. Mahwah，NJ：Lawrence Erlbaum.

Smith，Carlota S. 1997. *The Parameter of Aspect*. Dordrecht：Kluwer Academic Publishers.

Smith，Andrew DM，Graeme Trousdale，and Richard Waltereit，eds. 2015. *New directions in grammaticalization research*. Vol. 166. John Benjamins Publishing Company.

Sperber，Dan，and Deirdre Wilson. 1995. *Relevance: Communication and cognition*. 2nd edn. Oxford：Blackwell.

Stowell，Tim. 1981. Origins of Phrase Structure. Doctoral Dissertation，MIT，Cambridge，Ma.

Sweetser，Eve. 1988. Grammaticalization and Semantic Bleaching. In *Proceedings of the Fourteenth Annual Meeting of the Berkeley Linguistics Society*，389－405.

Talmy，Leonard. 1985. Lexicalization patterns：Semantic structure in lexical forms. In Timothy Shopen （ed.），*Language typology and syntactic description*，vol. 3: *Grammatical categories and lexicon*，57－149. Cambridge：Cambridge University Press.

Talmy，Leonard. 2000. *Toward a Cognitive Semantics*，vol. II. Cambridge，MA：MIT Press.

Talmy，Leonard. 2007. Attention phenomena. *Handbook of cognitive linguistics*，ed. By Dirk Geeraerts and Hubert Cuyckens，264－93. Oxford：Oxford University Press.

Trask，Robert L. 1993. *A dictionary of grammatical terms in linguistics*. London：Routledge.

Traugott，Elizabeth Closs and Graeme Trousdale. 2013 *Constructional Change and Constructionalization*. OUP.

van Gelderen，Elly. 2004. *Grammaticalization as economy*. John Benjamins Publishing.

van Gelderen，Elly. 2005. Function words. *Encyclopedia of linguistics*，vol. 1，ed. By Philipp Strazny，362－64. New York：Fitzroy Dearborn.

van Gelderen，Elly. 2011. Grammaticalization and generative grammar：a difficult liaison. In Narrog，Heiko and Bernd Heine（eds）. *The Oxford handbook of grammaticalization*. Oxford University Press.

Woodworth，Nancy L. 1991. Sound symbolism in proximal and distal forms. *Linguistics* 29. 273－99.

Wu，Xiu-Zhi Zoe. 2004. *Grammaticalization and language change in Chinese: A formal view*. Routledge.

社会固有模式的研究动态、概念描述和性质特征

上海师范大学　　宗守云

内容提要　社会固有模式是社会成员对特定对象及其所具有属性的固化认识。从研究动态看,有研究对象的延伸、研究领域的扩张、研究方法的深化三个方面。从概念描述看,社会固有模式包括构成因素、命题形式、真实程度三个方面。从性质特征看,社会固有模式具有简单性、稳定性、认同性和一般性。

关键词　社会固有模式;命题形式;认同性

1. 研究动态

我们随便便可以列举出一些特定社会环境下的一般情形:

(1) 英国男人有绅士风度

(2) 法国人很浪漫

(3) 汽车比自行车速度快

(4) 鱼离开水不能活

(5) 城市的夜空星星非常稀少

(6) 沙漠地区严重缺水

……

上述命题在一般情况下都是成立的,具有思维的优先性。当我们说到某种人或事物时候,很可能会首先想到相应的属性,比如,说到英国男人,很可能首先想到绅士风度。但在特殊情况下,上述命题可能是不成立的,比如某个特定的英国男人并不具有绅士风度,很可能是小肚鸡肠、尖酸刻薄的。但特殊情形总归的特殊情形,根本无法抹杀一般情况下的事实,如果因为特殊性而否定一般的事实,就会导致不可知论。事实上,我们对世界的认识是经过认知而简化了的,比如对于英国男人的认识,我们可以概括出若干属性,从而用简化的方式达到对英国男人的认识。但每个属性都是有例外的,如果揪住例外不放,就无法达到简化认识的目的。为此,在对世界的认识中,我们形成一套简单的概括原则,只要符合一般的情形,就可以形成一个命题,这种简单化的认识命题就是固有模式(stereotype)。由于固有模式具有社会性,它不是作为特定个体的思维方式呈现,而是作为社会群体的思维方式呈现,因此也叫社会固有模式(social stereotype)。

固有模式或社会固有模式也叫定型、陈规、刻板印象、社会成见、老套模式,最早由美国新闻评论家李普曼(Walter Lippmann)于 1922 年在《公众舆论》一书中提出。李普曼认为,社会固有模式是人们对特定事物所持有的固定化、简单化的观念和印象,在对特定事物持有简单观念和印象的同时,还常常伴有对特定事物的价值评判以及好恶情感。从积极方面来看,社

会固有模式可以为人们认识事物提供简便的认识标准,但从消极方面来看,社会固有模式也阻碍着人们对于新事物的接受。

李普曼的《公众舆论》是传播学的经典著作,也是奠基之作。李普曼提出的社会固有模式不仅影响了传播学的发展,也影响了社会学、心理学以及认知科学等等,在人文社会科学领域产生了极大的影响。

社会固有模式从提出至今,在研究对象、研究领域、研究方法上都在不断发展、突破。以下从三个方面说明其发展动态。

1.1　研究对象的延伸

社会固有模式的对象主要是社会群体。最初的基本假设是:属于一个群体(民族、宗教、性别等)的成员具有类似的行为和态度(高一虹 1995)。可见,社会固有模式的研究对象是有关特定群体的。这从一些词典释义也可以看出来:

(7) 人们对某个群体形成的一种概括而固定的看法。人的刻板印象一般经过两条途径形成:一是直接与某些人或某个群体接触,然后将一些特点加以固定化;二是根据间接的资料而来。刻板印象一旦形成,就具有很高的稳定性,一般很难改变。它的作用也有积极和消极两个方面。(袁世全主编《公共关系辞典》,汉语大词典出版社 2003年版)

(8) 在人们头脑中存在的关于某人或某一类人的固定印象。这种印象往往不是以直接经验为依据,也不以事实材料为基础,只凭一时偏见或道听途说而形成的。(裴娣娜、刘翔平主编《中国女性百科全书·文化教育卷》,东北大学出版社 1995 年版)

(9) 在人际知觉中形成的关于某一社会群体或阶层的较为固定、概括的印象或思想模式。如认为某国国民勤劳、节俭,某民族成员性情豪放,某阶层人士气量狭隘等等。这种定型化认知图式,虽可简化和加速人们对某一群体或阶层所属成员的认识过程,但也容易使人产生偏见,作出错误的判断。(车文博主编《心理咨询大百科全书》,浙江科学技术出版社 2001 年版)

(10) 人们对不同社会集团的人所持的固定看法。通常是概括而笼统的。如谈起山东人,总认为是身材高大、性情豪爽,南方人则是身材单薄、机智灵活。由于社会定型并非都有充分根据,故有时会妨碍对他人的正确认识与评价。(袁世全主编《中国百科大辞典》,华夏出版社 1990 年版)

(11) 人们对属于不同社会集团的人所持的固定看法。也就是说,在人们头脑中存在着关于某一类人的固定形象。这个固定形象使人们在看他人时,常常不自觉地按其年龄、性别、职业、民族等特点进行归类,并根据已有的关于这类人的固定形象来作为判断某个人个性的依据。最常见的定型是在看到他人时把其划归到某一群体中去,如人们常认为警察严肃、演员浪漫、中国人重传统等。社会定型的根据并不充分,因此,它有时会妨碍对别人的正确认识和评价。(陈会昌主编《中国学前教育百科全书·心理发展卷》,沈阳出版社 1995 年版)

上述(7)(8)是对词条"刻板印象"的解释,(9)(10)(11)是对词条"社会定型"的解释,词条不同,但所指对象相同,都是我们所说的社会固有模式。从上述解释来看,社会固有模式的对象基本上都是有关群体的,"某一类人""某一社会群体或阶层""不同社会集团"都是有关群体的不同叙述方式。

美国著名认知语言学家乔治·莱科夫的《女人、火与危险事物》(梁玉玲等译 1994)把社会固有模式作为原型效应的重要来源之一,所列举的当代美国民众社会固有模式的例证都是有关群体的:

(12) 政治家是惯于阴谋、自私并且是不诚实的。

(13) 单身汉身强力壮,与众多不同的女人约会,热衷于征服异性,整天在单身汉酒吧间闲荡。

(14) 日本人勤劳、礼貌而聪明。

可见,群体作为社会固有模式的研究对象,是优先的,典型的。国内对社会固有模式的研究也几乎都集中在社会群体方面,"刻板印象研究的具体内容主要包括性别刻板印象、文化刻板印象和职业刻板印象,而对其他的方面如地域刻板印象的研究较少。……研究对象方面,涉及较多的被试是大学生,而随着人口的流动,对各个区域整体居民刻板印象的研究显得非常必要。"(安桂花、张海钟 2010)

社会固有模式不仅涉及社会群体,也涉及个人、事物、事件、话语等等,因此社会固有模式的研究对象也逐步延伸到这些内容。早在 1968 年,美国著名哲学家希拉里·普特南就已经把社会固有模式延伸到事物和词义方面,在他看来,社会固有模式是对普通事物理想化的内心表现,比如老虎是有条纹的,金子是黄色的,尽管在真实世界中存在着无条纹的老虎和白色的金子。在词义方面,希拉里·普特南(2005)认为,一个词的词汇意义除了指称对象和意义引申之外,社会固有模式也是重要组成部分,和一个词相联系的惯常观念也是词义的主要内容,具有语言运用能力的人必须知道这样的社会固有模式观念,尽管这样的观念可能是不准确的。

国内研究也有涉及社会固有模式研究对象延伸的内容。赵爱国(2005)在论及文化定型时说:"现有的文化定型理论通常仅针对某群体或某民族进行形象概括和总体描写,这是有很大局限性的。事实上,人们从现实体验或经验中所获得的有关世界的其他认识或知识,也应该归入文化定型的范围之内。……当我们说对事物的形象概括是一种文化定型时,这个形象可以是个体的形象、群体的形象或民族的形象,也可以是动物的形象或植物的形象等。"显然,这是把社会固有模式的研究对象由社会群体延伸到个体或事物方面了。

1.2 研究领域的扩张

社会固有模式这一概念是新闻评论家李普曼提出来的,因此最初是用于传播学领域的。李普曼认为,新闻需要打动读者,激发读者的情感,因此必须找到一个熟悉的立足点,而这个熟悉的立足点就是由社会固有模式提供的。由于社会固有模式对社会现象、心理状态、文化差异等具有强解释力,因此其他研究领域也引入社会固有模式观念进行研究。在社会心理学领域,社会固有模式主要有三种不同走向或流派,一是心理动力学(psychodynamic)走向,二是社会文化学(sociocultural)走向,三是认知科学(cognitive)走向(王沛 1999)。这三种走向或流派实际上代表了社会固有模式的三种不同的扩展领域,即心理学领域、社会学领域、认知科学领域。

首先,心理学领域。

安桂花、张海钟(2010)对我国心理学领域刻板印象研究进行了数据统计和分析,认为刻板印象的研究一直是心理学界关注的热点内容,尤其在 2004 年到 2009 年间,刻板印象的研究得到了突飞猛进的发展,从内容看,刻板印象的研究主要集中在刻板印象形成或发展的内部认知机制上,主要的研究集中在性别刻板印象、文化刻板印象和职业刻板印象的研究上;从方法看,随着研究内容的变化,研究方法也从直接的研究方法向间接的研究方法转变,并且随着认知神经科学的兴起,事件相关电位、脑磁图、正电子发射断层扫描术、功能性磁共振成像等多种新技术开始被应用于社会认知与行为方面的研究。

其次,社会学领域。

在社会学领域,社会固有模式被用于社会文化群体研究,尤其是跨文化群体的研究。从社会学角度看,社会固有模式的形成,一方面和社会文化有关,包括社会形态、社会习俗、民族传统、民族心理等;一方面和社会环境有关,包括人文环境、地理环境等(赵爱国 2005)。从积极方面看,社会固有模式可以帮助我们快速通过信息加工过程,从而对纷繁复杂的状况做出判断。从消极方面看,社会固有模式常常和“本群体中心主义”(ethnocentrism)有密切联系,“所谓本群体中心主义,即以个人所属群体为中心看问题,抬高本群体,歧视他群体,体现在民族之间便是‘民族中心主义’。从社会心理学的角度看,民族间对立的形成需有一个社会条件和两个心理过程,社会条件即不平等的物质或资源分配,心理过程即文化定型和民族中心主义。文化定型与民族中心主义的不同点在于,定型似侧重‘描述’而非‘评价’,而民族中心主义的立场则会导致更多‘评价’,表现为对他民族的偏见和歧视。关于群体对立的研究认为,作为认知成分的定型、作为情感成分的偏见以及作为行为成分的歧视共同构成群体间的对立。”(高一虹 1995)

从“本群体中心主义”的视角来看,社会固有模式显然是消极的,是需要克服的思维方式。如此,我们需要克服对其他群体的偏见,走进“他群体”。人类学家马林诺夫斯基在巴布亚新几内亚进行人类学田野调查,亲历当地土著人看上去毫无意义的“库拉”贸易,由于他设身处地的感受和深入的理解与思考,能够完全克服社会固有模式,从而融入土著人的文化生活中。马林诺夫斯基分享自己的经验说:“我们可以暂时走进野蛮人的精神世界、通过他的眼睛看外面的世界、自己感受他做自己时一定会有的感受,然而,我们的最终目标是丰富和深化我们自己的世界观、了解我们自己的本性,使之在智慧和艺术上更完美。领会其他人的基本世界观时,带着尊敬和真正的理解,甚至对土著人也是这样,由此我们就一定能扩展我们自己的世界观。如果我们从不离开每个人生下来就存在于其中的习俗、信仰和偏见的狭窄桎梏,就不能达到‘知晓自己’的苏格拉底式终极智慧。”(马林诺夫斯基 2017,弓秀英译)这是需要理性的。

再次,认知科学领域。

“认知理论则将刻板印象看作是一种可以引导信息加工的观念系统或认知结构,它所要检验的是这些认知结构如何发生、对信息加工的影响如何作用于知觉以及群体成员之间的相互交往等。”(王沛 1999)具体说来,社会固有模式对信息加工的影响表现在两个方面。首先是对编码的影响。当人们遇到一个新的事件或新的信息时,需要对新事件或新信息的性质做出判断,这时他会根据社会固有模式进行编码,并排除和社会固有模式无关的内容。比如,当我们突然看到天上乌云密布,根据社会固有模式,我们可以编码变天、下雨、降温等等,而与社会固有模式无关的其他性质会排除掉。其次是对解码的影响。当听话人听到对方的话语时,会根据自己已有的经验,按照社会固有模式解码。比如对方说“我本来要买个礼物给你”,听话人根据社会固有模式马上可以解读出对方没有买礼物给自己,但这样的解读不一定完全符合客观真实,对方表述完整后,可能还是买了礼物:"我本来要买个礼物给你,可是我朋友建议我不要买,我没有听他的话,还是给你买了礼物。"如果对方的话语不符合社会固有模式,就会引起误解,有些笑话就是这样产生的。比如,改革开放以前,有文化的人喜欢在上衣口袋插钢笔,表示自己有文化,插一支是小学文化,两支是初中文化,三支是高中文化,按照社会固有模式类推,四支应该是大学文化,但说话人来个顿跌,说插四支钢笔是修钢笔的,这个笑话就是由于违背社会固有模式造成的。

认知语言学对社会固有模式的研究,也属于认知科学领域。乔治·莱科夫的《女人、火与危险事物》(梁玉玲等译 1994)在讨论原型范畴的时候特别提到社会固有模式,认为社会固有模式和典型的例子、理想化情形、完美典型、具有生成力的例子、次模式、凸出的例子一道作为转喻模式,用于推理活动,并进而产生某种原型效应。比如,在"母亲"的认知模式中,家庭主妇型母亲和非家庭主妇型母亲相比更符合社会固有模式,因此,相比之下,家庭主妇型母亲更具有"母亲"的原型效应。

社会固有模式的观念从传播学领域扩展到社会心理学领域,并在心理学、社会学、文化学、语言学等学科领域都产生了很大的影响,至今仍然是各学科领域的重要关注对象,并不断有新的成果诞生。

1.3　研究方法的深化

佐斌(2015)对社会固有模式的研究方法进行了全面介绍,包括外显测量、内隐联想测验、情感错误归因程序以及刻板印象的解释偏差。从研究方法发展来看,早期都是外显测量的方法,目的在于对社会固有模式的存在及价值进行确认,这是传统方法;后期除了外显测量方法之外,又引入了内隐联想测量等多种复杂多样的方法,研究方法出现深化趋势。下面分别从传统阶段和深化阶段两个方面介绍说明。

先说传统阶段。

最早对社会固有模式存在效应进行测评的是 Rice,他通过图片法测评人们对于不同身份职业者的印象,研究显示,人们对非法经营者辨识率最高,对激进的社会党人辨识率最低(佐斌 2015)。Bogardus 则通过量表的方法测评人们对不同国籍的人与他们关系的亲密程度,但他把社会固有模式和偏见等同起来了(佐斌 2015)。在传统阶段,影响最大的研究方法当属"典型特征指派法",这种方法由 Katz & Braly 提出并实施,因此又被称为凯茨-布拉莉法。典型特征指派法的实验对象是大学生,内容是关于 10 个民族与种族群体的典型特征(用形容词表述),这 10 个民族种族群体是美国人、英国人、德国人、爱尔兰人、意大利人、日本人、犹太人、中国人、土耳其人、黑人。凯茨、布拉莉通过统计数据计算出有关社会固有模式描述的一致性、同质性、合意性等等,反映了 20 世纪 30 年代美国大学生对不同民族和种族群体的固有思维模式。凯茨-布拉莉法虽然具有评估的趋合理性与程序的易操作性,但正如王沛(1999)所总结的,其方法有五个方面的缺陷:第一是它只能用于对刻板印象内容的评估;第二是它使得刻板印象的内容仅仅局限于语言特征描述,即只能局限于研究者(通过词表清单)提供的特征术语;第三是它无法明确所拣出的清单中的特征之意义;第四是通过这个方法被试只能报告、不能辨别群体流行的刻板印象;第五是被试者往往因为社会所需要的行为方式而扭曲自己的反应。

再说深化阶段。

20 世纪 70 年代以后,社会固有模式的研究进入深化阶段,一方面,外显测量的方法仍然大有市场,另一方面,内隐联想测验等方法逐渐兴起并成为主流研究方法,社会固有模式的研究方法呈现多样化趋势。

根据佐斌(2015),外显测量方法有共享归因百分比法、诊断性比率法、内隐人格及亚分类法、关联特征聚类法、同质性评定法等,但这些方法都存在一些问题,"刻板印象的测量方法可能存在文化差异和时代性。很明显,刻板印象的内容和过程在不同地域、不同时代背景下可能会有不同的结果。刻板印象与态度有着紧密的联系,而对群体的态度会影响相应的刻板印象……关于刻板印象测量的结果,也不一定可引以为据,因为在他们的测量过程中存在取样的偏差。"

外显测量方法都是被试者自陈式的测量,有较大的局限。人的意识有潜与显之分,显意识是人能够感觉到的意识,可以言说,可以交流;潜意识是人不能直接感觉到的意识,隐藏在意识的深层,常常通过梦境等形式表现出来,一般情况下不能言说,也不用于交流。潜意识是心理学的主要研究对象。就社会固有模式的研究而言,外显测量方法只能局限于显意识,就是人可以感知的这一块,但无法通向潜意识。有些社会固有模式潜藏在人的潜意识中,人通过内省无法确定或不能准确确定,因此无法通过外显的方式表达出来,这就需要通过其他方式把人头脑中潜藏的社会固有模式显现出来,这样,内隐联想测验等方法就开始登场了。1998 年,格林沃尔德(Greenwald)等提出内隐联想测验方法,这种方法广泛用于心理学研究。内隐联想测验的基本原理是,通过记录人在认知加工中的自动化联想过程,推论人们真实的内隐态度,目的是克服外显自陈式测量的局限。内隐联想测验主要考察被试在一对目标概念和一对属性概念之间的自动化联系程度,"被试要在电脑上完成一系列分类任务,并且在确保准确的情况下尽快做出反应。当将联系紧密的目标概念与属性概念安排在同一个反应键时,被试的反应会比较快;反之,反应就会比较慢。"(佐斌 2015)内隐联想测验是研究社会固有模式的有效方法,经过二十年的发展,已经成为心理学、社会学等学科的优势研究方法,其自身也在逐步成熟完善中。

此外,社会固有模式的研究方法还有情感错误归因程序、刻板印象解释偏差等,但正如佐斌(2015)所言:"刻板印象的测量方法各有自己的长处和短处,研究者可以根据自己欲研究的内容对方法进行选择。如果不明白这些方法分别隐含的刻板印象的观点,就很难知晓他们选择的方法测量的刻板印象到底是什么含义。总之,现在没有一种理论能给出一个公众认可的刻板印象的定义,也还没有一种测量方法能准确测量出刻板印象的各个方面。"从传统阶段到深化阶段,社会固有模式的研究方法在不断发展、更新、进步,这推动了社会固有模式的研究。但另一方面,任何方法都是有局限的,都只能解决一部分问题,不能解决全部问题。社会固有模式的研究,也还需要不断改进方法,拓展领域,从而完善研究。

2. 概念描述

研究一个对象,应该首先给出定义。但定义是一项难度极大的工作。对社会固有模式(或刻板印象)来说,前人已经有很多定义,但都难以得到公认。王沛(1999)说:"研究者们提供了无数的定义,它们反映着不同的观点。一些概念将刻板印象与神话、传说或掌故混为一谈,这是一种丰富、松散而复杂的概念趋向;而另一些则提供了比较狭义、更加集中的概念,诸如将刻板印象定义为与某个社会群体相连的品质形容词簇。后一种趋向力图促成刻板印象的操作与测量。"由此可见,社会固有模式的定义是不统一的,不同的研究者可以根据不同的需要给出不同的定义。但定义的核心部分必须是共同的,如果不同的研究者有不同的定义,而且定义相差极大甚至相反,那么不同研究者之间就无法达成交流。定义的核心部分是可以描述的。对概念来说,研究者可以给它下一个精确的定义,也可以对它进行大致的描述,二者各有其长,也各有其短。定义比较精确,可以作为研究的起点,在特定研究中能够自圆其说,但不容易得到公认;描述比较模糊,可以反映公认的核心内容,避免在定义问题上兜圈子,但不够精确,不符合严格的科学研究要求。就社会固有模式而言,由于前人下了很多定义,而且没有统一的公认的定义,因此,如果再下一个新的定义,一是很难跳出已有的窠臼,二是仍然无法得到公认。那么,最好的办法就是对社会固有模式的概念做出描述,不求精准,但求能反映社会固有模式这一概念的核心思想和内容。我们把社会固有模式这一观念描述如下:

社会固有模式是社会成员对特定对象及其所具有属性的固化认识,这种固化认识可以通过命题形式反映出来,从认知对象的实际情形看,这种固化认识是不准确的,常常可以举出许多反例。

以下我们从构成因素、命题形式、真实程度三个方面对社会固有模式进行详细说明。

2.1　构成因素

社会固有模式是社会成员对特定对象及其所具有属性的固化认识,这是从社会固有模式构成因素的角度所说的。

其一,社会成员。

社会固有模式是社会成员所具有的认识,不是个人的认识,因此,社会固有模式这一术语比固有模式更能反映事物的本质,因为固有模式可能是个人的,但社会固有模式则限定在社会成员领域。对世界及其所包含事物的认知,有的是个别的,有的是共同的,个别认知有一定的特异性,不一定能够为社会一般认知所包容;共同认知有较大的普遍性,能够适应社会的一般认知。比如,就汉文化社会成员而言,一般认为,人应该努力向上,不应该碌碌无为,这样的认知适应一般的社会认知;如果反过来,认为人不应该努力向上,应该碌碌无为,就不符合一般的认知,属于个别认知。这样的认知情形可以通过语言表达反映出来:

(15) 他不去努力向上,偏偏碌碌无为。

(16) * 他不碌碌无为,偏偏努力向上。

社会认知和个别认知是无法精确量度的,最极端的两级是,一个社会的全体成员的认知属于社会认知,一个社会的某个成员的认知属于个别认知。但实际情况是极其复杂的,在某个个人和社会全体成员之间,存在着大大小小不同数量的社会群体,这就给社会固有模式的确定带来了问题。

社会群体是一个社会学术语,指人们通过一定的社会关系结合起来进行社会活动的共同体。社会群体是复杂多样的,有所谓初级群体、次级群体、正式群体、非正式群体等等,有基于血缘关系形成的血缘群体,基于地缘关系形成的地缘群体,基于业缘关系形成的业缘群体,基于趣缘关系形成的趣缘群体,等等。这些群体有不同的语言特征,这就是语言学所谓的"社会方言"。社会方言也可以反映特定社会群体的社会固有模式。比如,根据一般的社会固有模式,交际者说话应该清楚明白,这样才便于理解沟通,但作为社会方言的隐语恰巧相反,隐语使用者故意把话说得晦涩曲折,只有内部极其熟悉的人才能明白,否则根本无法正常交流。隐语使用者作为特定的社会群体,他们所使用的隐语反映了他们特定的社会内部状况,有他们特定的社会固有模式。

其二,特定对象。

社会固有模式是针对特定对象而形成的。早期的、典型的社会固有模式都是针对特定文化群体的,这是由于文化的异质性决定的,在异文化的交际中,不同文化所反映出来的差异性是最容易观察的,因而也最容易形成针对这种异文化所形成的社会固有模式。自从李普曼提出固有模式的概念以后,很多学者将文化群体作为对象引入固有模式研究,在种族群体态度的研究上,留下了很多有价值的结论。凯茨、布拉莉的"典型特征指派法"研究,就是针对不同的文化群体而进行的,"他们的调查结果发现,大学生对各国国民及民族的看法颇为一致:如美国白人勤奋、聪明、追求物质享受、雄心勃勃、进取心强;犹太人精明、唯利是图、勤奋、贪婪、聪明;英国人有绅士风度、聪明、因循守旧、爱传统、保守;美国黑人爱好音乐、无忧无虑、迷信无知、懒惰;日本人聪明、勤劳、有进取心、机灵、狡猾等。"(佐斌 2015)后续的一些研究也基本上局限在文化群体方面。

不仅文化群体可以成为社会成员的认知对象,一般事物也可以作为认知对象看待。早在1968 年,希拉里·普特南在华盛顿大学和明尼苏达大学科学哲学中心做学术报告,就提出社会固有模式的惯例性问题,他认为,与一般事物相联系的,仅仅是一种惯例性观念,比如,老虎是有条纹的,金子是黄色的,蝴蝶是有翅膀的,女巫与撒旦订有契约并且她们导致疾病和死亡。希拉里·普特南不仅把社会固有模式扩大到事物范畴,而且还指出,操作定义的意义并不大,试图用物理学的精确方法解决,注定会失败的,但用"语言学义务"解释则是可行的,"当我们说'有花纹'是'老虎'这个词的语言学范型的一部分的时候,我们的意思是,如果一个人掌握了'老虎'这个词,他就有义务知道,典型的老虎是有花纹的;这种义务,就像当一个人说到狮子的时候,他有义务告诉我们,他所说的'狮子',到底是单数还是复数。"(希拉里·普特南 2005)因此,尽管无法给出严格的操作性定义,但这并不妨碍我们对社会固有模式的认识和解释,实际上,对一个特定的社团成员来说,事物及其属性是固化在他们头脑中的,但可以通过特定的方式外显出来。

其三,事物属性。

对事物的认识,是通过事物的属性表现出来的,比如,我们要认识"火车"这个事物,我们必须知道火车具有怎样的属性,而对火车及其属性的认识,往往导致社会固有模式的形成——火车在铁路上行驶、火车在陆地上行驶、火车速度快。一般情况下,这些社会固有模式都是正确的,但特殊情况下有反例,比如,澳大利亚的公路列车就不是在铁路上行驶的,伦敦到巴黎的欧洲之星列车有一段就是在海里行驶的,瑞士的冰川列车比一般的汽车还要慢,等等。

在早期的社会固有模式研究中,研究者们用外显测量的方式调查社会成员对文化群体的印象,主要通过被试者对文化群体的属性描绘来完成,比如,给出美国人、英国人、日本人、黑人等,要求被试者写出这些文化群体的属性,根据属性的数量得出结论。后续的研究也基本上都是在文化群体的属性方面进行。

对事物属性的研究,认知语言学的原型理论研究非常深入。原型理论认为,事物的范畴是根据属性划分的,属性的数目是不确定的,属性相对于人的认知可以有所变化,比如区分蛇和狗,可以用有腿无腿作为区别属性,但区分蛇和蚯蚓,就只能以有眼无眼、有牙无牙作为区别属性了。对事物来说,有的属性很重要,对范畴的绝大部分甚至全部成员都适用,有的属性只对很少一部分成员适用,因此属性的地位是不平等的,比如鸟,有羽、有喙、有翼、有毛是重要属性,会飞、会唱、身小、腿细不是重要属性,鸵鸟不会飞,老鹰不会唱,孔雀身材大,鹤鸵腿粗壮。对范畴成员来说,具备的属性越多,越接近原型;具备的属性越少,越远离原型,甚至具备了其他范畴的属性。因此同一范畴中成员的地位是不平等的,比如在鸟范畴中,麻雀是原型,其次是燕子、鸽子,孔雀、鸵鸟就不典型了。

从事物属性看,社会固有模式和原型有割不断的联系。根据乔治·莱科夫的《女人、火与危险事物》(梁玉玲等译 1994),社会固有模式是导致原型效应的主要来源,社会固有模式属于转喻模型(以部分代替整体),而转喻模型是原型效应的第二大来源(第一大来源是理想认知模型)。

其四,固化认识。

固化认识是稳定性的认识,是相对临时性认识而言的。社会固有模式是稳定性认识,是可以通过语言表达的显化认识。社会固有模式的稳定性和社会成员、特定对象、事物属性、主体特征都有关系。

首先,社会成员导致固化认识。社会成员作为群体,可以拥有某种特定的文化或社会观念,这种观念存在于全体成员中,从而得以稳固存在。群体的观念具有传播性和继承性。群体的观念不仅可以在群体中传播存在,也可以传播到其他群体,在群际中存在。群体的观念也具有继承性,由上一代传递给下一代,从而不断继承下去。而个体的观念则不然,如果某种观念仅仅为个体所独有,就很容易遗忘、消失。因为个体的观念如果不能在群体中传播,就只能成为个别拥有的观念,随着个体的消失,最终会湮没在历史和文化长河中。

其次,特定对象导致固化认识。在一个文化群体中,一些特定的对象往往会成为这一文化群体的永恒记忆。文化群体所处的自然环境、文化环境,所接触的自然事物、生活资料,所面对的自然现象、社会现象等等,都会深深地镌刻在文化群体成员的内心深处。因此,这些特定对象,就导致了某文化群体的固化认识。比如,马林诺夫斯基的《西太平洋的航海者》描写了巴布亚新几内亚土著居民的生活,在他们的社会里,独木舟、巫术、库拉、臂镯、项链等是他们社会文化的重要存在对象,这些对象是他们社会文化中几乎须臾不可分离的,因而具有极其稳定的固化认识。在他们的文化中,每个独木舟都有特定的名字,有特定的含义,这在其他社会文化中并不多见。

山西大同作家曹乃谦写作了一系列温家窑故事,瑞典汉学家马悦然所作《序》说:"那可怜的村民吃什么呢? 平常吃的是糊糊,那就是用燕麦面或者玉米面做成的比浆糊还稀的粥。农民们也大量地采野生的苦菜,煮半生后,腌泡在大瓮里,能吃一年。他们也常常吃燕麦面做的面条(鱼鱼),里面加点斋斋苗儿(一种野生的韭菜)。农民最喜欢的食物是用黄米做的油炸糕。可是每一个人一年才能分到半斤油。如果全家是四个人,只能分到二斤油。那二斤油全家要吃一年,他们怎么会舍得吃油炸糕呢? 他们只有吃不用加油炸的素糕。"在物质极其匮乏的年代,晋北农民所伴随的特定对象有糊糊、苦菜、大瓮、鱼鱼、斋斋苗儿、黄米、油、油炸糕、素糕等,这些对象在农民意识中有根深蒂固的形象,因而都能够导致固化认识。

再次,事物属性导致固化认识。一般认为,属性是事物的固有特征。从科学的角度看,事物的属性是可以通过科学化手段得到确认的,但从文化的角度看,事物的属性是复杂多样的,因文化的不同而不同。比如,从科学的角度看,太阳只不过是一颗普通的恒星,但从认知的角度看,太阳对于人类实在太重要了,绝不仅仅是一颗普通的恒星,太阳为人类提供了赖以生存的能量,是人类生存的保障,正因为太阳如此重要,人类把许许多多优秀的特征都赋予太阳,太阳成为有血有肉的存在,并与人类密切互动,息息相关。乔治·莱科夫的经典著作《女人、火和危险的事物》谈及澳洲的一种土著语言德伯尔语,在这种语言中,男人和一般的动物归为一类,女人、火和危险的事物被归为一类。莱科夫说,世界各地不同人群对事物分类的种种方式,不仅使普通西方人感到莫名其妙,而且也难倒了西方的语言学家和人类学家。显然,这些奇怪的分类是文化规约的结果,而这种规约是建立在民俗文化中信仰、神话、传说等基础上的。在德伯尔文化中,太阳和月亮是夫妻关系,太阳是妻子,月亮是丈夫,因此月亮和男人、一般的动物归为一类,太阳和女人归为一类。太阳和火属于相同的经验领域,火是危险物,所以女人、太阳、火和危险的事物归为同一类。在各种自然天体中,太阳和人类的关系最为密切,因此对太阳的崇拜普遍存在于各种人类文化中。古希腊阿波罗是太阳神,是诸神之一。在波斯人的宗教教义中,太阳神密斯拉斯是光明的象征,代表光明和真理。北美大平原印第安人的太阳舞,是为祭祀太阳神而进行的规模巨大的崇拜仪式。中国少数民族文化中,也不乏太阳神的崇拜。鄂伦春人把太阳神称为"德乐查",每年正月初一的早晨都要朝拜太阳。汉民族文化中,从上古起就有祭祀太阳星君的习俗,到唐代,朝廷设立中和节,主要就是为了祭祀日神。可见,事物的属性具有多样性,既有科学所确定的固有属性,也有因文化不同而不同的社会文化属性,这些属性在特定的文化群体中都会导致固化的认识。

最后,主体特征导致固化认识。社会固有模式是怎样形成的? 吴梦婷(2011)认为:"长久以来,心理学家就发现,人的神经中枢系统和人所处的环境无论是在有意识还是无意识的状态下,都是密切相关且在不断相互作用的。当人们面对不明了的环境时,神经系统会出现告警信号,触发神经上的焦虑感,导致一种压力,迫使人们采取相应的行动。可以说,定型观念的形成正是由这一压力所触发的。然而,由于所处环境和经验的不同,各个群体或个体所形成的定型观念也是不同的。在一个人的成长过程中,对一种文化的认识是一个由弱到强、不断积累的过程,是一个受到内在与外在诸多因素影响的过程。"高一虹(1995)也认为:"世界是极其复杂的。要在本来混沌无序的世界中认识和把握种种现象,就必须将其简化,用概念分类、排列和组合进一个有序的框架中。"因此,社会固有模式是主体的需要,是主体自身特征导致了固化认识。

2.2　命题形式

命题形式是陈述或判断形式,一般通过 NP + VP 形式表现,NP 是特定对象,VP 是事物性质。社会固有模式都可以通过命题形式表现。比如:

(17) 中国人民是勤劳勇敢的。

(18) 香蕉是黄色的。

(19) 人在冬天穿得少容易感冒。

(20) 博士都知道知网是什么。

NP 多为类指成分,VP 可以是简单判断,也可以是条件句等形式。

2.2.1　NP 形式

NP 多为类指成分。所谓类指,顾名思义就是用于一类事物的指称,比如"科学家是高智商的人"，这里"科学家"不是指哪一个人，而是指科学家整个类别，这就是"科学家"的类指用法，"科学家"是类指成分。

根据刘丹青（2002），类指成分具有非个体性、凸显内涵、抑制外延等特征，这可以用来区别类指和其他形式的指称，比如，无指只有内涵没有外延，"爱因斯坦是科学家"，这里的科学家只有内涵，没有外延，"科学家"是无指成分。

类指成分多为光杆名词，这样的命题形式比较多见，例如：

（21）猫吃老鼠。

（22）农民以种地为生。

谓词性成分用在主语的位置上成为指称成分，也具有类指的性质，正如刘丹青（2002）所说："我们注意到能加'这（普通话指示词）/个（苏州话量词）'的谓词性成分都是无界的行为，相当于名词性成分的类指。"例如：

（23）跑步对身体有好处。

（24）漂亮是年轻女孩子都追求的。

"跑步"和"漂亮"虽然是谓词性成分，但用在主语的位置，是指称而不是陈述，在普通话中都可以在前面加上"这"（zhei），相当于名词性成分的类指。

那么，表现社会固有模式的命题形式，NP 为什么多为类指成分呢？这和社会固有模式自身性质有关。社会固有模式是社会成员对特定对象及其所具有属性的固化认识，NP 反映的是特定对象。一般说来，如果特定对象是个体，是比较容易认识的，甚至可以是全面认识的。但如果特定对象是一类事物，就不容易认识，社会成员需要在认知上对这一类事物进行简单化处理，这样往往可以抓住这类对象的一些主要属性，而这些主要属性又未必是所有成员全部具备的，因此针对一类对象，最容易形成固化模式。对一类事物来说，类别集合越大，社会固有模式越明显，我们很容易说"一般情况下都是如此"，也很容易找出反例，比如"鸟会飞"，我们很容易说"一般情况下鸟都会飞"，但我们马上又能找到反例，"鸵鸟不会飞"；再比如"水可以喝"，我们很容易说"一般情况下水都可以喝"，但我们马上也能找到反例，"海水不可以喝"。类别集合越小，社会固有模式越不明显，甚至可能是没有例外的事实，这就不再是社会固有模式，比如"王大鹏家的狗很凶"（刘丹青 2002 用例），如果王大鹏家的狗非止一个，也可以形成一个类别，但在这里是定指用法，不是类指用法，"王大鹏家的狗很凶"很可能是没有例外的事实，也就算不上社会固有模式。

与类指相对的是个指，类指是一类事物的全体，个指则是一类事物中的部分或独体。如果是一类事物中的部分，从关系看，它们属于某一大类；从自身看，它们又可以独立成类。因此，这种情况需要从不同的角度着眼看待。如果从其自身看是独立成类的，它们也具有类指性质。独体是独立的个体，没有成为类指意义的可能，只能表达个指意义。那么，个指意义是否具有社会固有模式？如果着眼于个指意义的复杂性，个指意义出现社会固有模式也不是没有可能的。例如：

（25）诸葛亮非常有智慧。

（26）黄山风景优美。

"诸葛亮""黄山"都是典型的个指，上述表达都可以看成是社会固有模式。这是因为，从时间的角度看，诸葛亮、黄山都不是静止的存在，诸葛亮从出生到死亡，各个阶段的情形都不相同；黄山则是比较长久的存在物，有过去、现在和将来，不同的时间有不同的表现。这样，对诸葛亮、黄山的性质作出描述,就有可能是一般的状况,而特殊情况下也可能出现反例,比如,诸葛亮在用马谡上就是不智慧的表现,黄山的某个时间段或某个具体位置风景也不够优美。因此,个指出现社会固有模式,也是正常的。

2.2.2　VP 形式

VP 可以是简单形式,是属性谓语;也可以是复杂形式,是条件句。严格说,VP 是谓词短语的形式,不能代表条件句,但为了统一分析,我们暂时用 VP 来代表条件句。

先说简单形式。类指成分的对应陈述是属性谓语,不是事件谓语(刘丹青 2002),因此,VP 为简单形式的时候,表示状态而不是事件。这和社会固有模式的要求是吻合的,社会固有模式要求对事物及其属性做出描述,而属性谓语恰好反映了事物的属性。属性谓语都具有无界性,和时间无关,也和行为无关,因此都排斥时体成分,但可以容纳情态、判断、性质、状态等成分。

情态成分,例如:

(27) 马会游泳。

(28) 蘑菇可以吃。

判断成分,例如:

(29) 素食是有益健康的。

(30) 法国人是浪漫的。

性质成分,例如:

(31) 上海很有魅力。

(32) 部落居民一般都不讲卫生。

状态成分,例如:

(33) 老年人精力不济。

(34) 西红柿是红色的。

再说复杂形式。VP 也可以是条件句,可以表述为"如果 X,那么 Y",NP 有时候出现,有时候不出现,NP 即使不出现,也可以根据常规情形推出。例如:

(35) 人不吃早饭会得胆结石。

(36) 盆栽不浇水就会枯死。

例(35)NP 是"人",VP 是条件句"如果不吃早饭,那么就会得胆结石";例(36)NP 是"盆栽",VP 也是条件句"如果不浇水,那么就会枯死"。这种条件句所描述的事实仍然是"一般情况下如此,但有反例",比如,也有不吃早饭没有得胆结石的人,也有不浇水不枯死的盆栽。

早期的社会固有模式研究,基本上都是基于对某个群体的认识,在调查分析中常常用某个表人的形容词对应,比如"勇敢、勤奋、聪明、好战、狡猾、图利"等等,因此形容词常常成为某事物所具属性的基本特征。这样,形容词或形容词性短语(仍然用 VP 记录)往往可以有效反映 NP 的属性特征。例如:

(37) 德国人非常严谨。

(38) 鲜花很香。

一方面,形容词,尤其是性质形容词,是无界的,而且在很大程度上都是模糊的,从不同的视角看很容易出现例外;另一方面,形容词也具有很强的主观性,不同的人往往有不同的看法,在一般人看来如此,在个别人看来未必如此,这样也容易形成不同的看法或见解。因此,形容词来表现 NP 属性,是适宜的。

2.3　真实程度

从认知对象的实际情形看,社会固有模式在一般情况下是准确的,可以涵盖大多数情形;特殊情况下是不准确的,常常可以举出许多反例。我们说认知对象,不说客观对象,是因为社会固有模式并不一定是基于真实世界的情形形成的,比如,在特定文化中,客观真实世界所不存在的对象也有可能被当作真实的存在,这可以作为认知对象看待,但不是客观对象。这里涉及事实的真假问题,事实的真假直接决定社会固有模式是否成立。存在着两个极端,第一,如果事实是绝对真实的,具有真理性特征,那就算不上社会固有模式;第二,如果事实是绝对虚假的,具有谬误性特征,也算不上社会固有模式。真正的社会固有模式,是基于事实的基本准确性,既不能达到真理性标准,又不能失于谬误。

逻辑实证主义认为,只有通过经验事实可以知晓真假的,才是有意义的,否则就是无意义的。"在他们看来,伦理命题、形而上学的命题只是表达了一种情感,它们是无法用经验的事实证实的。"(周农建 1986)因此,在逻辑实证主义那里,伦理命题、形而上学命题都是无意义的。比如,"X 是一块金刚石",这是可以通过经验的原则知晓真假的,要么是真的,要么是假的,因此是有意义的;"X 是世界的本原",这并不能通过经验的原则知晓,不存在真假的问题,因此这种形而上学的命题是没有意义的。就社会固有模式来看,非经验的命题,通常也不能作为社会固有模式,因为非经验的命题,谈不上准确还是不准确,也谈不上存在不存在反例。

这样,根据真实程度,社会固有模式需要满足这样的条件:非真理、无谬误、可经验。当然,这必须限定在特定文化中,一旦离开特定的文化语境,真理、谬误、经验都有可能发生质的变化。

其一,非真理。

一般认为,真理是对客观事物及其规律的正确反映。但真理的对象并不仅仅限于客观事物,应该是所有的认知对象。真理不能出现例外,因此真理不能成为社会固有模式。经验规律有可能成为真理。例如:

(39)火是热的。

(40)人都是会死亡的。

在世界上,不存在不热的火,也不存在不死的人,因此这样的命题可以成为真理,这种真理性命题没有例外,不是社会固有模式。

科学规律本来就是真理的反映,因此,凡是真正的科学规律,都属于真理范畴,无论哪一门类学科。例如:

(41)三角形的内角和等于 $180°$。

(42)水是由氢元素和氧元素组成的。

(43)价格围绕价值上下波动。

(44)如果一种语言存在双数,那么这种语言一定存在复数。

上述各例分别是数学、化学、经济学、语言学规律,都具有真理性,不是社会固有模式。

刘丹青(2002)指出,类指的外延是抑制的,如果用"所有"等全称量词突出外延,那么类指的外延就恢复了,当然用不用"所有",只是真值条件相同,意义不一定相同,"所有的熊猫都吃竹子",排除任何熊猫不吃竹子的可能;"熊猫吃竹子",似乎不排除个别熊猫反常地不吃竹子。凡是用"所有"这样的全称量词量化的,往往带有某种真理性质,因此不是社会固有模式;不用

"所有",只出现光杆名词,就可能是社会固有模式。所以,"所有熊猫都吃竹子"是真理性命题,不是社会固有模式,而"熊猫吃竹子"是社会固有模式,因为可以出现例外。再如:

（45）所有生物都具有感应性这种基本特征。

（46）这里所有的鸡肉都来自专门的配送中心。

例（45）（46）"所有"表明没有例外,因此具有真理性特征,不是社会固有模式。

一般地,我们常常把真理分为绝对真理和相对真理。事实上,真理都是具有不同平面或不同视角的。莱科夫和约翰逊（2018,李葆嘉等译）举"草是绿的"一例说明,在科学平面和现象学平面,这一命题的真理性是不同的,在科学平面,色彩并不是事物的固有属性,而是通过一系列生物条件产生的现象;而在现象学平面,色彩是事物的固有属性。因此,从科学的角度看,"草是绿的"是虚假的;从日常的角度看,"草是绿的"是真实的。因此,关于真理性问题,需要区分亲身性真理、社会性真理、科学性真理等不同的层面。真理问题往往是特定文化的产物,一个命题究竟是真理还是谬误,有时并不取决于客观世界,而是取决于文化认同,比如,"天圆地方"在以前被认为是真理,而"地球是圆的"被认为是谬误,甚至到清代,西方传教士汤若望在传播"地球是圆的"这样的真理性命题的时候,还是遭到杨光先等官员的反驳,认为如果地球是圆的,那么上面的人没有问题,侧面的人和下面的人就无法立足了。现在看来是真理的东西,但在几百年以前人们还是不相信的!

其二,无谬误。

谬误是和真理相对而言的,凡不符合认知对象及其规律的认识都是谬误,谬误当然不能成为社会固有模式,因为社会群体不可能把谬误作为认识世界的固有模式。凡是明显违背自然和社会规律的认识都是谬误,例如:

（47）火是冷的。

（48）人是长生不死的。

科学规律是真理的反映,凡是违背真正科学规律的认识,都是谬误:

（49）三角形的内角和等于200°。

（50）水是由氢元素和氮元素组成的。

（51）价值围绕价格上下波动。

（52）如果一种语言存在复数,那么这种语言一定存在双数。

从例（49）到例（52）,命题都是明显违背常识和规律的,是典型的谬误,不能成为社会固有模式。

就科学规律而言,情形是比较复杂的。一方面,科学规律是变动的。科学的发展,往往伴随着理论和方法的更新,当一套命题系统代替另一套命题系统时,科学规律就被更新了。有时候,更新前后的科学规律命题是相异的甚至相反的,比如,在物理学领域,以前认为宇宙是没有起点的,宇宙是无限时间、无限空间、无限物质的统一体,后来出现大爆炸理论,认为宇宙是有始有终的存在,那么,"宇宙没有起点"和"宇宙有起点"就是相反的,到底哪个是真理,哪个是谬误,就不容易确定。再比如,在天文学领域,原来认为冥王星是太阳系的大行星,是九大行星之一,后来认为冥王星不是大行星,太阳系只有八大行星,那么"冥王星是太阳系的大行星"和"冥王星不是太阳系的大行星"也是相反的,也不容易确定哪个是真理哪个是谬误。这种情形下,似乎应该遵循科学共同体的一般规约,如果某个命题得到某学科的学者认同,那么这个命题应该属于真理范畴。

另一方面,科学规律是主观的。科学规律所面对的对象可能是客观的,但科学规律则是主观的产物,因此面对研究对象,不同的研究者有不同的认识,是完全正常的,如果科学研究中没有不同意见,没有讨论与争鸣,反而是不正常的。因此,不同的研究者,有可能会给出不同的科学规律,而这些规律很可能是相异的、相反的。例如对现代汉语基本语序的认识,可以有下列观点:

(53) 现代汉语基本语序是 SVO。

(54) 现代汉语基本语序是 SOV。

(55) 现代汉语基本语序是 SVO 兼 SOV。

(56) 现代汉语基本语序从 SVO 向 SOV 转变。

上述命题似乎都可以找到例证,也都能得到一些理论的支撑,那么,到底哪个命题是真理,哪个命题是谬误,也很难确定。这似乎需要有大多数语言研究者的认同才能确定。但有时,真理是掌握在少数人手里的,这就进一步加剧了科学规律中真理和谬误的复杂性。

当然,对社会固有模式来说,无论是真理还是谬误,都没有实质性的影响,因为无论真理还是谬误,都不属于社会固有模式,都是需要排除的内容。

其三,可经验。

逻辑实证主义认为,凡是可经验的,就是有意义的,凡是不可经验的,就是没有意义的,包括同义反复、数学等式、形而上学、宗教思想等等。人是有限的存在,受到时间和空间的束缚,因此跟世界所有存在的事实相比,人的一生所能经验的事实,是微乎其微的。对于可以经验的事实,如果不是真理或谬误,是有可能形成社会固有模式的,例如:

(57) 城市的夜空,星星非常稀少。

(58) 南京的盐水鸭很正宗。

有些事实,我们明知道是真实的,但仍然是不可经验的,例如:

(59) 火星表面很冷。

(60) 秦始皇专横强暴。

在可见的历史时期,人类大概不大可能涉足火星,但我们仍然可以知道火星表面很冷的事实,并使之成为社会固有模式(特殊情况下火星温度也可以升至 20 多摄氏度);秦始皇存在于两千年前,现在的时代是不可能亲历的,但我们通过历史知识仍然可以知道这是真实的历史事实,并使之成为社会固有模式(特殊阶段秦始皇也有仁慈的一面)。逻辑实证主义用间接经验来解决这一问题。但这样一来,间接经验和不可经验之间就很难分清了。如果说火星的知识和秦始皇的知识是从书本或学校来的,那么不可经验的事实也可能记录在书本上或存在于学校中,比如有关鬼怪的观念,一定有书本记载,也一定有学校教导,但在我们现代人的观念中,这些观念是不可经验的,也是不可信的,因此是不能成为社会固有模式的。这实际上又牵涉到认同的问题,比如,天文学知识、历史学知识,是社会普遍认同的知识;但有关鬼怪的知识,却并不是普遍认同的,至少在中国现代社会里是这样的。因此,不可经验的事实,如果是得到某个特定社会文化认同的,也可以形成社会固有模式。

对社会固有模式而言,社会文化认同是极其重要的,客观真实反而不重要。在特定文化中,不可经验的事实能不能成为社会固有模式,取决于文化群体的协商和规约,而不是取决于客观真实世界。比如,在中国古代,人们普遍认为,人死亡后就会成为鬼,这是一种社会固有模式(特殊情况有成道成佛的情形);而在当代,这种观念已经不再普遍,因而也逐渐淡出社会固有模式，只有特定群体中还有存在。在客观真实世界中，人死亡后的情形都是不可经验的，但中国古代和当代却有不同的观念，这种观念是社会文化规约导致的，是科学发展的结果，至于没有鬼怪观念是否影响了人向善离恶的精神，那是另外一回事情。

3. 性质特征

社会固有模式的性质特征，研究者已有较为深入的探讨。佐斌(2015)认为："依据刻板印象的界定，刻板印象的特征可以归纳为三个方面：第一，它是对社会人群的一种简单化的分类方式。有学者把刻板印象翻译为类属性思维，强调刻板印象的分类属性与功能，刻板印象是对人或群体进行分类的过程和结果。第二，在同样的社会文化或同一群体中，人们对同一个认知对象的刻板印象具有一致性，刻板印象是一种笼统的概括的看法，形成的看法会泛化到类似的个体与群体认知之中。第三，刻板印象与事实不是完全符合的，有的刻板印象甚至是错误的，因为刻板印象形成所基于的信息是有限的。"吴梦婷(2011)则把社会固有模式(定型)的性质特征概括为不可避免性、稳固性和延续性等。也有研究把社会固有模式的性质特征描述为过概括化、认知的僵硬性、随时间的推移所表现出的持续性以及对变化的抵制性等(王沛1999)。

根据前人的研究，结合实际，我们可以把社会固有模式的性质特征概括为简单性、稳定性、认同性和一般性。以下具体说明。

3.1　简单性

社会固有模式的简单性，可以从两个方面看，一是客观方面，一是主观方面。

其一，客观方面。

首先，世界有其简单性一面。世界是复杂多样的，但也有简单性一面。古代希腊哲学探究世界的本原，认为世界的本原是从某基本存在开始的，但不同学派给出的观念是不同的，有的认为是水，有的认为是火，有的认为是逻各斯，等等。近代科学的研究，把复杂的事物存在分解为分子、原子、化学元素、分子细胞等基本单位和层次，世界万物是由这些基本的单位和层次组成的。这些情况说明，人类自古至今都有追求简单化认识世界的本能，而这种认识和世界本身的简单性是分不开的。当然，我们也都知道，世界是极其复杂多样的。关键问题是，究竟应该采取一个什么样的视角。在先秦时期，《庄子》就借仲尼之口说："仲尼曰：'自其异者视之，肝胆楚越也；自其同者视之，万物皆一也。夫若然者，且不知耳目之所宜，而游心乎德之和。物视其所一而不见其所丧，视丧其足犹遗土也。'"如果从不同的方面看，哪怕是离得很近的事物，也是相差悬殊的；如果从相同的方面看，世界上万事万物都是具有同一性的。因此，世界尽管复杂，但换一个视角看，世界又是简单的存在。

其次，世界的简单性是有规律的。世界之所以可以被人认识，是因为世界是有规律的存在，昼夜更替、四季轮回、社会变迁、沧海桑田，都是遵循着一定的规律发展变化的。如果没有规律，我们的存在就是不可预期的，如果今天不知道明天，上一秒不知道下一秒，那么所有的一切就都是没有意义的，因为没有预期，就没有盼望，也就没有意义和价值。科学的起点在于，相信世界是有规律的，正因为世界有规律，才有探索的价值。科学的本质就在于把世界的规律揭示出来，科学无法创造规律，但可以揭示规律，科学家的任务就是把自然界和人类社会的规律揭示出来。科学遵循着简单性原则,也就是把世界的简单性规律用简单性原则揭示出来。爱因斯坦非常推崇科学的简单性原则,"科学中的逻辑简单性原则有没有客观基础呢?爱因斯坦相信自然规律的简单性具有一种客观的特征,它并非只是思维经济的结果。他说:'迄今为止,我们的经验已经使我们有理由相信,自然界是可以想象到的最简单的数学观念的实际体现。我坚信,我们能够用纯粹的数学构造来发现概念以及把这些概念联系起来的定律,这些概念和定律是理解自然现象的钥匙。'他还提出了一个原则性的命题:'逻辑上简单的东西,当然不一定就是物理上真实的东西。但是,物理上真实的东西一定是逻辑上简单的东西,也就是说,它在基础上具有统一性。'"(李醒民 1992)社会固有模式的简单性,也同样是建立在世界简单性规律的基础之上的。

其二,主观方面。

首先,世界简单性是可以被认识的。世界的简单性是具有规律的,其规律则是可以被人认识的。人作为有理性的存在,可以对世界规律进行逻辑性建构,建立概念和范畴,进行判断和推理。

其次,简单化是必要的。世界是复杂的,如果认识也是复杂的,那么我们的思维就不堪重负,无法达到认识世界的目的。那么,怎样才能简化对世界的认识呢?毫无疑问,范畴化可以解决这一问题。范畴化是人的基本认知能力,并且范畴化也是人类简化认知对象的重要途径。世界上的万事万物尽管复杂多样,但我们可以对其进行归类,不必把每一个独立个体都作为独立的认知对象,所有的树都是树,只要把树范畴化为一类,也就认识了所有的树。相反,如果每一棵树都独立认知,独立命名,既是不可能的也是没必要的,我们穷尽一生也不可能把世界上的每一棵树都认识一遍,而且认识一棵树和认识十棵树,其价值往往是等同的。因此我们只要把树归为一类,建立一个范畴,那么就可以达到认识树的目的。诚如英国哲学家理查德·斯温伯恩(2005)所言:"如果世界上的每一个物体都具有各不相同的能力和倾向,这个世界就会成为一个异常复杂的不可预见的场所。但是我会不时地强调一个值得庆幸的事实:世界万物可以分为不同的种类,这些种类的组成部分都以同样的方式运动。"

再次,简单化是可行的。生活的经验,科学的研究,都为我们从简单化的视角认识世界提供了材料和基础。已有的经验话语往往成为社会固有模式的典型材料。例如:

(61)天下乌鸦一般黑。

(62)积善有善报,积恶有恶报。

例(61)是俗语,例(62)是古代蒙学教材《名贤集》的语句。这可以看作经验的总结,可以作为典型的社会固有模式范例。就例(61)而言,乌鸦是黑色的,这是一般的状况,用天下乌鸦一般黑来形容黑暗的普遍性,而实际上,白色的乌鸦也是存在的,中国新疆温宿县就有白乌鸦,这是例外情形,但不影响对乌鸦的整体认知。例(62)既是一种经验,也是一种愿望,一般情况下,行善总是平安的,而行恶总是会担惊受怕的,但也有行善而遭到诽谤,行恶没有被发现的情形,因此这只能是一种规律性事实,不是必然的,是社会固有模式。既然如此,上述用例当然可以在语言中反映出来:

(63)*世界上竟然有黑乌鸦。

(64)世界上竟然有白乌鸦。

(65)*他好心竟然得到了好报。

(66)他好心竟然没得到好报。

例(63)(65)都是符合社会固有模式的表达,和"竟然"矛盾,因此是不可接受的;例(64)(66)是违背社会固有模式的表达,和"竟然"语义一致,因此是可以接受的。

3.2　稳定性

社会固有模式在一段时间内是稳定存在的,这是特定群体可以交流沟通的基础。可以从以下三个方面认识。

其一,群体特征。

社会固有模式作为一种群体特征,必然具有稳定性特征。根据控制理论,群体意义往往具有稳定性,即"群稳定性"(Swarm Stability),其核心含义就是"聚集"。在群体中,个体的存在也是有价值的,但个体应该具备一定的群体共性,如果完全是异类,则必然为群体所排斥。但个体也有独立的意义和价值,在特定条件下可以游离于群体,这时,个体就不在群体之中,不再具有群体特征。

社会固有模式也具有"群稳定性"特征,作为固化的认知模式,稳定地存在于整个群体中,成为群体认知世界的基础。

其二,固化模式。

社会固有模式是一种固化模式,既然固化,就必然是稳定的。社会固有模式往往是经验的产物,是社会文化群体共同经验的结晶,这种经验在形成以后,就会以稳定的方式延续下去,甚至成为代际相传的信息。在交际中,常常有"古人云"这样的字眼来反映社会固有模式的代际相传的情形。例如:

(67) 古人云,七十三、八十四,阎王爷不找自己去。(李佩甫《羊的门》)

(68) 古人云:老来有子万事足。(白桦《淡出》)

例(67)"七十三、八十四,阎王爷不找自己去"是指七十三和八十四是两个年龄坎儿,人容易在这个年龄坎儿上去世,如果从客观真实世界看,显然是不正确的甚至错误的,可能连基本的频率倾向也谈不上,但在汉文化群体的认知世界中,这是规约的认识,是社会固有模式。例(68)"老来有子万事足"是指年老的时候如果有儿子健在,就什么也不用愁,万事俱备,其实这在客观真实世界中也很难说有多少情形能够符合,随便也可以找出许多反例,但在认知世界中,这确实是社会固有模式,是汉文化群体所共有的认知,类似的像"多子多福"等也是如此。

社会固有模式也具有共时性。在共时交际中,人们常用"俗话说得好"来反映社会固有模式的稳定性。例如:

(69) 俗话说得好,良药苦口利于病,忠言逆耳利于行。(纪连海《正说和珅》)

(70) 俗话说得好,江山易改,秉性难移。(相声《后补三国》)

例(69)俗语"良药苦口利于病,忠言逆耳利于行"反映了社会固有模式的共时性,在一般人的认知中,良药苦口,忠言逆耳,都是方式不容易接受,但效果都非常良好。实际上,从修辞学的角度看,忠言如果用逆耳的话语表达出来,未必有好的修辞效果,因为说话要考虑对象的可接受性,顺耳的话容易接受,而逆耳的话不容易达成共识。类似还有"刀子嘴豆腐心"也是如此,虽然是社会固有模式,但在修辞学看来并不是合宜的表达手段。例(70)"江山易改,秉性难移"也反映了社会固有模式的共时性,由于人的秉性有不易改变的一面,因此常常用来反映人秉性的顽固。但这也非常容易找到反例,因为人也有可变的一面,由好变坏,由坏变好,也常常可以见到的。

社会固有模式在语言中反映出来,从而加深了模式的固化。

其三,推理前提。

社会固有模式常常可以作为推理前提,而这种推理前提是建立在其稳定性基础上的。乔治·莱科夫在《女人、火与危险事物》(梁玉玲等译 1994)中说:"社会性固有模式通常是人们意识到的并且常常是公众意识到的话题,它们会随时间而变化,并可能成为社会公共的问题。由于它们给各种文化期望下定义,被用来作推理,尤其是那些所谓的'即时论断'。"比如,当我们看到一个英国男人,根据"英国男人有绅士风度"这样的社会固有模式,我们可以即时推断出这个英国男人有绅士风度。但这样的推理显然并不一定符合客观真实,因为社会固有模式本来就不是真理,而只是社会文化群体共同认知的产物,有例外是完全正常的。再比如,有人带来一块金子,根据"金子是黄色的"这样的社会固有模式,我们马上判断这块金子是黄色的,但如果这块金子并不是黄色的,我们会感到意外,但也并不能说我们的期望就是错误的。

社会固有模式的稳定性是推理得以实现的基础,尽管基于社会固有模式的推理不一定是正确的。社会固有模式为即时推理提供了帮助,这种演绎的推理手段使人们可以迅速做出判断,并根据预期做出回应或修正。

当然,社会固有模式也具有变动性的一面,但变动不是本质,稳定才是本质。因为即使变动,也一定要维持一段时间的稳定,否则对特定文化群体而言,交际、认知、推理都会受到影响,进而妨碍社会生活的正常进行。

3.3　认同性

社会固有模式是得到特定群体普遍认同的。主要有以下一些方面。

其一,主动认同和被动认同。

特定群体成员有时会主动接受社会固有模式,把它作为自己的认知模式。但多数情况下,群体成员都是被动接受的。

人出生之时,就处在一个先验的文化环境中,这种文化环境塑造了群体中的每一个人。基于这种文化所产生的社会固有模式,往往被这一文化下的社会群体被动接受,作为群体共同的认知模式和思维方式。当然,这一文化下的社会固有模式并不一定是符合客观真实世界的,甚至只是建构的产物,但对于特定文化来说,这样的社会固有模式具有认知的真实性。比如,"忠臣不事二主,烈女不嫁二夫",这是近代中国的社会固有模式,但这显然是社会建构的产物,是特定社会语境的伦理,并不符合人类普遍的伦理原则。但在当时的文化环境中,这种社会固有模式具有认知的真实性,是以前汉民族群体所被动认同的认知模式。在当代中国,由于人类普遍伦理原则的影响和渗透,这种社会固有模式已经成为旧迹,不再作为当代中国人的认知模式。

被动认同还有一种情形,就是当代舆论的塑造。舆论往往是由政权主导的。政权主导的舆论具有立场的倾向性,在各种媒介的作用下,其立场逐步渗透到民众的认知中,从而形成社会固有模式。

其二,有意认同和无意认同。

社会群体成员对社会固有模式的认同可能是有意的,社会成员明确知道社会固有模式的内容,知道其作为认知模式的倾向性,也知道存在大量的例外。但许多情况下,社会固有模式都是无意识的,是无意认同的。

其实,这一原则和认知的无意识性是紧密相连的。认知很大程度上是无意识的,比如,我们把星星看成是小而圆的事物,用量词"颗"来计量,认为这是理所当然的事情,而实际情况是,我们肉眼所看到的星星都是庞然大物,并不是小而圆的事物,我们是在无意识中把星星识解为小而圆的事物的。社会固有模式也往往是无意识的,在一般表达中,我们注意不到社会固有模式的存在,然而当这种涉及社会固有模式的表达影响我们理解的时候,原来无意识认同的社会固有模式就显现了。例如:

(71) 他早上八点钟才起床。

(72) 他早上五点钟才起床。

例(71)是正常的,按照社会固有模式,早上八点钟起床确实是晚了;例(72)不怎么正常,按照社会固有模式,早上五点钟起床属于早起,用"才"表晚,是不符合一般认知的,因此在一般情况下,当出现这样的说法时,对方往往会回应说"五点钟起床不晚啊",这时,"五点钟起床早,八点钟起床晚"这样的社会固有模式就在认知中显化了。当然这样的社会固有模式仍然是一般情况下如此,还是会有反常情况出现,比如由于纬度高低或时差差异导致的特殊情形。

其三,强化认同和弱化认同。

社会固有模式相对比较顽固,在社会群体中有较深的积淀。随着社会的发展,社会固有模式被群体所认同的趋势可以有两种相反的倾向,一是强化认同,一是弱化认同。社会固有模式究竟是趋向强化还是趋向弱化,需要看是否在群体中具有合理性,是否对群体有益。殷海光(2016)在论及文化言论时说:"一种言论是否被广泛接受,要看它是否满足下列四个相关联的条件:第一,它是否合于一个地域里大多数人潜意识中贮藏的要求。第二,它是否对一般人渴望解决的现实问题提供可直接见及的解决方案。第三,它是否能激起大家受情绪鼓荡的幻想。第四,它是否吻合于大家残存的价值取向。任何一种言论,如果满足了这四个条件,那么大家便是找回那已经失去了的毋庸置疑的确定感,因此也就可能被广泛地接受。如果任何一种言论不能满足这四个条件,那么可能因大家不感兴趣而萎缩而寂灭。"文化言论所反映的往往就是社会固有模式,如果这种文化言论具有合理性,就会作为社会固有模式在群体中强化并稳定下来;反之则会逐渐弱化甚至改变、消失。比如,"富贵不能淫,贫贱不能移,威武不能屈"具有永恒的伦理价值,一直以来都作为社会固有模式存在;而"忠臣不事二主,烈女不嫁二夫"则随着社会进步而逐渐退出社会固有模式。

3.4   一般性

社会固有模式可以表述为:"一般情况下如此,特殊情况下例外"。这就是社会固有模式的一般性。在话语表述上,说话人常常用"一般情况下""一般说来""一般地"这样的话语标记来表述社会固有模式。例如:

(73) 一般情况下,奴隶是没有私人财产的。

(74) 一般情况下,健康成年人每天吃 1—2 个鸡蛋比较好,老年人每天吃一个鸡蛋比较好。

(75) 一般说来,得了不义之财,做了亏心事,"做贼心虚",不可能那么心安得。

(76) 一般说来,眼睛会表现出自卑和自信、诚实和伪装。

(77) 一般地,牛都有一条比较固定的放牧路线。

(78)"金""银""铜"用来做货币时,一般地,"金""银"代表的面值较大,"铜"代表的面值较小,所以货币名词就出现了"金子""银子"与"铜子儿"的叫法上的差别了。

上述情形都是一般情形,也都可以找出反例。比如,古代希腊、罗马的奴隶可以有私人财产,有的老年人可以吃几个鸡蛋而不影响健康,有的人做了亏心事也心安理得,有时候眼睛也不能表现出主体的情感态度,等等。

社会固有模式的一般性是基于认知的,而不是基于客观真实世界。在特定群体中,社会固有模式常常是建构的产物,虽然有一定的客观基础,但本质上还是群体建构认同的产物,而所建构的社会固有模式往往以特殊的顽强存续在文化群体中。比如有关轮回的观念,是完全无法证实的,既不能说是真的,也不能说是假的,但在汉民族文化中,这种观念非常顽强,甚至在科学昌明的今天,作为社会固有模式仍然没有淡出人们的认知,通过语言表达还是可以反映这种社会固有模式的存在。例如:

(79)语文老师中流行这么一句口头禅:上辈子杀了人,这辈子教语文。

(80)你是天下最好心的人,咱这辈子伺候不了你,下辈子变牛变马也要报答你的大恩。

"上辈子""下辈子"都是轮回观念的产物,轮回观念有一定的客观基础,比如昼夜交替,月亮盈亏,斗转星移,四季更替等等,但作为生命是否像自然一样,有这样的轮回,是不能证实的,我们只知道死亡是不可逆的过程,但死亡后的情形,出生前的情形,都是不能通过经验证实的,只能存在于人的认知之中。

社会固有模式的认知性还表现在,人类常常把自己的属性赋予自然事物,从而产生像"万物有灵"等观念,这种观念也可以形成社会固有模式,虽然并不是客观存在的。比如,在许多文化中,太阳、月亮、星星、树木、石头等都被作为生命存在,有性别,有品德,甚至经常性地参与人类活动。但这些都是认知层面的存在,不是基于客观真实世界产生的。

以上我们从简单性、稳定性、认同性、一般性四个方面讨论了社会固有模式的性质特征。这些性质特征是社会固有模式的基本特征,普遍存在于各种社会固有模式之中,可以对各种社会固有模式做出解释,也可以对某一命题是否属于社会固有模式做出区分和判定,从而使我们对社会固有模式有较为明确的认识。

参考文献

安桂花,张海钟.国内关于刻板印象研究的回顾与反思[J].山西高等学校社会科学学报,2010(8).

高一虹."文化定型"与"跨文化交际悖论"[J].外语教学与研究,1995(2).

莱科夫,约翰逊,李葆嘉,等译.肉身哲学:亲身心智及其向西方思想的挑战[M].北京:世界图书出版公司,2018.

李醒民.爱因斯坦的科学信念[J].科技导报,1992(5).

理查德·斯温伯恩,胡自信译.上帝是否存在?[M].北京:北京大学出版社,2005.

刘丹青.汉语类指成分的语义属性和句法属性[J].中国语文,2002(5).

吕叔湘.歧义类谈[J].中国语文,1984(5).

马林诺夫斯基,弓秀英译.西太平洋上的航海者[M].北京:商务印书馆,2017.

乔治·莱科夫,梁玉玲等译.女人、火与危险事物[M].台北:桂冠图书股份有限公司.

王沛.刻板印象的社会认知研究述论[J].心理科学,1999(4).

吴梦婷.论定型的本质、成因与功能[J].解放军外国语学院学报,2011(3).

希拉里·普特南,著,李绍猛,译."意义"的意义[M]//陈波,韩林合.逻辑与语言——分析哲学经典文选.北京:东方出版社,2005.

殷海光.中国文化的展望[M].北京:中华书局,2016.

赵爱国."定型"理论及其研究——文化与认知空间双重语境之阐释[J].外语与外语教学,2005(10).

周农建.真与优——论观念的两种标准[J].江汉论坛,1986(2).

佐斌.刻板印象内容与形态[M].武汉:华中师范大学出版社,2015.

隐性衔接类型描写以及有关理论探讨[*]

安徽大学　曹德和　南京审计大学　潘明霞

内容提要　隐性衔接是指在没有使用衔接纽带的情况下建立语义上的语篇内部联系。根据生成基础的不同,将隐性衔接分为"广义因果"型、"背景-事件"型、"概述-详述"型、"思维断片"型、"含义支撑"型等五种类型,并给予包含验证程序在内的分别描写。在此基础上,围绕隐性衔接研究中亟待解决的理论问题,包括:a. 隐性衔接的外延界定;b. 隐性衔接的用例鉴别;c. 隐性衔接的类型划分;d. "含义支撑"型隐性衔接的学理解释,等等,展开较为深入的探讨。最后指出,隐性衔接与所谓"意合"不是一码事,但隐性衔接研究可以为"意合"研究提供不无裨益的参考。

关键词　隐性衔接;类型描写;理论探讨

1. 引　　言

从韩礼德(Halliday)和哈桑(Hasan)(1976)推出的现代语篇学奠基之作 *Cohesion in English* 的命名不难看出,衔接乃为现代语篇学核心研究课题。语篇衔接无非通过两条途径,一是主要依靠衔接纽带(cohesive ties)的帮助,二是主要依靠语言环境的支持,前者即所谓"显性衔接",后者即所谓"隐性衔接"。目前对于前者的研究已经比较充分,对于后者的研究则相对薄弱。故此,本文拟从薄弱环节入手,做一些补苴罅漏的工作。具体操作分两步走,即:首先在全面考察的基础上对隐性衔接加以分类描写,然后围绕隐性衔接研究中亟待解决的问题进行不无必要的理论探讨。

2. 隐性衔接类型描写

廖秋忠(1986)曾说:"在语义连贯的篇章中,任何句子或段落之间都有语义上的联系。但是,并非所有的语义联系都有相应的语言表达式。有许多语义联系是隐性的,得靠读者/听者自己推敲出来。"以上论述便是就隐性衔接而言。

根据调查,汉语语篇隐性衔接包括五种类型。尽管每种类型的内部语义联系均具隐蔽性,但不仅都可以推敲出来,而且都可以通过加入与内部关系相匹配的衔接纽带加以验证。

2.1　"广义因果"型隐性衔接

(1)晚会结束时已过 22 点钟,马路上戒严,公交车停驶,/大家不能返校。(上海财经大学

---

*　本研究得到国家社科基金和江苏省社科基金资助,项目编号分别为 11BYY094、19YYB010。

离退休工作处《上海财经大学老同志回忆录》）

(2) 没有领导签字，/自己不能擅自作主张，随便盖章。（窦俊彦《盖章》）

(3) 这个问题不解决，/在我们两国和两国人民之间总是存在着阴影。（邓小平《中国是信守诺言的》）

例(1)至例(3)，斜线号（即"/"）前后部分照应联系的建立不是依靠衔接纽带的帮助，而是依靠语言环境的支持，它们均属隐性衔接。通过斜线号前后部分对勘，可知这里的隐性衔接是以"广义因果"（邢福义，2001：40）关系为基础。以上三例隐性衔接的类型归属不仅都可以推敲出来，而且都可以通过加入与所属类型相匹配的衔接纽带加以验证。如例(1)收尾句的前面可以加入"结果"；例(2)起始句的后面可以加入"的话"；例(3)起始句的前面可以加入"如果"，收尾句的前面可以加入"那么"。

2.2 "背景-事件"型隐性衔接

(4) 秋天的夜晚，天高云淡，月明星稀。/赵匡胤大摆筵席，宴请有功之臣。（阎景强等主编《龙争虎斗》）

(5) 纷纷扬扬的大雪下了半尺多厚，天地间雾蒙蒙的一片，/我顺着铁路工地走了四十多公里，只听见各种机器的吼声，可是看不见人影，也看不见工点。（杜鹏程《夜走灵官峡》）

(6) 天空呈浅灰色，西北角上浮着几颗失光的星。墙角的柳条儿静静地飘荡着，一切都还在甜睡中，只有三五只小麻雀儿唱着悦耳的晨歌，打破了沉寂。/我静静地站着，吸着新鲜的空气，脑中充满了无限的希望，浑身沐浴在欢乐之中。（鲁彦《狗》）

例(4)至例(6)，斜线号前后部分照应联系的建立也是靠的语境支持，前述诸例亦属隐性衔接范畴。通过斜线号前后部分的对勘，可知其中的隐性衔接是以"背景-事件"关系为基础。例(4)至例(6)属于哪类隐性衔接不仅亦可推敲出来，同时亦可借助纽带填补法加以验证。以上三例，斜线号所在之处可以加入"此时此际""在此情境下"等等。

2.3 "概述-详述"型隐性衔接

(7) 过去陕北地广人稀，/走路走很远才能碰到一个村子，村子也往往只有几户人家散落在山峁沟畔。（吴伯箫《延安的歌声》）

(8) 北方的夏天，热得真够劲！/树叶晒得发白，柏油马路晒得软软的，像糖稀。推车卖冰棍的老太太早已经卖得一干二净。一家饭馆门外，好几个敞着怀、流着汗的工人，抱着啤酒罐罐，仰脖咕咚咚往下灌，活像在饮马，汗不住往外冒，似乎那一颗颗汗珠都是这啤酒挥发出来的。（肖复兴《发生在炎热的夏天》）

(9) 旧历的年底毕竟最像年底，村镇上不必说，就在天空中也显出将到新年的气象来。/灰白色的沉重的晚云中间时时发出闪光，接着一声钝响，是送灶的爆竹；近处燃放的可就更强烈了，震耳的大音还没有息，空气里已经散满了幽微的火药香。（鲁迅《故乡》）

例(7)至例(9)，斜线号前后部分照应联系的建立同样得益于语境作用，上举诸例同样隶属隐性衔接。通过斜线号前后部分的对勘，可知其中的隐性衔接乃以"概述-详述"关系为基础。这里的"概述"与"详述"不是指统括性较高的概念与统括性较低的概念，而是指统括性较高的命题与统括性较低的命题。例(7)至例(9)属于哪类隐性衔接不仅亦可推敲出来,同时亦可通过填补相应的衔接纽带加以验证。以上诸例,斜线号所在之处可以加入"具体表现是"或"具体表现在"。

2.4 "思维断片"型隐性衔接

（10）圆润嗓音芬芳什么香水你的丁香树。/胸脯我看见了,两个丰满的,/歌喉啭鸣。/我初次见到。/她谢我。/她和我怎么? 缘分。/西班牙风韵的眼睛。/独自在梨树下古老的马德里院子里这时光一边有荫,/桃乐丝,伊,桃乐丝。望着我。迷人的。啊,勾人心魄。（乔伊斯《尤利西斯》金隄译本）

（11）一百五。过去的渺茫,/前游……海,山,岛,黄湿硬白浪的石头,白浪。/美,美是一片空虑。/事业,建设,中国的牌楼,洋房。/跑过一条杂种的狗。/中国有进步。/肚中有点饿,黄花鱼,大虾,/中国渔业失败,老孙是天才,国亡以后,他会白吃黄花鱼的。/到哪里去吃晚饭? 寂寞! /水手拉着妓女,退职军官有妻子,老孙有爱人。丁只有一身湿的浴衣。……（老舍《集外·丁》）

例(10)和例(11),见于斜线号前后的语句,其间照应联系的建立大多不是依靠衔接纽带的帮助,而是依靠语言环境的支持。通过斜线号前后部分的对勘,可知其中的隐性衔接乃以"思维断片"关系为基础。这里所谓"思维断片"是指与意识流(stream of consciousness)手法相联系的作为其表现对象的心理板块。例(10)某些斜线号所在之处可以加入诸如"后来……""再后来……";例(11)某些斜线号所在之处可以加入"忽而……""忽而……"。以上二例之所以加入可能性有所不同,乃因为前者属于"链条式"意识流(柳鸣九,1987),亦即思维断片以有序方式展开的意识流;后者属于"彩点式"意识流,亦即思维断片以无序方式展开的意识流。

2.5 "含义支撑"型隐性衔接

（12）搞破坏,谁能比孩子厉害? /别担心,我们有多乐士全新精装五合一墙面漆。（多乐士精装五合一墙面漆广告）

（13）甲：电话! /

乙：我在洗澡。

例(12)和例(13),斜线号前后部分照应联系的建立亦是主要得益于语言环境的作用,不言而喻,它们亦属隐性衔接范畴。这里的"含义"亦即通常所说的"言外之意"。诚如周知,前述含义存在规约与非规约之分。规约含义具有不可取消性(non-detachability),属于语言范畴;非规约含义具有可取消性(cancellability),属于言语范畴。此处"含义"是指后者,即学界通常称谓的"会话含义"(conversational implicature)(Grice,1967/1975:41-58)。通过斜线号前后部分的对勘,可知例(12)和例(13)的隐性衔接乃以"含义支撑"为基础。以上二例属于哪类隐性衔接亦可推敲出来,同时亦可通过纽带填补法加以验证。如例(12),在"别担心,我们有多乐士全新精装五合一墙面漆"的后面,可以加入"它能够防范和修复因孩子调皮造成的任何墙面污染和破损";例(13),在"我在洗澡"的后面,除了可以加入"没法接,你帮接一下"以外,还可以加入"没法接,你让她/他待会打过来",以及还可以加入"老规矩,你把电话(指手机或无绳电话)拿到浴室来",等等。前述二例之所以在加入可能性上存在一与多的区别,乃因为支撑前者隐性衔接的会话含义属于"一般会话含义"(generalized conversational implicature),支撑后者隐性衔接的会话含义属于"特殊会话含义"(particularized conversational implicature)

（Levinson，1983：131；Grice，1989：37）。

3. 隐性衔接理论探讨

　　以上对汉语隐性衔接作了分类描写。下面拟就隐性衔接研究中亟待解决的理论问题，包括隐性衔接的外延界定、隐性衔接的用例鉴别、隐性衔接的类型划分以及"含义支撑"型隐性衔接的学理解释，等等，作些必要的探讨。

3.1　隐性衔接的外延界定

　　从事隐性衔接研究首先必须明确隐性衔接所指范围，亦即首先必须解决隐性衔接的外延界定问题。这问题不解决，隐性衔接的用例鉴别将无所依从，隐性衔接的类型划分将无从谈起，而且与此有关的深度讨论亦会受到影响。通过拙稿开头文字可知，本文是将隐性衔接限制在语义衔接范围内。因为它已清楚说明，本文区分显性衔接与隐性衔接乃以是否使用衔接纽带为根据，而衔接纽带是指建立语义联系时所用到的指称、替代、省略、连接以及词汇衔接等组织手段（Halliday & Hasan，1976：4）。我们注意到，1998 年刊出的《隐性衔接论》，2000 年发表的《隐性衔接论与篇章连贯研究》，2001 年推出的《语篇的隐性衔接》，2008 年见刊的《论英语语篇的显性与隐性衔接》，2016 年面世的《英汉翻译教学中显性与隐性衔接手段与连贯问题的探讨》，等等，所表达的见解与本文相近。可见笔者前述看法所反映的乃是语篇学界相当普遍的共识。既然如此，为什么还要将隐性衔接外延界定作为问题加以讨论呢？原因是，对于前述共识，21 世纪初有两位学者明确提出质疑。他们认为，语篇衔接手段并非只是局限于语义层面，考察任何衔接包括显性衔接和隐性衔接不应画地为牢，而应将视野延伸到语言各个层面。同时他们认为语篇衔接不仅涉及语言单位之间的衔接，还涉及语言单位与语言环境之间的衔接。因为这两位学者在语篇研究上成就斐然，前述观点产生了不小的影响。随着以上新观点的提出，在语篇学界面前，自然也就有了一个何去何从的问题，亦即是一如既往，继续在语义层面研究显性衔接和隐性衔接，还是革故鼎新，将显性衔接和隐性衔接的研究延伸到语言各个层面乃至延伸到语言之外。对此笔者的态度是，语篇学界还是应当一如既往，坚持在语义层面开展显性衔接与隐性衔接研究。道理在于：在研究语篇内部语义衔接的过程中，我们之所以区分显性衔接与隐性衔接，乃是因为在语篇的语义层面客观存在着显性衔接与隐性衔接的区别。而前述区别并非见于语篇各个层面，例如在语篇的语音层面，就看不到它的存在。前面提及的两位学者，他们一方面把显性衔接与隐性衔接的区分延伸到语音层面，另一方面则又认为，语音层面的音系模式衔接和语调衔接只同显性衔接相联系（张德禄、刘汝山，2003：29）。这就不仅偏离了从实际出发择定研究范式的科学原则，同时将研究者置于左右为难的境地。因为语义层面的各类隐性衔接，都离不开语音这物质载体；通常情况下，即便语义层面存在照应失当的问题，就语音节律以及语调表现看，也还是衔接的；某个语篇，从语音上看属于显性衔接，从语义上看属于隐性衔接，你把它归入显性衔接还是隐性衔接？至于两位学者将显性衔接与隐性衔接的区分延伸到语言之外，更不无可商之处。道理在于：作为语篇学核心概念的衔接，乃指通过语言手段和语境条件的利用，在句与句之间建立语言信息上的照应联系。这里的"衔接"除了有其特定所指，同时有其特定限制。即：首先，它只是发生于同质单位之间，亦即只是发生在语言单位之间；其次，它只是发生在同类单位之间，亦即或者只是发生在语义单位之间,或者只是发生在语音单位之间,或者只是发生在语法单位之间,或者只是发生在字符单位之间;再次,它只是发生在线性单位之间,亦即它要求相互照应的单位必须具有一维展开的特征。即此可知,所谓"我们要研究语篇的外部衔接机制,即语篇与语境的衔接"等等(张德禄、刘汝山,2003:254),不足为训,因为前述说法经不起学理推敲。

3.2　隐性衔接的用例鉴别

从事隐性衔接研究,除需解决外延界定问题,还需解决用例鉴别问题。因为用例选择的当与不当,直接影响到有关结论的可信度。

多年前,我国有位知名学者率先发表了一篇专门论析隐性衔接的文章。该文开辟了我国隐性衔接专题研究的先河,功不可没(牛保义,1998)。然而被其视为隐性衔接的用例,有不少名不副实。

譬如该文提到的以下用例:

(14) The baby was crying. The mother picked it up.

该例其实应当归入显性衔接,这不仅是因为"the baby"与"the mother"之间具有共轭关系[①],同时因为"the baby"与"it"之间具有同指关系。

譬如该文提到的以下用例:

(15) 我认为这"费厄泼赖"也是其一。否则,他对你不"费厄",你却对他"费厄",结果总是
　　　自己吃亏,……(鲁迅《论"费厄泼赖"应该缓行》)

该例实际上亦应归入显性衔接,因为前面的"费厄泼赖"与后面相继出现的"费厄",其间存在同指关系。

又如该文提到的以下用例:

(16) John fought instead of running, and the bully met his waterloo.

该例亦应作为显性衔接看待,因为前句的"John"与后句"the bully",其间有着共轭关系。

再如该文提到的以下用例:

(17) 下视其辙,登轼而望之,曰:"可矣。"(《曹刿论战》)

该例同样应当归入显性衔接,因为其中三句话的零形主语之间具有同指关系。

还有该文提到的以下用例:

(18) 驴不胜怒,蹄之,虎因喜,计之曰:"技止此耳。"因跳踉大㘚,断其喉,尽其肉,乃去。
　　　(《黔之驴》)

该例同样应当视为显性衔接,因为其中第一句与第二句,主语同指;第二句与第三句,宾语与主语同指;第三句与第四至第八句,主语同指。

在上述文章中,作者总共列举 15 个用例,除了第一例是作为显性衔接展示,其他均被作为隐性衔接看待。而在这 14 个用例中,真正属于隐性衔接只有六例。即例(2)、例(8)、例(9)、例(10)、例(11)、例(14)。

为什么误判率如此之高?是该文对于显性衔接与隐性衔接的认识有问题?不是。该文有关说明是:"语篇的衔接常可以借助语篇的显性表述来实现,如,照应、替代、省略、连接词和词汇连接等。有时,语篇的衔接也可以借助语篇的隐含意义,即蕴涵在语篇显性表述之内的含意来实现。前者我们称之为显性衔接,后者称之为隐性衔接。"不难看出,该文是从生成基

础的角度探悉显性衔接与隐性衔接,这没有什么不可以,实际上其他学者大多亦如此。问题出在哪里呢?出在该文没有注意到,如果对于语言单位的认识不是着眼于形式特征而是着眼于意义基础,那么,这意义有时是不可拿来作为鉴别标准加以利用的(文炼,1995)。当然,问题不仅出在该文将"隐含意义"作为隐性衔接的鉴别标准,更出在该文阴差阳错地认为,在语篇内部,"隐含意义"存在之处也就是隐性衔接存在之处。[②]

通过以上讨论,似可作出如下总结,即:有关隐性衔接的说明,既可着眼于形式特征亦可着眼于意义基础;但有关隐性衔接的用例鉴定,则只能以形式特征为标准,亦即只能以是否用到衔接纽带为标准。

一方面鉴于从隐含意义出发说明隐性衔接的构成,有可能在用例鉴别上造成误导;另一方面鉴于从语言环境出发说明隐性衔接的构成,比起前者更贴近客观实际。因为"任何语义都必须在一定语境中才能得到实现;从不在任何语境中出现的'语义'是一种虚构。"(石安石,1994:44)。事实上听读者对于语篇中任何隐含意义的体认都是借助语境作用,故此,笔者有关隐性衔接的发生学说明,不是以隐含意义的作用为着眼点,而是以语言环境的作用为着眼点。

3.3 隐性衔接的类型划分

对于认识考察对象来说最为有效的方法是通过分类,因为"类别是人类认知的工具,学习和利用类别,是一种最基本、最普遍的认知形式"(Bruner et al,1956:84)。

依靠隐性衔接构成的语篇,同复句和句群一样,都是以小句为结构起点,以小句集合体为结构终点。复句和句群的分类是根据逻辑关系,隐性衔接的分类可否照葫芦画瓢?看似可以,其实不行。

之所以说不行,原因有二:其一,复句和句群的分类对象只是独白型语篇,隐性衔接的分类对象还包括对话型语篇,如例(13);逻辑关系分类法运用在独白型语篇身上畅行无碍,运用在对话型语篇身上则往往左右支绌。其二,尽管有些隐性衔接可以比照复句和句群加以分类,如例(10)和例(11),前者可以比照承接句群,作为"承接关系"型隐性衔接处理;后者可以比照并列句群,作为"并列关系"型隐性衔接处理,但这没有多大意义。因为例(10)和例(11)隐性衔接的构成,并非主要得益于前述关系。

我们注意到,曾经就隐性衔接分类作过尝试的学者,大多是将隐性衔接生成基础作为分类依据。例如率先对隐性衔接开展研究的那位学者,他将隐性衔接分为"索引式""相似式""替代式""链条式""寄寓式""作譬式""因果式""推理式""隐晦式""等级式"等十类,便是着眼于生成基础。另有一位学者将隐性衔接分为"隐性连接""预设性外指衔接""空缺性衔接"三类,亦是着眼于生成基础(张喜荣,2009)。但率先对隐性衔接开展研究的那位学者,其所谓隐性衔接大多名实不符,故此,他有关隐性衔接的分类大多不具参考价值。而另一位学者,其所谓"预设性外指衔接"的分类,乃是错误说法——亦即"我们就必须扩大衔接的涵盖范围,增加外指衔接,到情景语境和文化语境中去寻找其所指项的衔接机制和隐性衔接"(张德禄、刘汝山,2003:28)——误导的产物,[③]故此,他有关隐性衔接的分类,参考价值大打折扣。

尽管前述学者的隐性衔接研究存在这样那样的不足,但他们从生成基础出发对其加以分类则是应予肯定的。鉴于表现形态乃为生成基础所决定,将后者作为分类根据,有助于由源及流地认识隐性衔接的形成过程,有助于自内而外地认识隐性衔接的形态区别,本文第一章有关隐性衔接分类描写,便是以生成基础为分类根据。基于例(10)和例(11)是以意识流过程中呈现的思维断片为反映对象,其隐性衔接的构成有赖于此,我们将其归入"思维断片"型隐性衔接。基于例(12)和例(13),斜线号之后话语均与"会话含义"相联系,其隐性衔接的构成有赖于此,我们将其归入"含义支撑"型隐性衔接。基于例(1)至例(3)、例(4)至例(6)、例(7)至例(10),其斜线号前后部分隐性衔接的构成,乃是依恃逻辑关系的作用,而各自对应的逻辑关系有所不同,我们对号入座,将其分别归入"广义因果"型、"背景-事件"型、"概述-详述"型。

隐性衔接的类型划分,除了需要注意标准选择的合理性,同时需要注意用例定位的适当性。邢福义(2001:34)注意到,通过隐性衔接构成的复句,内部逻辑关系存在多种理解的可能性。例如"他肯出面,事情好办。"便是这样,故此,邢福义(2001:8)将"用标志控制"作为复句分类的重要原则。

以往的教训和经验表明,从事隐性衔接研究,为避免类型划分的主观性,以及为增强用例定位的实证性,引入前述原则显然是十分必要的。也正因为如此,对例(1)至例(13)加以描写时,我们将"通过加入与内部关系相匹配的衔接纽带加以验证"作为不可或缺的描写内容。不过根据笔者有关实践,在隐性衔接研究上要想全面顺畅地贯彻前述原则事实上存在一定难度。原因在于,有的隐性衔接语篇,"加入与内部关系相匹配的衔接纽带"会让人觉得别扭,如例(7)至例(9);[④]有的隐性衔接语篇,"加入与内部关系相匹配的衔接纽带",则将原文特点给否定了,如例(10)和例(11)。尽管标志控制原则所检验的只是形式转换的可能性而非现实性。

3.4 "含义支撑"型隐性衔接的学理解释

我国学者很早就注意到"含义支撑"型隐性衔接的存在。但在"含义"依存基础的解释上,则存在不同看法。通过前文讨论已经知道,在例(12)中,"别担心,我们有多乐士全新精装五合一墙面漆"乃为同会话含义有着直接联系的话语,"它能够防范和修复因孩子调皮造成的任何墙面污染和破损"乃为同前述话语相联系的会话含义。在例(13)中,"我在洗澡"乃为同会话含义有着直接联系的话语,"没法接,你帮接一下";"没法接,你让她/他待会打过来";"老规矩,你把电话(指手机或无绳电话)拿到浴室来",等等,乃为同前述话语相联系的会话含义。如果将同会话含义有着直接联系的话语设为 A,将同前述话语相联系的会话含义设为 B;那么,所谓不同看法主要表现在,有的学者认为 A 与 B 的联系发生在聚合轴上,二者为表里关系(方光焘,1962/1997:414;王希杰,2004:52 - 53);有的学者认为 A 与 B 的联系发生在组合轴上,二者为索引关系(钱钟书,1979:108;王德春,1983:52 - 54;张炼强,1994:271 - 278)。

哪种看法较为合理呢? 要弄清这个问题,首先需要了解,在以例(12)和例(13)为代表的用例中,A 与 B 之间有着怎样的关系;其次需要了解,表现前述关系时,人们通常采用什么样的方式。

例(12)和例(13),从语义关系看,A 与 B 之间具有相关性;从表达方式看,是借 A 代 B,可见,前述二例乃为"借代"(metonymy)的产物,因为"借代"的特点即在于利用 A 与 B 的相关性借 A 代 B。根据谭永祥(1992:434 - 445)研究,表现借代关系,汉语有"专代"和"兼代"之分。所谓"专代"是指代体只是代体,借代的结果是,留 A 弃 B,用公式表示,即 A = B。例如,"前几天,邻居张妈妈的儿媳生了个小孩,我问张妈是男还是女,她面无表情地说:'生了个六元。'"——某地区独生子女费,女孩六元,男孩五元。该例借"六元"代"女孩",借代结果是留"六元"弃"女孩",属于专代。所谓"兼代"是指代体不仅是代体同时亦是本体的一部分,借代的结果是,代体进入本体,用公式表示,即:A = AB。例如,"清荣峻茂,良多趣味。"(郦道元《水经注·江水》)和"泪湿香罗帕,临风不肯干;欲凭西去雁,寄与薄情看。"(李献民《云斋广录》一)——前者借"清荣峻茂"代"水清树荣山峻草茂",后者借"薄情"代"薄情郎",均为代体进入本体,皆属兼代。那么,例(12)和例(13)属于专代还是兼代? 我们以为属于兼代。这不仅因为这里的"借 A 代 B"严格地说其实是"借 A 代 AB";更因为兼代构建的话语,可以在组合轴上补出被替代单位;而专代构建的话语,则不具备这可能性。检验结果表明,例(12)和例(13)均可在组合轴上补出被替代单位。至此可知,前面提到的两种看法,相对来说,还是后一种更为合理。

我国有关"含义支撑"型隐性衔接的研究起步很早,但成绩不甚理想。究其原因主要有三:一是在以往的研究中,论及与"兼代"有关的会话含义,不少人忽略索引语与索引引出语的区分,将索引语可以带出某种或多种索引引出语,当成索引语可以起到某种或多种索引引出语作用。他们显然忽略了,有些会话含义的直接依存基础其实不是索引语而是索引引出语。二是许多人似乎没有注意到,会话含义属于内部语言(internal language)范畴,作为内部语言之所指,其直接载体不是所谓"情景语境",而是索绪尔(Saussure 1916/1967:26)所说的"音响印象"(image acoustique)。他们显然没有注意到,因为任何会话含义都是音义两面体,这就使得依附于索引引出语的会话含义,事实上很难成为索引语的组成部分。三是不少学者认为,随着语言环境的变化,同样的话语可以产生相去甚远的不同会话含义。他们显然忘记了,会话含义隶属言语意义(speech meaning),任何言语意义都是来自语言意义(linguistic meaning)的具体化,同样的话语可以表达什么样的言语意义,总是受到语言意义的制约。隶属言语意义的会话含义,同作为其依存基础的语言意义,乃为个别与一般关系,其间联系通常清晰可见,彼此并无太大距离。

毫无疑问,以上问题不仅需要引起重视,同时需要尽快加以解决。因为只有这样,有关隐性衔接的研究,才可望得以健康顺利发展,有关"含义支撑"型隐性衔接的学理解释,才可望日趋严谨化和科学化。

4. 结束语

笔者区分显性衔接与隐性衔接不是以意义而是以形式为根据,亦即是以是否用到衔接纽带为根据,这就使得本文所面对的资源对象,乃是汉语中最少利用形式手段⑤的用例。考察显示,尽管该类用例在"意合法"的运用上达到极致,但在语言组织上并不存在多少随"意"性。例(1)至例(9),其中各个小句的内部组合以及不同小句的次序安排,完全符合汉语的一般语法规则。例(12)和例(13),尽管一为独白型语篇一为对话型语篇。但无论在遵守独白型语篇的话语组织规律上,还是在服从对话型语篇的话轮转换规律上,都是中规中矩。例(10)和例(11),其中存在不少既不符合小句结构规则又不符合句序排列规律的现象,但这"事出有因"。原因在于,前述用例是以意识流为表现对象,为逼真再现梦幻般的思维状态,作者在语言组织上有时故意偏离常规。不过即便如此,在偏离度的把握上也还是有所控制的,因为语言具有"公器"性,为防止交际短路现象的发生,作者不能不考虑读者对于笔下文字的可理解性和可接受性。近些年来在中外语言对比研究中,"形合"和"意合"成为关键词。显性衔接和隐性衔接与形合和意合,无论内涵还是外延都相去甚远,但汉语隐性衔接研究,可以为汉语"意合"研究提供不无裨益的参考资料,则是毫无疑义的。

附注

① 作为学术概念的"共轭关系",很早就在数学、物理、化学等自然学科中用开。近年来徐盛桓(1985,1993,2003)将其引入语言学,用于统摄见于不同衔接纽带之间的"属与种关系""种与种关系""整体与部分关系""部分与部分关系""集合与元素关系""元素与元素关系""实体与属性关系""矛盾关系""对立关系""相交关系""蕴涵关系""同现关系"等等。"轭"本指牛车上用于制约牲口的木架,"共轭"本指在其作用下两头牛的结伴而行。因为前述关系中的结构单位具有相伴性,故以"共轭"喻之。

② 根据徐盛桓(1996,1997)"含意本体论",隐含意义乃是"语言被运用时必然会表现出来的一种内秉的本性",在语篇中随处可见。但它的作用是多方面的,包括"补足、延伸、限定、阐发、待释"等等,并非都与隐性衔接有关。

③ 美国著名哲学家马蒂尼奇(1985/1998:9)指出:"指称问题的确很重要,因为哲学家的典型看法是:语言与实在相联系的主要方式是通过指称。"这里所谓"指称"其实是就"外指"而言。基于没有"外指"就没有语言的现实性,语篇研究者需要重视"外指",但在对其作用的说明上,则须把握好分寸。事实上诚如Halliday和Hasan(1976:37)所言,在语篇建构过程中,"外指"的作用只是在于"把语言和情景语境联系起来",而不在于"直接有助于形成我们所定义的衔接"。

④ 例(7)至例(9),斜线号所在之处加入中介词语为什么让人感到别扭?原因或许在于,建立在"概述-详述"型隐性衔接基础上的语篇,其"概述"部分与"详述"部分一般都是直接结合。从语法角度看,其结合通常只是依靠"广义形态"或者说"分布框架"(方光焘,1939/1997:1-6;文炼、胡附,1954)的作用,而并不需要中介词语给予额外辅助。加入中介词语,变无标组合为有标组合,近于画蛇添足,自然不免让人感到别扭。

⑤ 相对于处于深层的表达内容来说,建立在语义照应基础上的衔接纽带应当说亦属形式范畴。

参考文献

方光焘.体系与方法——评东华先生的总原则[G]//方光焘.方光焘语言学论文集.北京:商务印书馆,1997.

方光焘.语言与言语问题答客问[G]//方光焘语言学论文集.北京:商务印书馆,1997.

廖秋忠.现代汉语篇章中的连接成分[J].中国语文,1986(2).

柳鸣九.关于意识流问题的思考[J].外国文学评论,1987(4).

A.P.马蒂尼奇.语言哲学[M].牟博,等译.北京:商务印书馆,1998..

牛保义.隐性衔接论[J].外语教学,1998(3).

钱钟书.管锥编[M].北京:中华书局,1979.

石安石.语义研究[M].北京:语文出版社,1994.

谭永祥.汉语修辞美学[M].北京:北京语言学院出版社,1992.

王德春.修辞学探索[M].北京:北京出版社,1983.

王希杰.汉语修辞学[M].北京:商务印书馆,2004.

文炼,胡附.谈词的分类[J].中国语文,1954(2.3).

文炼.关于分类的依据和标准[J].中国语文,1995(4).

邢福义.汉语复句研究[M].北京：商务印书馆,2001.

徐盛桓.再论主位和述位[J].外语教学与研究,1985(4).

徐盛桓.论常规关系——新格赖斯会话含意理论系列研究之六[J].外国语,1993(6).

徐盛桓.含意本体论研究[J].外语与外语教学,1996(3).

徐盛桓.含意本体论论纲[J].外语与外语教学,1997(1).

徐盛桓.常规关系与语句解读研究——语用推理形式化的初步探索[J].现代外语,2003(2).

张德禄,刘汝山.语篇连贯与衔接理论的发展及应用[M].上海：上海外语教育出版社,2003.

张炼强.修辞理据探索[M].北京：首都师范大学出版社,1994.

张喜荣.语篇隐性衔接关系的扩展性研究[J].四川外国语学院学报,2009(1).

Bruner, J.S., Goodnow, J.J., & Austin, G.A. *A Study of Thinking*[M]. New York: John Wiley & Sons. 1956.

Ferdinand de Saussure. *Cours de linguistique générale*[M]. Publié par Charles Bailly et Albert Séchehaye avec la collaboration de Albert Riedlinger. Édition critique préparée par Tullio de Mauro Postface de Louis-Jean. 1967.

Grice, P. *Logic and conversation*[A]. In P. Cole & J. Morgan(eds.). Syntax and Semantics 3. New York: Academic Press. 1975.

Grice, P. *Studies in the Way of Words*[M]. Cambridge: Harvard University Press. 1989.

Halliday. M. A. K. & Hasan. R. *Cohesion in English*[M]. London: Longman. 1976.

Levinson,, S. C. *Pragmatics*[M]. Cambridge: Cambridge University Press.1983.

"这/那家伙"的词汇化及话语标记功能

宁波大学　王林哲

内容提要　"家伙"一词本是用来指代实体的名词,加上指示词"这""那"后逐渐由指代实体的短语演化成了指代事态的语法词,进而成为叹词、准语气词。其在口语中的功能也从话语的核心成分变为了话语标记,并发展出"解说""评判""总结""重心提示""衔接"和"延迟"等多种标记功能,同时由于词性的变化和"这""那"指示功能的残留,还具有"指称距离""主观增量"和"表示惊讶"的附加话语功能。在具体的语境中,由于受到"时间距离优先"和"照应限制"原则的制约,"这家伙"和"那家伙"的使用频率和分布存在着不对称的现象。

关键词　"这家伙";"那家伙";话语标记;语义指向;不对称

1. 引　言

"这/那家伙"在小说语体中一般作为指称性名词短语出现,用以指称人或物,充当句子的核心成分,但在日常口语中还存在着话语连贯的用法,这时"这/那家伙"已经不能用以指称实体,而成为一个语法词了。我们关注的正是以这种用法出现在话语中的"这/那家伙"的形成、话语标记功能以及在具体话语中的不对称现象。"这/那家伙"的形成及词性变化既与"家伙"的词汇义相关,又与该结构在句法中的分布密不可分。同时由于其指称功能的弱化,在不同语境里反复使用的过程中,逐渐具有了不同的话语功能。由于来源结构中指示成分"这""那"的功能残留,"这/那家伙"在行使话语标记功能时,出现了一些新的不对称的情况,而这种情况最终又因指示功能的消失达到了新的平衡。

由于本文讨论的词汇化和话语功能是"这家伙"和"那家伙"共有的问题,因此在举例时,除非进行对比说明,否则并不进行区分。本文语料涉及"这/那家伙"本义部分主要来源于北大语料库,部分来源于"汉籍全文检索系统",涉及篇章部分主要来源于赵本山历年春晚小品台词,北京口语语料库,以及部分影视作品及电视节目脚本。

2. "这/那家伙"的词汇化及词性转变

2.1　"这/那家伙"的代词化

在现代汉语口语中,"家伙"是一个比较常用的指称性名词,可以指代工具,也可指动物、指人(《现代汉语词典》第 6 版:592)。通过研究发现,"家伙"的词义演变实际上经历了从"家产、家财"到"器具物品",到"各类工具",再到泛指"东西",之后发展出指"动物",最后到指

"人"的这一演变过程①。期间,在清代,还从指代"各类工具"短暂衍生出指代某个动作、手段的词义较为虚化的用法,只是这一用法没有延续下来,例如:

(1) 月姑见是昌德,心下忽惊,必是我爹爹差他前来追赶,要拿我是实。忙将身躯一扭,左手一撒,把昌德翻个斤斗,跌倒在地。昌德爬起来道:"小姐为何使了<u>这般家伙</u>?"(清《八美图·月姑寅夜走山塘》)

现代汉语中的"这/那家伙"通常以偏正短语"这/那+家伙"形式出现,形式上可以扩展,功能上相当于一个代词,以代指人最为常见,下面仅以"这家伙"为例,例如:

(2) 文博士的心落稳了些,怪不得说说不过他呢,原来<u>这家伙</u>也有学位!(老舍《文博士》)

(3) 他到了衙门,同事们都兴奋得了不得,好像白天见了鬼:"<u>老李这家伙</u>是疯了,疯了!"(老舍《离婚》)

例(2)中的"这家伙"在句中做主语,回指前文的"他",例(3)中的"这家伙"与"老李"构成同位结构②。当"这/那家伙"位于句首,尤其是有逗号与后续句子隔开时,理解上就出现了分歧,其词汇化就是从这种带有歧义的回指语境开始的,例如:

(4) 黄庆元:五分钟我把饭吃完,骑上车三分钟到车站,由车站五分钟赶回天坛,积极的高潮!(下)

刘常胜:<u>这家伙</u>,满嘴新名词,专用在错地方!

周廷焕:也别说,人家可是真有进步!(老舍《春华秋实》)

(5) 娘子:自从他得着这点美差,看自来水,夜里他不定叫醒我多少遍。一会儿,娘子,鸡还没打鸣儿哪?

大妈:他可真鸡极呀!

娘子:待一会儿,娘子,还没天亮哪?<u>这家伙</u>,看看自来水,倒仿佛作了军机大臣,唯恐怕误了上朝!(老舍《龙须沟》)

例(4)中"这家伙"可以理解为对话中的"黄庆元",也可理解为指向"黄庆元满嘴新名词"这件事,但从后续句以及"周廷焕"的答句中判断,似乎理解为"黄庆元"更恰当一些;例(5)中"这家伙"可以理解为谈话的对象"程疯子",也可以理解为指代程疯子"得了看自来水的差事以后特别积极"这件事。当"这家伙"理解为"指人"时,"这家伙"仍是偏正结构简单的指代用法,在句中仍做主语,可以插入量词"个",语音重读;而理解为"指事",则不能插入"个",形式上类似于语法词,在句中不充当主语,语音弱化。当"这家伙"后面紧跟小句主语时,其"指事"功能更加明显:

(6) 冯八犁子:可别小瞧这栾淑月,道眼多着呢。她印一百多张花帖,开张那天分发下去,免费吃花酒两天。<u>这家伙</u>佳丽堂一下子就能火起来!(徐大辉《狼烟》)

例(6)中的"这家伙"位于句首,后面可以用逗号隔开,且"这"后面不能插入"个"。更重要的是,无论在上文还是下文,都无法找到可以回指的人或物,只能理解为指代上文所提到的"事件"——"发花帖,免费吃花酒"。句法功能由主语转为状语,可以理解为"按这样做"。这时,"这家伙"在语义上逐渐规约化,仅用来指代上文提到的事态,句法上只能充当句首状语,形式上无法扩展,基本上可以看作是一个具有代句功能语法词了。

句首位置上的"这/那家伙"所指虚化,因而丧失了作为主语的功能,导致"这/那家伙"由句内成分变为句外成分,伴随着结构的凝固化,逐渐形成了规约意义,加上在口语中高频使

用,"这/那家伙"逐渐完成了词汇化。比较下面(7a)和(7b)可以看出其作为偏正短语和代句词的区别:

(7) a. 小李这(个)家伙可越来越不像话了,还敢跟老师顶嘴了。

　　b. 这家伙,小李可越来越不像话了,还敢跟老师顶嘴了。

例(7)中的两个"这家伙"的语法功能截然不同,a 中的"这家伙"语义上复指"小李",语用上表示"贬否性评价"(吉益民 2015:21),流露说话者"轻蔑"的态度③,a 句如果省略主语"小李",仍然能独立成句;b 中的"这家伙"指代"敢跟老师顶嘴"的事态,同时仍具有引出说话者主观评价的话语功能,如果省略主语"小李"则变为了 a 句,或者需要在具体语境的支持下才能独立成句。

2.2 "这/那家伙"的叹词化及去叹词化

作为代句词的"这/那家伙"在句法、语义和语用上都产生了不同于原来偏正结构的特点:句法上,失去了原有组合能力和扩展能力;语义上,表达规约语义;语用上,具有明示后续小句功能。当其完成词汇化后,其句法位置也趋于灵活,甚至可以独立成句,例如:

(8) 我在部队,就说我来回民医院的时候儿,我的体重才一百一十八斤。现在我的体重一百五十八斤。就是说这四十斤肉,拿一号儿锅炖也得炖一大锅呀,哈哈,四十斤肉呢,这家伙!(北京口语语料库)

(9) 窦文涛:我告诉你现在不用泼了,现在人不自焚了,车自焚,闻道你瞧这个照片,咱们得关心一下,外边那个气候,多个城市公共汽车自燃。好家伙,这家伙!(《锵锵三人行》2010.07.08)

在上面两个例句中,"这家伙"出现在句尾,前面由逗号隔开,独立成为一个小句,语义上都指代上文的事态,语用上明示功能减弱,但是根据语境我们可以填补出没有表达出的后续小句,如例(8)"这家伙"后面可以补出"可真没少长肉啊",例(9)则可以补出"烧得可真惨"等等表示解说或评判的内容,因此与其说"这家伙"由句首移至句尾,倒不如说"这家伙"的后续小句被言者隐含在语境之中。虽然这些隐含的信息没有出现在话语层面,但听者可以结合语境及常识通过语用推理得出。语用推理的反复运用和最终的凝固化,结果就形成主观性表达成分(沈家煊 a2001:271),也就是词义发展出表达说话者对所说事物的评价(毕永峨,2007:129)。"这/那家伙"的主观化的结果是其指代义减弱,评价义增强,这种评价义通常表现为对事态的感叹。此时的"这/那家伙"形式凝固、语义进一步规约化,具有了叹词的一系列表征(具体表征参见刘丹青,2011、2012)④,在语境中发展为了叹词,例如:

(10) 赵:孩子这一辈子,跟爷爷不行,就跟姥爷亲。姥爷临走把她哭完了,快认姥爷。

　　毛:姥爷好!

　　毕:哎哎哎,别别别。大过年要来这个我还得给你压岁钱了。

　　赵:不用、不用,哎呦,这家伙,来。(赵本山《不差钱》)

上例中"这家伙"和"哎呦"差不多,都是对当前事态的感叹,后面无法补出其他内容,且换成已经公认的叹词"好家伙"表达意思不变。

"这/那家伙"作为叹词,由于在音高、语调上的特点以及常作为信息标记的话语功能,在会话中自然会引起听者的关注,言者常利用这一特点将其插入到自己的谈话中,以吸引听

的注意,这时"这/那家伙"开始去叹词化了。有一些仍残留有叹词的特征,例如:

(11) 有时到他家去呢,他爸爸,<u>那家伙</u>,拿这个笤帚疙瘩,捵把子打得都抽折了,可以说。
可是我后来,我跟他父亲说,我说您别打他,我说他大了……(北京口语语料库)

这里,"那家伙"在语流中与前后小句间有停顿,可以将后续小句所体现的事态看作其所指代的内容,同时又可将其看作言者主观态度的表达。当说话人反复使用这一策略时,"这/那家伙"的代句功能逐渐消失,规约意义减弱,仅承担篇章中的停顿功能,开始向语气词发展,当然还不能算作严格意义上的语气词,因此我们称其为准语气词,例如:

(12) 这一次过去之后啊又有一次。这个还用说吗? 这就不用说了。所以呢,所以呢,我
们<u>这家伙</u>还有一事儿吧,这我都不用说了。得,我们我们几个一赌气子说不,不玩儿
了,走吧,这儿不行。(北京口语语料库)

这里的"这家伙"被用在了主谓语之间,前后没有语音停顿,既不指代事态,也不表达言者态度,同时失去了规约意义,可以用其他的语气词如"啊""呢"等替换。

至此,我们可以说,"这/那家伙"在话语中经历了从偏正结构到代句词、叹词再到准语气词的变化。其词汇化的机制是在高频使用过程中,实体指代对象缺失,结构逐渐凝固,形成归约意义。词性演变的主要动因是说话人主观性表达的需要,演变的机制是语用推理和语境吸收。需要注意的是,"这/那家伙"的代句词、叹词和准语气词用法并不存在截然的界限,即使作为准语气词使用,有些句子仍遗留着部分指代和感叹的功能,例如:

(13) 这个,确实现在呢,是从犯罪活动一直到,首先从社会治安来看,人们就是心里有点
儿,踏实了。过去<u>那家伙</u>确实不踏实。那你坐车,有时候儿也,哎,你你挤他一下儿,
他挤你一下儿,他到时候儿跟你玩儿刀子动攮子哎。(北京口语语料库)

3. "这/那家伙"的话语标记功能

3.1　"这/那家伙"做话语标记时的特征

"这/那家伙"在词汇化及词性转变过程中,同时伴随着句法形式的组块化,隐含意义的规约化,辖域的扩大化,词汇义的虚化,演化位置的规律化等现象,而这些现象正是话语标记形成的共性表征(参见董秀芳 2007:50-61)。实际上,大部分"这/那家伙"处在从指代事态的代词向叹词转化的中间阶段。标记功能的多样化也存在于这个阶段。

我们考察了收集到的语料,总结出"这/那家伙"做话语标记时的一些特征:语体上,全部出现在口语中;分布上,位置灵活,可以在句首、句中,甚至句末,由逗号与其他部分隔开,也可以用在句中,没有逗号隔开;语音上,"这、那"重读,"家伙"轻读,在语流中,"伙"字常常吞音,听觉上类似"zhèjia""nàjia",与后面成分可以有语音停顿,"这、那"可带拖腔;形式上,固定且独立,不能带定语,不能与名词或代词构成同位复指结构,有时可以产生一些变体,如"这家伙的""这家伙(可)好""这家伙把'X'V/A 的"等;语义上,程序义大于概念义,可以省略不影响命题真值。由于"这""那"指示功能的残留,一般具有或显性或隐性的语义指向,同时由于"这/那家伙"的叹词特征,这类标记常有表达说话者主观感受的含义;语用上,多具有元语用功能,是交际主体对话语选择和理解进行指导和调控的一种手段(刘丽艳 2005:34)。下面我们将结合语料对"这/那家伙"在具体语境中的话语标记功能进行分析,以上总结的特征从下

面的分析中都有体现。

3.2 "这/那家伙"在具体语境中的话语标记功能

话语标记反映了说话人对话语单位之间的关系或话语单位与语境之间的关系的主观认识(董秀芳,2007:50),"这/那家伙"的话语标记功能正是依存于语境、通过语用推理而产生的,因此我们认为话语标记的特征与语境特征有时是难以截然分开且相互作用的:当某个准标记或标记反复用于某一类语境时,自然会吸收语境特征,从而具有新的标记功能,而这一功能的产生又使得该标记被自然地使用于具有类似语境的句子当中。本文主要从"这/那家伙"常规标话语记功能和附加话语功能两个方面进行分析。所谓"常规话语标记功能"主要着眼于"这/那家伙"在具体语境中反复使用产生的程序义,具有推动话语进行的作用,体现言者对前后话语之间关系的处理方式;所谓"附加话语功能"指的是由话语标记"这/那家伙"承载的、在其标记化过程中残留的部分语义和语用功能,如体现指称距离、主观增量及表达惊讶等。这两种功能互相结合,不能截然分开,即使各自内部的子功能的界限也不是明晰的。

3.2.1 "这/那家伙"的常规话语标记功能

(一)解说标记:后续句是对前面事态的进一步解说。事态可以出现在话语中,也可从语境推导出来。这样的例子中"这/那家伙"的语义指向是双指的,前指较概括,后指较具体⑤,且后指的事态一定是具体的、显性的,"这/那家伙"仍保留指代事态功能。具体有以下三类:

a. 事态隐性存在于上文语境中,内容复杂,语篇跨度较长,为了解说方便,说话人常将其浓缩成话题,由"这/那家伙"引出,常见的形式有:

Ⅰ "这/那家伙 + 把 + N + V/A 的,……"。

(14)丁香呆了半晌,回过神,她揪着匣子的耳朵,连推带搡'你傻了,快拿钱哪,住院手术啊。一天到晚把辣椒窝囊的,还改革开放新世纪,难免身上带点儿绿,'她从匣子从兜里掏出一打大票,咬牙切齿地,'该,该,活该,<u>这家伙把你张罗的,愣把子宫瘤忽悠成龙凤胎了</u>,小样,看你怎么向大家交代。还赖老根呢。'丁香气哄哄地走进医生办。《刘老根》

Ⅱ "这/那家伙 + 叫 + N + 给 V 的,……"。

(15)A:听说老板跟你谈话了? 要升职了吧?

　　B:哪有啊! 不就是前天家里有事没来上班吗? <u>这家伙叫他给骂的,说我什么不遵守公司规章制度,什么没有团队精神</u>……(自拟)

Ⅲ "这/那家伙 + V/A 的,……"。

(16)赵:你小舅子对你影响不好,……那天上俺家去了,那家伙一进门就告诉,额谁,那个老蔫巴和那老高婆子在家没? 给我弄俩王八! 俺俩就给焖上了么,喝酒一斤多,说那话就没处听。

　　高:哎呀<u>那家伙吹的呢,说他正在俄罗斯谈判,要买一个航空母舰。</u>(赵本山《拜年》)

Ⅳ "这/那家伙(的),+ 话题 + 其他"。

(17)白:签字售书? 签字售书那天,<u>那家伙</u>,那场面那是相当大啊。那真是,锣鼓喧天,鞭炮齐鸣,红旗招展,人山人海,那把我挤桌子底下去了,那一摞书都倒了。(赵

本山《说事》）

上面Ⅰ、Ⅱ、Ⅲ中的"这/那家伙"具有了"前加话题标记"功能。从吉益民（2015）提出的后附话题标记到本文的前加话题标记，看似仅改变了句中位置，除了指称上发生变化，实际上"这/那家伙"的话语功能也发生了变化：作为后附话题标记时，其功能在于"启下"，也就是开启一个新的话题链，将前文所述无论是人、物还是事件都当作客观实体来评价，作用仅在于对所述话题利用同指的方式进行凸显；而作为前加话题标记时，"这/那家伙"则起到承上启下的作用，一方面是对隐含在上文语境中的事件的回指概括，另一方面又是为后续的解说提供一个明确的话题，具有了篇章衔接的功能。当"这/那家伙"与后面话题被点号隔开时（如例17），这一衔接功能更加明显。方梅（2002：347）曾经指出，"指示词作为话题标记的作用就在于把一个未知信息处理作已知信息"，这一认识同样适用于"这/那家伙"作为前加话题标记时的功能：从（14）到（16），不论是复杂的"把"字结构，还是简单的"的"字短语，都是前文中未出现的新信息，因此就需要以某种手段将其"包装"为话题。但如前所述，这里的"这/那家伙"不只是一个单纯话题标记，可以从"话题－述题"和篇章衔接两个角度来观察，因此从前后话语之间关系角度考虑，我们将其归入到解说标记。

b. 事态隐性存在于上文语境中，可以通过推理得出，例如：

（18）山杏扑倒匣子又撕又打又哭，匣子无处可躲钻到桌子底下，刘老根大骂一声，"山杏，不懂事你，什么日子，不知道吗？"

　　　　　　（……略）

　　　药匣子从桌子底下钻出来，"你这孩子，啥脾气，像你爹，这家伙，给我干到桌子底下了。"（《刘老根》）

这里"药匣子"所说的"啥脾气，像你爹"隐含着"山杏和刘老根脾气都不好"的意思，但这个概括性的事态在上文对话中并未出现，只能通过语境推理得出，后面的"给我干到桌子底下了"则是对这种推理的明确解释。这里，"这/那家伙"的话题标记从形式上已经消失，但从字面仍可推理得出类似"这家伙把我弄的"之类的话题性表达。

c. 事态明确出现在上文话语中，此时，"这/那家伙"发展成明确的解说性话语标记，例如：

（19）赵：那年我记得是7月份连雨天呐，那家伙从早上下一直下到中午哇哇的，就听咔嚓一个大雷，范乡长诞生了。（赵本山《拜年》）

（20）宋：哎呀妈呀，一听说白送的，全乡都去取书了，回去全糊墙了，那家伙是左一层，右一层，左一层，右一层。后来上厕所一看，还有这么厚一摞书呢！（赵本山《说事》）

（二）评判标记：后续句是对当前事态的评判，起总结前文的作用。被评判的事态可以在前文出现，也可以隐含在语境中，评判话语出现在"这/那家伙"之后。仍然具有指代事态功能，语义指向也是双指，与解说不同的是，隐性前指较多，后续句与"这/那家伙"的联系不如解说性标记紧密，例如：

（21）牛群：这是代言词，还请大叔把鸡抱过来。

　　　宋丹丹（仔细瞅了两眼）：哎呀，这家伙太有才了，就两句，相当精练。下蛋公鸡，公鸡中的战斗机！噢耶！　　　（赵本山《策划》）

（22）赵：还"大长脸""大长脸"。我这三十多年都没人叫了。

　　　大：我叫大长脸。

　　　阳：对。

赵：哦,<u>这家伙</u>,<u>这真是长江后浪推前浪,一代更比一代长啊这是</u>。(赵本山《捐助》)

下面这个例句同时存在解说和评判两个标记:

(23) 因为我这条件儿吧,不那么太好。你说我们买了电视吧,这是刮牙齿买下来的,<u>这家伙</u>_{解说},借东庄儿,借西庄儿,借完了,慢慢儿还,这拉下点儿钱买,这瞅你了,唥,<u>他们家又买一个彩电嗨,他们家嘿,又买一冰箱,这家伙</u>_{评判},真他妈猛制,哪儿的钱呀?(北京口语语料库)

解说标记与评判标记的共同点在于,都可以延展话题,都起到推动话题深入的作用,但是评判标记的延展性要弱于解说标记,常用于话轮即将结束的位置(如例 22、23),有时也可开启新的话轮(如例 21)。

(三)总结性标记:当评判或解说内容没有显性出现时,就变成了总结性标记,这类标记的特点是语义前指,话轮就此结束,或者后面开启新的话轮。这种情况下语义只能前指,所指事态可以显性也可以隐性出现。事态本身比较复杂,因此指代事态功能减弱。表现形式通常是"……,这家伙 + V/A 的":

(24) 赵：妈呀,下来啦? 哎呀我的妈呀,你下来你早说你看把我两口子累的,<u>这家伙</u>下来也就平级了,我也不用怕你了,哎呀下来了。

　　　高：你给我们整点水呀? <u>这嗓子都干巴了这家伙说的</u>。

　　　范：好好好。

　　　高：哎呀我的天呐,<u>这家伙累的</u>。

　　　赵：哎呀,<u>这家伙连大气都没敢喘</u>。(赵本山《拜年》)

(25) 黑：<u>那这话是真的,那憋的是相……当……难受啊! 那村长啊就上俺家就堵着门就告诉你,别让你媳妇乱走了,赶紧写《月子 2》吧,村头厕所可没纸了。</u>

　　　(……略)

　　　白：你说干啥呀? 你说我本来还想指着这节目再火一把的,<u>这家伙叫你给扒的你说</u>,都直播出去了,都看着了。

　　　崔：没事儿,这节目收视率低。

　　　白：低也不行啊,我白云大小也是个名人儿,走了。(赵本山《说事》)

(四)话语重心提示标记:提示即将表述的重要部分,提醒听话者主意。可以自由放在话语的多个位置,甚至插入句法成分之间,标记其辖域。语义上指向前后小句共同表述的事态,因此与双指不同,我们称为共指。由于插入在表述事态句子中间,指代事态功能较弱。下面例(26)(27)中 a 句为原句,其他例句用于对比,话语重心用着重号标出。

(26) a. 白：还有一个是院长,拉着我手就不松开,<u>那家伙</u>可劲摇啊:"大姐啊,大哥这一嗓子太突然了,受不了哇,快让大哥回家吧,人家唱歌要钱,他唱歌要命啊!"(赵本山《说事》)

　　　b. 白：还有一个是院长,<u>那家伙</u>拉着我手就不松开,可劲摇啊:"大姐啊,大哥这一嗓子太突然了,受不了哇,快让大哥回家吧,人家唱歌要钱,他唱歌要命啊!"

(27) a. 赵：牛同志,不怕让你笑话啊! 你大妈啊,我们俩<u>这家伙</u>折腾这辈子,出名之后,出两本书,现在欠出版社两万块钱。(赵本山《策划》)

　　　b. 赵：牛同志,不怕让你笑话啊! 你大妈啊,<u>这家伙</u>我们俩折腾这辈子,出名之后,出两本书,现在欠出版社两万块钱。

　　　　c. 赵：牛同志,不怕让你笑话啊! 你大妈啊,我们俩折腾这辈子,出名之后,出两本
　　　　　　书,现在这家伙欠出版社两万块钱。

　　对照上面例句可以看出,当"这/那家伙"处于句中不同位置时,话语的重心也随之
转变。

　　(五) 衔接标记:仅具有衔接功能,标记话语中存在的时间或者逻辑上的先后关系。语义
下指,无法前指,指代事态功能很弱。

　　(28) 赵：你小舅子对你影响不好,(干笑)他有点仗势,(干笑)不好说,反正是影响不好,
　　　　　那天上俺家去了,那家伙一进门就告诉,那谁那个老蔫巴和那老高婆子在家没? 给
　　　　　我弄俩王八! 俺俩就给焖上了么,酒喝一斤多,说那话就没处听。(赵本山《拜年》)

　　(29) 窦文涛：我就觉得我在北京,好比说你吃老北京炸酱面,我跟你说,我有一个体会就
　　　　　是,他外边门面的工夫,做得越好的那个地,你就别进去。你知道吗,那家伙你吃那
　　　　　炸酱面恨不能从门口18个人,就竭力传呼,比如说许爷来了,许爷一位,许爷一位,
　　　　　一直绕18个人。(《锵锵三人行》2013.08.03)

　　(六) 话语延迟标记:可以在非自然停顿处出现,成为组织话语时所需的语音停顿。不具
有指向性,也不具有指代性,不具有感叹功能。

　　(30) 但是人家我们这儿医务室的大夫人摸着有疙瘩,人家也没敢跟我说,就去了。到那
　　　　　儿去以后,一好,一,一癌症这家伙给封死了。精神反正也是挺紧张的。(北京口语
　　　　　语料库)

　　(31) 哎,闹了一场误会。这一次过去之后啊又有一次。这个还用说吗? 这就不用说了。
　　　　　所以呢,所以呢,我们这家伙还有一事儿吧,这我都不用说了。得,我们我们几个一
　　　　　赌气子说不,不玩儿了,走吧,这儿不行。(北京口语语料库)

　　有时还可用于话题找回,例如：

　　(32) 像那现在,原来的一块钱就现在的一毛钱。哎,那么演变来的。一块钱,一块钱,那
　　　　　就是一百块啦。一百块,好,这家伙,那会儿不也,票子贬值,五十块……(北京口语
　　　　　语料库)

　　纵观"这/那家伙"从解说标记发展到延迟性标记的过程,我们发现,随着标记功能的扩
展,"这/那家伙"的指代性逐渐趋弱,从指代显性事态,到指代隐性事态,再到不指代事态。
同时指向性也随着趋弱,总体来看从前指到后指到无指,从双指到单指到无指。伴随着指
代性和指向性的趋弱,"这/那家伙"的适用范围从已然事件扩展到了假设事件,如例(29)。
"这/那家伙"话语标记功能扩展的过程,也正是其由代句词变为叹词,再变为语气词的
过程。

3.2.2 "这/那家伙"的附加话语功能

　　"这/那家伙"并未作为词汇词纳入汉语词典当中,但通过上面的分析,我们可以看出,作
为句法词的"这/那家伙"已经发展出了多种句法和话语功能。但由于"这/那家伙"构成的特
殊性,即使在行使其话语功能的时,也不同程度残留着义素的原始功能,这些功能主要源于
"这""那"的指示功能以及"这/那家伙"的叹词用法,这些功能并不是独立实现的,而是依附于
"这/那家伙"的标记功能之上,我们称之为"附加话语功能"。这种附加功能主要体现在指称
距离、主观增量和体现言者惊讶态度上。

　　(一) 指称距离。"这""那"既可表示空间距离的对立,也可表示时间距离和心理距离的对

立。空间距离、时间距离和心理距离统称为指称距离（王灿龙，2006：62）。"这/那家伙"在词汇化之后就失去指称空间距离的功能，因此这里只举例分析跟时间和心理距离有关的附加功能。

1. 时间距离：指示代词由空间域投射到时间域后，除了表示空间距离的远近外，也可表示时间距离的远近（王灿龙，2006：59）。"这家伙"常用时间距离较近的情况，"那家伙"相反。但是发展到延迟性话语标记后，时间性渐趋消失。

(33) 嗯，这运动前那就是夜不闭户，路不拾遗，夜不闭户。<u>这运动来了</u>，说这打砸抢，<u>这家伙</u>，这更鸡犬不安宁。（北京口语语料库）

(34) 尤其加强法制教育啊，啊，起到了一定作用。是啊，社会治安上现在，基本上也可以说是有点儿保证了，<u>不像原来</u>，<u>那家伙</u>没有什么都没保证了，走夜道儿也害怕，走啊，那个僻静的地方儿也害怕。跟人吵个嘴，恨不能也害，也害怕。（北京口语语料库）

(35) 像那现在，原来的一块钱就现在的一毛钱。哎，那么演变来的。一块钱，一块钱，那就是一百块啦。一百块，好，<u>这家伙</u>，那会儿不也，票子贬值，五十块，一百块，好家伙，出了一百块钱就等于现在的十块钱，相当于现在十块。哎，那会儿，它这个演变呀，……（北京口语语料库）

例(33)明确出现"这运动来了"，时间上距离"现在"相对较近，例(34)的"原来"与"现在"相比时间距离较远，因此分别选择了"这家伙"和"那家伙"作为话语标记。但是到了例(35)中，虽然依旧是"过去"与"现在"对比，但是说话人却在谈论"过去"时用了"这家伙"，后面却用了表示时间远指的"那会儿"，"这家伙"已经由解说或评判标记转化成了单纯的话语延迟标记，失去了指向性和指代性。

2. 心理距离：由于"这、那"近指、远指功能的遗留，使"这家伙"和"那家伙"在成为话语标记后仍具有一定的指示距离功能，不过这种功能多为心理上的距离感。如果使用镜头语言来形容，"这家伙"的语用功能相当于推镜头，推镜头可以模拟事件参与者主观视点的变化，观众因此由观察者变为事件参与者。"那家伙"的语用功能相当于拉镜头，拉镜头的作用在于使观众处于客观观察的世界，常用来作为场景转换镜头。而推拉镜头的组合切换就产生了一种"镜头切换"的效果，如下面我们自拟的例句：

(36) a. 我跟你哥赶到集上一看那，那家伙，人山人海的，老鼻子人了。上哪儿找去呀？东转西转，连打听带问，<u>这家伙</u>，最后在一个卖豆腐脑儿的摊儿上找着她了，还在那儿等着吃豆腐脑儿呢！

　　 b. 我跟你哥赶到集上一看那，这家伙，人山人海的，老鼻子人了。上哪儿找去呀？东转西转，连打听带问，<u>那家伙</u>，最后在一个卖豆腐脑儿的摊儿上找着她了，还在那儿等着吃豆腐脑儿呢！

a 句在听者头脑中形成的画面是全景到近景，后一事件"她等着吃豆腐脑儿"占据整个画面。b 句则是由近景到全景，后一事件"她等着吃豆腐脑儿"只是占据凸显于背景之前的部分画面。这可以看作心理距离的视觉表现，这种心理距离的可及性还可以进一步引申为表示言者对事态远近的心理调整：

(37) 赵：小瞧咱儿？180 万那不是小数字，在全村，全乡，乃至全县，咱也算老大。看那隔壁那田老三，<u>这家伙</u>，一年扣个大棚，整那一两万块钱，瞧把他嗐瑟的，把他闺念还送外语学院去了。那天回来，我好心好意跟她说句话，我说你姑娘回来了，他跟我<u>那家</u>

伙不说人话,鼓捣猫呢,鼓捣猫呢,鼓捣猫呢。这回咱看见他我就告诉捣腾狗呢。(赵本山《有钱了》)

在上例中,说话人叙述了三个主要事件,"我们现在有钱了""田老三挣钱嘚瑟"和"与田老三的谈话"。前一事件是当前事件,后两个事件本无远近,甚至"谈话"事件比"嘚瑟"事件起始时间距离当前更近,但是通过"这家伙"的标记提示后,"田老三挣钱嘚瑟"就变成了与"我们有钱了"并列的近景事件,听者似乎正亲历"田老三扣大棚、挣钱、嘚瑟、送女儿读书"的系列事件;而"谈话"事件由于"那天"和"那家伙"的共同作用,变成一个远景事件,听者只充当了独立于事件之外的"观众";最后一句"这回"又将距离拉近。使得谈话具有很强的层次性和立体感。

这种将场景人为拉近或推远的视角选择体现了指示词在话语中所隐含的主观性,心理上的距离感常被言者用作主观化的手段,这种主观性在"这/那家伙"中依然存在。

(二)主观增量。本文涉及的量是指言者在话语中留下的自我印记的量,是主观评价自身所显示出的量级,是一种语用量。言者认为语境命题提供的信息量不足,因而选择以"这/那家伙"来补充,所传递的信息是关于语言本身传递信息的情况,因此是一种元语增量标记。元语增量用法与一般增量用法的区别在于:一般增量是客观陈述,元语增量是主观表态(沈家煊2001b:491)。二者相同之处是都是在与参照量级比较的基础上产生的,但语用量的参照量级通常是言者自身的情感经验,听者需要通过推理感知。感叹形式是情感大量的主要表现方式,"这/那家伙"在做话语标记时通常遗留着感叹功能,体现言者主观态度,表现出主观增量的效果,这种效果在作为总结性标记的话语中最为明显:

(38)白:你说干啥呀? 你说我本来还想指着这节目再火一把的,这家伙叫你给扒的你说,都直播出去了,都看着了。(赵本山《说事》)

(39)牛小伟抓起电话:"哎……对对对,保险杠都撞歪了,倒后镜全碎啦……对对对可惨了,哎呀当时啊你不知道,那家伙撞的,一踩油门我直接就开上去了……"(情景喜剧《东北一家人》)

在例(38)中,白云觉得黑土揭短揭得过分,超过了可以承受的程度。例(39)的语境背景是牛小伟为了骗保买了一辆报废车制造了一起假车祸,只花了80几块的修理费,但是在电话中他极力将损失夸大,除了具体描述外,还使用了"那家伙"来增强语气。在上述两例中"这/那家伙"都具有明显的增量功能,其参照量级为言者认定的一般的可承受程度,如果去掉则无法表现出言者认为超常的主观态度。

(三)惊讶态度。"惊讶"是人类的普遍情绪之一,其产生根源同样是量级差,表现的是言者因当前事态的量级超过预期量级而产生的一种强烈的主观反应。由于"这/那家伙"感叹功能的遗留,使其有条件成为言者惊讶态度的载体,这也是话语标记元语功能的一种体现:

(40)马:对,正是! 我说小徐子啊。

　　徐:呵呵,这家伙58了,还小徐。

　　马:你说不是我这当大姨的一见面就说你。(赵本山《相亲》)

(41)女:马经理菜上齐了!

　　牛:哎呀妈,太丰盛了。这家伙这龟都上来了! 这啥玩意儿摆的?

　　女:这是甲鱼蛋!　　(赵本山《牛大叔提干》)

一般情况下,我们对年轻人称呼为"小X",这是常规的预期,而例(40)中,徐老蔫已经 58 岁了,被称为"小徐"自然会产生惊讶。同样,例(41)中,对于一个普通农民牛大叔来说,他预期中的一桌酒席最多也就是鸡鸭鱼肉,没想到这桌酒席上竟然还有龟,因而感到惊讶,这里评判标记"这家伙"就承载了表"惊讶"的附加功能。当然,如果去掉"这家伙",通过评注性副词"都"甚至感叹语调也能表现出惊讶的态度,这并不表示"这家伙"不具有表示惊讶的附加功能,在同一句子中惊讶的表达是可以通过多种方式共同实现的[⑦]。

"主观增量"和"惊讶态度"实际上是"这/那家伙"的元语用法在不同语境下的表现,前者是主动的,后者是被动的。"主观增量"是言者对已知事件的主观评价,"惊讶态度"是言者在没有思想准备时对超量的即时反应。

以上附加功能只存在于某些语境中,都是标记化过程中言者主观性的反映,可以看作"这/那家伙"主观化的产物。

4. "这/那家伙"在篇章中的不对称现象

4.1 "这家伙""那家伙"不对称情况统计

我们对赵本山所有春晚小品、北京口语语料库,及部分影视作品(如《刘老根》《东北一家人》《锵锵三人行》等)约 300 万字的语料进行了统计分析,共检索出"这/那家伙"作为话语标记的有效语料 51 例,分类分析后发现其不对称情况如表 1:

表 1　"这家伙""那家伙"分布及替换不对称统计表

语义指向	前　指[⑥]			后　指		无　指
标记分类	解说(13)	评判(7)	总结(8)	提示(9)	衔接(7)	延迟(7)
这家伙(27)	7	7	6	2	2	3
那家伙(24)	6	0	2	7	5	4
比例(1.1:1)	7:6	7:0	3:1	2:7	2:5	3:4
互换　"这"→"那"	±	±	-	+	+	+
互换　"那"→"这"	±	?	+	+	+	+

总体上看,"这家伙"的使用频率略高于"那家伙",但是加入"语义指向"这个参量后就出现了不同:作为解说、评判和总结标记,具有语义前指功能的"这家伙"多于"那家伙",比例约为 2.5:1;作为提示、衔接和延迟标记,不具有语义前指功能时,"这家伙"却少于"那家伙",比例约为 1:2.3。

在"这家伙"与"那家伙"互换方面,语义前指的"这家伙"多数不能替换为"那家伙",而语义后指或无指的"这家伙"则都能够换成"那家伙";另一方面,当比较"那家伙"替换为"这家伙"时,基本上所有的话语标记都可替换成"这家伙",仅有少数例外,具体比例如表 2:

表 2　"这家伙""那家伙"替换比例统计表

	占总数比例	占前指语料比例	占后指语料比例	占无指语料比例
这家伙→那家伙	48%(13/27 例)	42%(6/20 例)	100%(4/4 例)	100%(3/3 例)
那家伙→这家伙	88%(21/24 例)	88%(7/8 例)	67%(8/12 例)	100%(4/4 例)

　　结合上述两个表格统计结果,根据频率标准和分布标准,总体上可以肯定,在做话语标记时,"这家伙"是无标记项,"那家伙"是有标记项。二者产生不对称的根源仍然在于"这""那"的不对称。关于"这""那"的不对称现象从 20 世纪 80 年代开始不断有人论述(如吕叔湘 1984;徐丹 1988;Tao1999;曹秀玲 2000;方梅 2002;王灿龙 2006;杨玉玲 2006、2011;张振亚 2007 等),基本认为:一,"这"的使用率远超过"那";二,许多跟远指有关的场合也可以用"这",但跟近指有关的场合可以用"那"替代的情况极为少见(张振亚 2007:113)。其中杨玉玲(2006)基于大规模语料考察,发现"这"系和"那"系词语总的使用频率之比是 5:1 强,前指上文陈述的"这""那"比例为 23:1。我们发现,具体到做话语标记的"这家伙"和"那家伙"时,这种差距实际上缩小了很多,仅有 1.1:1,主要原因在于作为话语标记时"这""那"仅为话语标记提供部分语义特征,且其实际的指称功能已经弱化,仅保留了语义指向和指称时间或心理距离的功能。接下来我们将对上面提出的"这家伙""那家伙"在语义前指、后指情况下的不对称,以及互换时产生的不对称现象进行分析。

4.2　"这家伙""那家伙"不对称情况具体分析

4.2.1　语义前指与后指的频率不对称

　　从表 1 可以看出,"这家伙"和"那家伙"在做话语标记时出现了不对称情况,也就是"这家伙"多出现在前指的语义环境中,而"那家伙"多出现在语义后指的语境中,当语义无指时,二者相当。

　　一般认为单个的"这""那"在语义指向上的区别是"这""那"都可前指,后指时只用"这"(吕叔湘 1984:72),曹秀玲(2000:10)发现"那"也可以用于指称下文内容。"这家伙"用于前指情况的原因,已有很多论述,如徐丹(1988)指出"这"即可指"过去"又可指"现在","那"只能指"过去";Tao(1999)认为,"这""那"的选择受语篇因素的影响,具体来说,当需要指称前面小句内容而非具体对象时,倾向于用"这";王灿龙(2006:60)进一步指出,小句所指事件依托于当前语篇,又是当前话题,因而该事件与表达者的指称距离相对很近,从而只能选择近指代词"这"。这些观点整合起来,基本解释了"这家伙"在语义前指时高频出现的原因,即"这""那"的时间距离和心理距离指称功能在话语中的语用凸显导致"这"多于"那"。我们考察后发现,在话语标记"这家伙"和"那家伙"中,"那家伙"后指情况更占优势,而为什么"那家伙"在语义后指语境中出现频率要高于"这家伙",我们没有在文献中找到有针对性的解释。我们将结合以下例句进行简要分析:

　　(42) **提示标记**:有时到他家去呢,他爸爸,那家伙,拿这个笤帚疙瘩,掸把子打得都抽折了。(北京口语语料库)

　　(43) **衔接标记**:俺家老伴去年得了脑溢血后遗症,过去他没吃公鸡蛋之前走道儿是这样的(拉着赵本山配合表演,赵直愣着两眼),吃完了之后,那家伙,再看,就成了这样

（赵本山应声倒地）。（赵本山《策划》）

从提示标记到衔接标记，例句中的"那家伙"的顺序衔接功能增强，指代性减弱，从而形成表3所示的一组无标记组配：

表 3 "这家伙"和"那家伙"在前指、后指时的无标记组配

	无 标 记 组 配	
这家伙	前指	强指代
那家伙	后指	弱指代

这种由不对称构成的关联模式，沈家煊（1999：26）称为标记颠倒。这种标记颠倒体现了"那家伙"在虚化程度上要高于"这家伙"，根源在于"那"的虚化程度高于"这"，这一点张伯江、方梅（1996：187）以及杨玉玲（2006：39）已有论证，本文不再赘述。

发展到延迟标记时，对话语标记的指向性已无要求，这时使用"这家伙"还是"那家伙"多出于言者习惯，因此二者的使用频率理论上趋于平衡，例如：

（44）**延迟标记**：一月份儿了，就说得零下二十来度了。那现在你看哈尔滨，不都得到零下十八九度了？到，到我们那地方儿就二十来度了。皮帽子皮鞋都没有，告诉自己得自己准备。<u>那家伙</u>，小孩儿讲话儿了，夏天才去，一个月三十来块钱儿，去吃饭，去抽烟，那帮小子那一抽烟，嗯，到十一月份儿才五个月，就说攒足了，一点儿不花能攒三，二三十块钱儿吧。何况他们又花得多呀！（北京口语语料库）

例（44）中的"那家伙"换成"这家伙"完全没有问题，既不影响话语的连贯，也不会产生心理距离的改变，上面例（30）到（32）也是如此。

4.2.2 互换时产生的不对称现象

如表2所示，纵向比较，在语义前指时，"那家伙"替换为"这家伙"的比例远远高于"这家伙"替换为"那家伙"的比例，后指时，"这家伙"替换为"那家伙"的比例高于"那家伙"替换为"这家伙"的比例；横向比较，"这家伙"在语义前指时多数不能替换为"那家伙"，后指时则都能替换，"那家伙"在语义前指时多数能替换为"这家伙"，后指时替换比例降低，从而呈现出明显的不对称现象。

纵向上的不对称印证了表3的无标记组配分析结果，如果我们再加入"当前事态/已然事态"这个判断参量，我们会发现前指时，使用"这家伙"的语料多是凸显当前事态的，而使用"那家伙"的语料多是凸显已然事态的，后指时无论使用"这家伙"还是"那家伙"的语料基本上都是凸显已然事态的。这就引出了当前和已然的时间关系对比，这种时间关系分析在横向不对称时同样起到很大作用，下面我们通过分析横向上的不对称来详细揭示导致"这/那家伙"互换时不对称的原因。

在前指的 20 例"这家伙"语料中，指代当前事态[8]的 12 例，指代已然事态的 8 例，经过观察，所有指代当前事态的"这家伙"都不能替换为"那家伙"，另有 2 例指代已然事态的"这家伙"也不能换为"那家伙"，例如：

（45）**当前**：黄：（继续抽泣）

　　　赵：别哭了，干啥玩意儿，有啥哭的，这真要能哭出点儿花样儿也行啊，<u>这家伙</u>，一一一都一老半天了，连二都没有……哎呀，咱们干啥来了？（赵本山《相亲》）

(46) **已然**：赵：妈呀，下来啦？哎呀我的妈呀，你下来你早说你看把我两口子累的，<u>这家伙</u>下来也就平级了，我也不用怕你了，哎呀下来了。（赵本山《拜年》）

　　当"这家伙"指代当前事态时，后续小句是对当前发生事件的解说、评判或总结，因此对时间正确感知和表达十分重要，如果把(45)中的"这家伙"换成"那家伙"，虽然可以解释为将心理距离推远，但是由于赵在说话之时，黄还在抽泣，就产生了时间距离上的冲突。当"这家伙"指代已然事态时，"这家伙"的主要功能是心理距离的调整，即把过去的事态放在当前语境来解说、评判或总结。如果仅是如此，"那家伙"也可以调整心理距离，理论上"这家伙"就应该可以替换成"那家伙"，实际上多数情况下确实如此，如上面例(17)(18)(23)等，不过在具体语境中情况复杂一些，如例(46)中的"下来了"是过去发生的，并不依赖当前语境，但是"下来了"这件事又与当前的"平级了"具有因果关系，因此又成为当前事态的一部分，即"我们刚刚知道你下来了"且"因为你下来了，所以我们平级了"。实际上，指称时间距离的功能仍在起作用，只不过在例(46)中是通过心理距离的调整来满足时间距离的合理性的。如2.2.2所述，"这/那家伙"的选择体现了言者主观性的要求，但时间距离的判断对言者主观化起到一定的限制作用，我们称之为"时间优先"原则。

　　此外，我们还发现一些例句中的"这家伙"虽然可以换成"那家伙"，但替换后语感不畅，例如：

(47) 嗯，这运动前那就是夜不闭户，路不拾遗，夜不闭户。这运动来了，说这打砸抢，<u>这家伙</u>，这更鸡犬不安宁。（北京话口语语料库）

　　在这个例句中，相对的时间距离与现在接近，因此使用"这家伙"最为恰当，但"这运动"早已发生，因此在心理上可以推远，这样就可以替换成"那家伙"，可是替换后读起来却有些别扭。原因在于这里言者对时间和心理距离的凸显不仅表现在对"这家伙"的选择上，还体现在对前后出现的指示词的选择上，出于照应的原因，我们无法仅仅替换"这家伙"。如果将小句前后的"这"都换成"那"，句子就通顺了。因此，从形式上说，前后照应的指示词也对"这家伙"的选择起到限制作用，我们称为"照应限制"原则。

　　在标记选择时"时间优先"和"照应限制"同样适用于"那家伙"替换为"这家伙"的情况：

(48) 白：签字售书？签字售书<u>那天</u>，<u>那家伙</u>，<u>那场面那</u>是相当大啊。<u>那真是</u>，锣鼓喧天，鞭炮齐鸣，红旗招展，人山人海，<u>那</u>把我挤桌子底下去了，<u>那</u>一摞书都倒了。（赵本山《说事》）

(49) 阿忆：大叔大妈呀，我说的这个"昨天""今天""明天"呀，不是"昨天""今天""明天"。
　　　赵本山：是后天？《后天》刮龙卷风啊，<u>那家伙</u>，比原子弹还吓人。（赵本山《实话实说II》）

(50) 匣子嘿嘿笑着，"我坚信辣椒在爱情这块阵地上坚贞不渝，视死如归。"
　　　刘老根奉承，"那肯定的，抗美援朝打上甘岭，<u>那家伙</u>美国飞机大炮都没上去，改革开放了，美国人夹着钱包一溜小跑上去了。"《刘老根》

　　例(48)由于照应限制的原因，"那天"和"那场面"等要求与其共现的话语标记最好为"那家伙"。例(49)和(50)则体现了时间优先的原则，(49)中以"今天"为参照，将"后天"排在远离"今天"的时间序列中，例(50)则以当前为参照，"抗美援朝"比"改革开放"距离当前更远，因此两个例句都以选择"那家伙"为最佳。

　　简单地说，"这家伙"和"那家伙"的选择是言者主观性表达的需要造成的，但在表达时要遵循时间距离优先的认知习惯以及指示词照应的篇章习惯制约，正是这种制约导致了二者在替换时的不对称性。

5. 结　　语

　　"这/那家伙"在词汇层面由短语发展成语气词，在词汇化后失去了原有的指称实体的功能，语义上虚化，在语用推理和语境吸收的作用下，逐渐由代句词发展为停顿语气词；在篇章层面由句法成分变为话题标记，并且从后附发展到前加，最后成为话语标记。在话语标记化过程中，"这/那家伙"的话语标记功能也因所处的语境呈现出多样化的特点，具有了解说、评判、总结、提示、衔接和延迟等功能特征，同时由于词素"这""那"功能遗留以及整体词性特征，这一组话语标记还具有指称距离、主观增量和表示惊讶等附加功能，其中指称距离的附加功能又是导致"这家伙"和"那家伙"在话语中不对称的主要原因之一。当这一附加功能消失时，二者又在"延迟性标记"这一阶段达到了平衡。

　　刘丽艳（2006）曾对话语标记"你知道""你知道吗""你知道吧"进行了细致分析，发现三者在使用频率上呈现出明显不对称情况，并且在功能上存在着差异，这都与标记的形式特征以及它们与所指信息的位置有关。如果再加上"你是知道的""你不是不知道"，情况可能更为复杂。这就提示我们一些形式相近的话语标记可能在整体功能上相似，但形式的不同必然导致意义上的差异，因此在详细描写某类话语标记的功能以及辨析功能的细微差异时，一定要注意这些形式上的区别及这些区别本来的功能特征。

附注

① 关于这一点我们已经另文论述。

② 吉益民（2015）将这种同位结构称为"评述性有标记话题结构"。"这家伙"在语义上"沦为冗余性复指成分，具有可取消性"，但在语用上具有"凸显话题和提示述题的表达功效"，其连接的述题"以贬否性评价说明为常"。

③ 这种"轻蔑"态度源于"家伙"词汇义由指物发展到指人而产生的附带语义特征，我们已另文讨论。

④ 刘丹青（2011、2012）对叹词化的一系列表征进行了阐述，我们概括如下：句法表征：单独承担叹词的代句功能，独立成句，失去原有组合能力和扩展能力；语义表征：表达有限的一些规约语义类别，不适合表达具体复杂的句子义；语用表征：具有明示后续小句功能，感叹只是典型功能，是一类代句词。

⑤ 本文中提到的"前指"和"后指"均为语义指向，而非通常所说的"指代"或"指称"，二者既有相同又有不同，"指代"蕴含着指向性，但指代成分失去"指代"功能仍然可以具有语义上的指向性。

⑥ 这里说的"前指"标记其实都具有双指功能，"前指"是"解说""评判""总结"标记与"提示""衔接""延迟"标记在语义指向上的差别，也是"这家伙"和"那家伙"替换比例不对称的基础。因此，仅标记为"前指"。

⑦ 我们将在另一篇关于意外情态范畴的文章中对此进行论述。

⑧ 实际上所谓"当前事态"，严格意义上说也是"已然"的，是在说话时间之前刚刚发生的或者正在持续的，前者严格地说也是"已然"的，与文中"已然"不同的是，"当前事态"依赖当前语境才能理解，而"已然事态"并不依赖当前语境，是说话者从记忆中调取出来的。

参考文献

毕永峨.远指词"那"词串在台湾口语中的词汇化与习语化[J].当代语言学,2007(2).

曹秀玲.汉语"这/那"不对称性的语篇考察[J].汉语学习,2000(4).

董秀芳.词汇化与话语标记的形成[J].世界汉语教学,2007(1).

方　梅.指示词"这"和"那"在北京话中的语法化[J].中国语文,2002(4).

吉益民."X+这东西":一种评述性有标话题建构[J].汉语学习,2015(5).

刘丹青.叹词的本质——代句词[J].世界汉语教学,2011(2).

刘丹青.实词的叹词化和叹词的去叹词化[J].汉语学习,2012(3).

刘丽艳.汉语口语中的话语标记研究[D].浙江大学,2005.

刘丽艳.话语标记"你知道"[J].中国语文,2006(5).

吕叔湘.语文杂记[M].上海:上海教育出版社.1984.

沈家煊.不对称和标记论[M].南昌:江西教育出版社,1999.

沈家煊.语言的"主观性"和"主观化"[J].外语教学与研究.2001a(4).

沈家煊.跟副词"还"有关的两个句式[J].中国语文,2001b(6).

王灿龙.试论"这""那"指称事件的照应功能[J].语言研究,2006(2).

杨玉玲.单个"这"和"那"篇章不对称研究[J].世界汉语教学,2006(4).

杨玉玲.可及性理论及"这""那"篇章不对称研究[J].河南社会科学,2011(2).

张伯江,方梅.汉语功能语法研究[M].南昌:江西教育出版社,1996.

张振亚."这/那"不对称的功能解释[J].东方语言学,2007(1).

Tao, Hongyin 1999 The grammar of demonstratives in Mandarin conversational discourse: A case study. *Journal of Chinese Linguistics* 27(1): 69 - 103.

实义性动趋结构"说起来"和"说下去"的比较分析

辽宁大学　李慧

内容提要　从句法层面看,实义性"说起来"及"说下去"的句法位置都很多样,但实义性"说起来"的句法功能没有"说下去"丰富。从语义层面看,实义性"说起来"和"说下去"都具有情感义、持续义语义特征,但"说起来"还具有评判义。从语用层面看,"说起来"前不隐含叙事人称,"说下去"常隐含第二叙事人称,与"说起来"比较,"说下去"没有因果性、递进性关联作用,但其承接性关联作用非常突出。

关键词　实义性"说起来";"说下去";趋向动词;动补结构

"起来"和"下去"作为一对具有反义关系的复合趋向动词,不仅是趋向动词中的典型,更是"说 + 趋向动词"的特殊用例,形式上相反相对的"起来"和"下去"在进入"说 + 趋向动词"构式后呈现出了不同的语法特点。借助 CCL、BCC 语料库分析调查可知,"说起来"是一个特殊的语言单位,兼有实义与虚义两种语义性质,实义性的"说起来"是一个具有持续意义的动补结构;虚义性的"说起来"是一个已经固化成功的话语标记,虚义性"说起来"是实义性动补结构发生语法化与词汇化而来的短语词,在句中没有实际意义,只起构建语篇的作用。"说下去"作为一个动补结构,从北宋《朱子语类》开始就一直表示"言说动作的持续",意义非常实在,没有发生类似"说起来"的语法化与词汇化的虚化过程。由此可知,找出实义性"说起来"和"说下去"的相同点和不同点,将对趋向动词、"说 + 趋向动词"及"V + 趋向动词"的研究做出贡献。

本文将立足于大量语料,从句法表现、语义特征与语用功能三个平面对实义性动补结构"说起来"和"说下去"进行对比分析。

1. 研究现状

1.1 "说起来"的研究现状

"说起来"具有表示新的言说动作开始进行的意思,此时的"起来"表示状态意义,用在"说"后表示进入一个新的状态,代表人物是刘月华先生。刘月华(1998)认为:"'起来'表示状态意义时,主要功能是通过叙述进入某种状态来描写人物或环境,往往包含有不知不觉的意味。①"。即言说主体由未说话进入到一个开始说话的新境界。后续研究大多以刘先生的研究为基础,如刘甜(2019)认为"说 + 起来"表示"开始说",此时"起来"的语义等同于"开始"。再如苏琳琳(2013)、贺阳(2004)等人也认为"说起来"是表示动作的动词短语,相当于"开始说",

---

① 参见:刘月华.趋向补语通释[M].北京:北京语言文化大学出版社,1998.

其中的"起来"是趋向动词。

"说起来"还具有表示言说动作开始发生并将继续下去的意义,此种说法强调了言说动作的延续性,动作"说"有了起点,随着时间的推移,言说动作持续,但没有结束。代表人物是吕叔湘先生。吕叔湘(1980)在《现代汉语八百词》中指出"起来"用在动词后,可以"表示某个动作开始而且会一直持续下去[①]"的意义。支持此观点的学者还有宋玉柱(1980)、朱京津(2019)等,他们都强调动词"说"具有[＋持续]的语义特征,此时的"起来"具有"时体义",具有[＋起点][＋持续][－终点]的语义特征。

1.2 "说下去"的研究现状

"说下去"表示说话动作仍然继续进行。此观点的代表人物为吕叔湘先生,吕先生还指出"说下去"的"句中如有受事,一般放在动词前边。"[②]持相近观点的还有刘月华先生,刘月华(1998)指出"说下去"的"下去"表示继续的状态意义,经常用在"表示可持续、可以重复进行[③]"的言说动词后。后辈学者几乎都支持这两位先生的观点,如王道宇(2015)、黄舟(2016)、陈洁洁(2013)等都认为"说下去"是现代汉语时态系统中的一种,表示动作持续进行。"下去"在这里表示继续义或持续义。

综上可知,学术界有关实义性"说起来"的研究还存在不同见解,有关"说下去"的研究则意见一致,但两者都具有持续意义的语义特征则是确定无疑的。故而,将两者进行比较,找出各自的特征规律,将具有重要意义。搜索中国知网可知,目前学界还没有专门将实义性"说起来"和"说下去"进行对比的文章,相关阐述只在论述"说＋趋向动词"的整体研究中有所涉及。如苏琳琳(2013)在考察"NP＋说起来＋VP/AP"句式时,简短论述了情状义"说起来"来源于实义性"说起来"。李晓津(2017)在重点论述"说＋趋向动词"固化过程时简短论述了"说起来"与"说下去"的语法特征。所以,吾辈学者还需继续进行这方面的开拓探索。

2. 实义性"说起来"和"说下去"的句法比较

2.1 实义性"说起来"的句法特点

实义性"说起来"经常出现在一般主谓句中,位于主语后,作谓语,前面经常有状语修饰,后面可以带宾语也可以不带宾语,不带宾语的"说起来"经常出现在句末。实义性"说起来"由表示言说意义的动词"说"和表示开始并持续意义的"起来"组合而成,意义实在。

(1) 白人先生见到女主人。两人说起来。(《副领事》)

(2) 阿招突然说起来话来。(《秧歌》)

(3) 我俩挨着斜靠着一垛衣被躺着,默默地啜着酒。大车老板自言自语地说起来:"唉,兄弟! 说真的,那个时候你不该不在哟……"(张承志《黑骏马》)

例句(1)中的"说起来"是一种言说动作,由言说主体"两人"发出,后不带宾语。例句(2)中的

---

① 参见:吕叔湘.现代汉语八百词[M].沈阳:辽宁教育出版社,1980.

② 同上。

③ 参见:刘月华.趋向补语通释[M].北京:北京语言文化大学出版社,1998.

"说起来"也是一种言说动作,"阿招"做出言语行为,后带宾语"话"。例句(3)中"大车老板"进行自反式说话,后带具体宾语,点明说话的内容。这三句中"说起来"的句法功能都是作谓语。

除经常出现在一般主谓句外,实义性"说起来"也可以出现在把字句中,构成"把 + NP + 说起来"句式,"说起来"的句法功能依然是作谓语,意义实在。

(4) 他究竟是禁卫军里的,想了一想,把部队的番号也说起来了,说是某师某联队禁卫军里的人自以为比常备军高一等。(《名利场》)

例句(4)的主语"他"把宾语"部队的番号"用动作"说"来传达,此句的"说起来"意义实在。经笔者统计,"说起来"虽可以用在"把"字句中,但使用频率很低。

实义性"说起来"也可以出现在连谓句中,构成"NP + 说起来 + VP/AP"句式,也可以构成"NP + VP/AP + 说起来"句式,此时的"说起来"仍带有动作意义,不可以随意删除,和句中其他谓词有先后关系,不可以随意移位。

(5) 麦克尔至少并不指望她来答话,事实上,麦克尔好像更喜欢一个人说起来没完没了。(《清洁女工之死》)

(6) 我们这场形式比较简单,也不用什么道具,两个人往这一站就说起来,虽然是两个人,但是观众要听主要得听我。(《中国传统相声大全》)

例句(5)中的"说起来"和"没完没了"构成连动结构,"说起来"是连动结构中首先出现的动趋结构,叫前谓语。例句(6)中的"说起来"是后出现的谓语结构,叫作后谓语。

实义性"说起来"除了用在以上三种陈述句中,还可以用在疑问句中,表示说话动作的开始及持续。

(7) 许三多:您也承认他现在重新起跑,但是您不让他跑。就是说心有成见。袁朗:你出门喘口气就能说起来了?一直藏着?许三多:我急了。(兰晓龙《士兵突击》)

例句(7)中的"说起来"出现在疑问句中,动作"说"的意义实在。整句话带有质问的语气。疑问句中实义性"说起来"的句法功能依然是作谓语。

从上述语料分析中可知,实义性动补结构"说起来"的句法功能非常单一,只能充当句子的谓语,但作谓语的"说起来"却不都是实义性"说起来",如:

(8) 像天桥打拳人卖的狗皮膏药和欧美朦胧派作的诗,这笑里的蕴蓄,丰富得真是说起来叫人不信。它含有安慰、保护、喜欢、鼓励等等成分。(钱钟书《猫》)

例句(8)中的"说起来"虽然作谓语和"叫人不信"构成连动结构,但根据语境可知,"不信"是该句最核心的谓语,语义指向兼语"人","说起来"虽然并列作谓语但意义不实在,前后句也并没有明确的言说行为,此时的"说起来"是提及义不是动作实在义。

实义性"说起来"只能作谓语,表示动作"说"开始并继续进行。即凡不出现在核心谓语位置上的"说起来",意义都是不实在的。如:

(9) 他接着说,"现在我国照相馆一般都是捏'皮球',说起来,捏'皮球'还是一种技术呢!"《为了那美好的瞬间》

例句(9)的"说起来"显然没有出现在谓语位置,出现在句子中间,衔接前后"捏皮球"的事件,已经语法化为话语标记。

综上,实义性"说起来"的句法分布非常广泛,可以出现在句中或句末任意位置,可以出现在把字句、连动句、疑问句、一般主谓句等各种句式中,句法位置灵活多变,但句法功能非常单一,只能作谓语。

2.2　"说下去"的句法特点

"说下去"经常出现在一般主谓句的句末位置,作谓语,意义实在,不能删除和移位。例如:

(10) 暖暖无语,只是默看着开田的背影,等着他说下去。

(11) "你还是答应了好",尤金说下去。

例句(10)的主语是"他","说下去"在句中作"他"的谓语。例句(11)的主语是"尤金","说下去"出现在主语后,也出现在句子末尾。

除出现在一般主谓句外,"说下去"也可以出现在兼语句中,作谓语成分,意义实在,不可移位和删除,且仍经常出现在句末位置。如:

(12) 嘉平有些吃惊,他企图解释,但嘉和却没让他说下去。

(13) 沈氏听见觉新的话,故意不给他留面子,反而命令春兰说下去。

例句(12)和(13)的"说下去"作谓语,放在言说动作发出者之后,也都出现在句末位置。

"说下去"也可以出现在把字句中,作谓语,意义实在,仍经常出现在句末。

(14) 老戏子对他的同伴说,看来他正把他刚才说过的话继续说下去。

例句(14)主语"他"把"话"继续说下去,言说动作"说下去"是谓语,出现在句末。

"说下去"还可以出现在连动句中,作前谓语或者后谓语,意义实在,作后谓语时经常出现在句末。

(15) 玛丽从运动夹克口袋里掏出右手,注视片刻,又扬起脸接着说下去。

例句(15)先发生"扬起脸"的动作,再出现"说下去"的动作,"说下去"作谓语,出现在句末。

(16) 可是说下去一定会叫您听了伤心。

例句(16)是一个紧缩复句,"说下去"作谓语,是连动结构中首先出现的谓语动词,意义实在,不可移位和删除。

除以上 4 种陈述句外,"说下去"还可以出现在疑问句中,作谓语,意义实在,且仍偏向于在句末的句法位置。如:

(17) 没有疑惑,"庞大固埃草"准会得到选票的绝对多数。还要说下去吗?

例句(17)中,"说下去"出现在疑问句中,作后谓语,意义实在。

除在陈述句疑问句句中出现外,"说下去"还可单独出现构成祈使句,意义实在,表达听话人对所讨论对象的关切,热情地想知道接下来的事情进展情况。

(18) "说下去说下去,不能打绊儿,说下去……"我紧紧咬住了牙关。

(19) 乔回答说,"你一会儿就会知道我当时没有时间去打听这件事。""说下去。""那天晚上……"贝尔图乔继续说道。

例句(18)中的"说下去"一共出现 3 次,将发出动作的主体"我"的急切心情描写了出来。例句(19)中的"说下去"也是单独出现,单独成句。

综上,"说下去"的句法分布非常广泛,句法位置灵活多样,可以出现在主谓句、兼语句、把字句、连动句、疑问句、祈使句等各种句式中,而且经常出现在句末,在 BCC 语料库多领域词条下搜索"说下去",共搜到 6 878 条结果,而搜索"说下去。"共搜索到 2 214 条结果,占比32.18%,已超过三分之一,可见,"说下去"用在句末的频率之高。动补结构"说下去"的句法功能比实义性"说起来"要丰富一些,虽多数情况下是作谓语(前谓语后谓语均可),但还可以单独构成句子,独立充当构句成分。

3. 实义性"说起来"和"说下去"的语义性质比较

3.1 实义性"说起来"的语义类型与语法意义

3.1.1 语义类型

"说起来"作为言说类动补结构,会因句法分布、句法功能的不同而拥有不同的语义类型,笔者统计 BCC 语料库,在多领域选项下搜索"说起来",共搜索到 7173 条结果,经概括总结后,将这些结果分为三类。

3.1.1.1 持续无终型

实义性"说起来"最常出现在说话动作从某时间点开始,一直持续于未来,并将无终点的语境里。这是实义性"说起来"最常见的语义类型。

(20) 从沙发上往下一溜,跪在了地上,一只手轻轻地放在胸口上,滔滔不绝地说起来:"对不起,因为我感情奔放,使您受惊了,亲爱的思嘉。"(《飘》)

(21) 也有人联系到年初王全坚决不愿喂马,这就不对! 关于王升,可就说起来没完了。他撒下一块秧来就走这一类的事原来多着哩。(汪曾祺《王全》)

(22) 这中间有许许多多感触的故事,要是让我仔细说起来真是说也说不完。(史靖《编读往来》)

例句(20)至例句(22)的言说动作都具有从新起点开始并无终点持续进行的语义特征,"滔滔不绝、没完了、说不完"等无终点义词语都标志着言说动作将持续进行没有终点。

3.1.1.2 情感抒发型

当"说起来"意义实在时,即当其出现在一般主谓句、兼语句、把字句及连谓句时,"说起来"可以与句中前后成分存在情感抒发的语义关系,表达说话人或者听话人的情感态度。

(23) 森特船长微微弯下腰(因为他太高,有一米九吧),用悦耳的男中音稍快地说起来,果真是德语。(《不要问我从哪里来》)

例句(23)中,"说起来"作谓语,语义指向施事,言说动作带有愉快性,整句话表达施事"森特船长"的话给人的感受,抒发听话人的欢喜之情。

(24) 万金山虽然得到鼓励,但说起来还有些顾虑:"具体些……比如说,我们连长吧……"(《沙场春点兵》)

例句(24)中,"说起来"作前谓语,语义指向施事,意义实在,施事"万金山"发出了充满顾虑的言说动作,致使听话人带有充满顾虑的感受。

3.1.1.3 解释评价型

实义性"说起来"经常出现在解释评价的语句中,表达动作发出者对言说事件的看法。这是实义性"说起来"最常见的用法。

(25) 二奶奶叫住她,低下头,很温和地说起来:"我不是不疼你,孩子。你别以为——别以为我想把你撵出去。"(老舍《鼓书艺人》)

(26) 这种奉承话让先寇布中将或者波布兰中校来说,还让人觉得相秒,让你说起来真是不伦不类哟!(《银河英雄传说》)

（27）有这么一个漂亮的妹妹，说起来都提精神。（柳建伟《突出重围》）

（28）你只是嘴上说说你脑子里记住的那些词儿罢了，因为你认为它们说起来好听！（《荆棘鸟》）

例句（25）中"二奶奶"用言说动作向"秀莲"进行解释，"说起来"具有解释性的语义特征。例句（26）中说话人对听话人的"奉承话"进行评判，例句（27）中说话人对话语内容进行积极评价，例句（28）中，说话人将自己的意志主观强加到听话人身上，去评价听话人的言说动作。

3.1.2　语法意义

3.1.2.1　时

实义性"说起来"可以出现在没有任何时间标志的句子中，可以出现在表示现在时、过去时及将来时的语境下，但无论是什么时态的语境，"说起来"本身并无"时"的形态变化。

（29）地道的北京土话说起来啰唆，什么名词、副词、代名词、感叹词用得太多！（中国传统相声大全）

（30）连他自己也不知要说什么，就开始热烈地说起来，时而夹杂一些法语时而用书面俄语表达。（托尔斯泰《战争与和平》）

（31）有他们在现场，我们说起话来也许会更加客观，至少我们说起来不会胡说八道。（杨恒均博客）

（32）顾维舜对报纸研究得透彻，所以说起来一套一套的，而且结构严密，滴水不漏。（戴厚英《流泪的淮河》）

例句（29）中的"说起来"出现在没有任何时间标志的客观事实句中，不存在"时"的语法意义。例句（30）中"开始"二字标志着现在时时态，"说起来"可以出现在现在时语境，例句（31）"说起来"出现在将来时语境。例句（32）"说起来"出现在过去时语境。

3.1.2.2　体

"说起来"经常出现在表示已然状态的语境下，较少出现在未然状态，也可以出现在没有体标记的事实陈述句中。

（33）"知道"与"不知道"用敬语说起来，只在尾音上有很少一点差别。（邓友梅《别了，濑户内海！》）

例句（33）中的"说起来"出现在没有体标记的事实陈述分句中，无论何时、无论何地、这句话都是成立的。

（34）有言道是"如数家珍"，这些名种茶花原是段誉家中珍品，他说起来自是熟悉不过。王夫人听得津津有味，叹道："我连副品也没见过，还说什么正品。"（金庸《天龙八部》）

例句（34）中的"说起来"出现在已然语境中，上文"段誉"已经品鉴过"风尘三侠"这种茶花，所以"说"的动作已然发生，已然语境是"说起来"最常出现的语境。

（35）白茹调皮地学着剑波的声音："快休息，别说啦！说起来没个完，快走！快走！"（曲波《林海雪原》）

例句（35）中的"说起来"依然出现在已然语境，且句中凸显了动作"说"的持续意义。

（36）这段儿我老没说了，说起来不熟练，您要打算听没问题，给我一点儿时间到后台熟练熟练，我再上。（中国传统相声大全）

例句（36）中"说起来"作谓语，"说"这个动作还未发生，此时的"说起来"出现在未然分句中。

3.1.2.3　态

"态,也称语态,表示动作和主体的关系。态是动词所具有的语法范畴,一般分为主动态和被动态两种。[①]"一般来说,实义性"说起来"作为一种动补结构,动作主体只能是人,是会言说的高级动物(鹦鹉等模仿说话的动物或拟人修辞的动物除外),"说起来"和发出动作"说"的言说主体只能呈主动态关系。但是,考察 CCL 语料库发现,在实义性"说起来"中,有 15 条语料具有中动语态,出现于颇有争议的汉语中动句中。如:

CCL 搜索词	"说起来"总数	实义性"说起来"	主动态实义"说起来"	中动态实义"说起来"
数量	1 863	243	228	15

(37) 谈恋爱也要向党组织汇报。我那个老婆……不说啦,<u>这些说起来没意思</u>,我们这代人个人生活都是悲剧,宝康呢? 他怎么不见了? (王朔《顽主》)

(38) 我们把要说的话说了,彼此间的界限消除了。"早安,朋友。"<u>说起来一点也不困难</u>。有些人随着又说了一遍,也有些人握手为礼。(《读者》)

(39) 他加上"和祖国"三个字,显然只是为了<u>说起来音调更动听</u>罢了。(托尔斯泰《复活》)

(40) 他不说"逃"而说"准备",因为"准备"这个字比"逃"这字<u>说起来似乎顺耳一些</u>。(萧红《马伯乐》)

例句(37)至(40)中"说起来"出现于"NP + 说起来 + AP"的中动句典型句型中,"没意思、一点也不困难、动听、顺耳"的语义指向既可以是言说动作,也可以是说话人,所以当指向言说动作时,就是没有语态关系的中动句,当"没意思"语义指向说话人时,则具有主动态关系。所以"说起来"的语态具体如何判定,学界仍在讨论中,尚未有定论,但笔者认为,即使语义指向为动作"说","说"的动作发出者仍然只能是人,所以还应判定为主动态关系。

综上,实义性"说起来"本身并不带有"时"的语法范畴,它可以出现在过去、现在及将来任意时范畴下。实义性"说起来"具有"体"的语法范畴,其经常出现在已然状态下,较少出现在未然状态中。实义性"说起来"本身和动作发出者之间呈现主动态或中动态关系。

3.2　"说下去"的语义类型与语法意义

3.2.1　语义类型

"说下去"的句法分布比"说起来"少得多,意义也更加实在和统一,所以语义类型也没有"说起来"多样。笔者统计 BCC 语料库,在多领域选项下搜索"说下去",共搜索到 6878 条结果,经概括总结后,将这些结果分为两类。

3.2.1.1　接续重复型

"说下去"前经常可见"继续、又、再"等表示承接上一话题,接续说话的标志,统计 BCC 语料库中"继续说下去"词条,共搜索到 1 548 条结果,占总搜索量 22.5%,统计 CCL 语料库中"再说下去"词条,共搜索到 290 条结果,占总搜索量 14.48%。可见,"说下去"经常和接续重复类标志共现,侧面说明其自身也具有接续重复性质。

---

① 参见叶蜚声,徐通锵.语言学纲要[M].北京:北京大学出版社,2010.

（41）公孙大娘已又接着说下去："我要她们和兰儿立刻分头去找江重威、华一帆和常漫天！"（《绣花大盗》）

例句（41）的上文是公孙大娘在向她的姐妹们解释原因，此句公孙大娘仍然在继续解释着自己的做法，重复着上一话题的主要内容。

（42）这桩公案，不说也罢。说下去，必定涉及的头一个问题，就是那以后一蹶不振的索隐派，没有"魂兮归来"么？（《读书》）

例句（42）显示，单独作句法成分的"说下去"也表示继续和重复的语义。

3.2.1.2　时状描写型

"说下去"也可以和"说起来"一样，将动作"说"带上充满情感色彩的词汇，而且"说下去"也可以出现在疑问和祈使的语句中，描写"说"的状态。此外，其前也可以带上时间词，"正待、正要、一直"，表示动作"说下去"的现在状态和持续状态。

（43）褚英正想听他的下面有什么话说，只得催促道："快说下去呀！为什么不说呀？"

例句（43）中的形容词"快"将施事"褚英"的急切心情表现了出来，使动作"说"带上了情感色彩。

（44）"只要我还说得动相声，我就要一直说下去，一直说到死！"（《鲁豫有约》）

例句（44）中的"一直"表示施事"郭德纲"将动作"说"延续到长时间的状态。

3.2.2　语法意义

3.2.2.1　时

"说下去"表示动作"说"从过去开始一直持续到现在，并将继续进行于未来，所以"说下去"可以出现在表示现在时、过去时及将来时的语境下，但无论是什么时态的语境，"说下去"所在的句子都会暗含时的语法范畴，不会像"说起来"一样有存在于事实陈述句中不带有时语法范畴的情况。

（45）她边说边扫了我一眼，似乎要知道我是否想继续这个话题。我点点头示意她说下去。（《赛莱斯廷预言》）

（46）"说到那座桥，还有件有趣的事呢，"机长絮絮叨叨地说下去。"事情是这样的布雷特继续向下望着，看着下边的地形。"

例句（45）"说下去"出现在将来时中，"说"这个动作尚未进行。例句（46）中"说"这个动作，从过去开始一直持续到现在，并将继续于未来，需注意的是，"说下去"本身不带有"时"的形态变化。

3.2.2.2　体

"说下去"可以出现在表示已然状态的句子中，但经常出现在表示未然状态的陈述句中。

（47）"是吗？"安娜坚持说下去："我记得那天下午，我知道自己再也不会回到那里去了。"

（48）詹石磴没有说下去，一双眼也扭向了墙角。

（49）"我忘记告诉您，今天我经过那里的时候，曾经进去探望过；可是说下去一定会叫您听了伤心。"

例句（47）"说下去"出现在已然状态中，"说"这个动作从过去发生，一直持续到现在，并将继续进行于未来。例句（48）"说下去"出现在未然状态的陈述句中，"说"这个动作还没有进行。例句（49）"说下去"出现于未然状况，"说"这个动作已经从过去开始持续到现在，但没有继续进行于未来。

3.2.2.3 态

"说下去"和"说起来"一样,动作主体只能是人,是会言说的高级动物,(拟人修辞的动物除外),"说下去"中"说"作为一个言说动作,和动作发出者只能呈主动态关系。但当"说下去"作谓语时,"说下去"的言说动作经常是听话人强制迫切要求说话人去进行,即"说下去"前的主语经常是第三人称,较少是第一人称。在 BCC 语料库多领域下搜索"他说下去"共搜索到618 条结果,搜索"我说下去"共搜索到 193 条结果,单是一个第三人称"他"的使用量就是"我"的 3.2 倍,所以可说"说下去"的动作发出者虽然和动作主体之间是主动关系,但往往带有一种强迫意味。

(50)朱元峰似有所思,摇摇头道:"不,且慢论断,让他继续说下去。"

(51)"你说下去……说下去呀!"我高声叫道。

例句(50)中"说下去"的动作,就是听话人"朱元峰"迫切要求说话人"伙计"继续进行的,带有迫切希望意味。例句(51)中"说下去"将由动作发出者"你"去完成,但说话人"你"明显是受听话人"我"的迫切驱动才去说话的。

综上,"说下去"所在语境一定会出现"时"的语法范畴,"说下去"经常出现在未然体范畴下,"说下去"和动作发出者虽然成主动态关系,但说话人往往带有强迫性质。

从语义性质上看,实义性"说起来"和"说下去"都具有[＋情感]、[＋持续]的语义特征,但"说起来"还具有[＋评价]的语义特征,"说下去"则没有。"说下去"的重复类语义特征较"说起来"更突出。实义性"说起来"和"说下去"都可以使用在过去、现在和将来的时范畴下,都可以使用在已然和未然的体范畴下,动作发出者和动作"说"都具有主动态关系。不同点是"说起来"可以出现在不带有时的事实陈述句中,"说下去"则不可以。"说起来"经常出现在已然体范畴中,"说下去"则常出现在未然体范畴中。"说起来"除主动态外,还具有中动态。与"说起来"相比,"说下去"的主动态范畴常带有强迫意味。

4. 实义性"说起来"和"说下去"的语用特征比较

4.1 实义性"说起来"的语用特征

4.1.1 不隐含叙事人称

实义性"说起来"所在语句一般会明确指出说话人,即言说主体明确出现在言说动作之前。所以实义性"说起来"不隐含叙事人称。

(52)老孔谈了今天总结评比的意义以后,孟保田便毫不客气地说起来。(刘醒龙《菩提醉了》)

上例的言说人就是"孟保田",言说动作的发出者就是前文明确出现的说话人。所以此句不隐含叙事者。

(53)麦克立刻和着尹小跳,两人一块儿说起来:"汽车来了我不怕,我给汽车打电话。"(铁凝《大浴女》)

这句话的言说主体是两个人,交谈双方都在发出言说动作,由此更确定了"说起来"所在话语是不隐含叙事人称的。

4.1.2　具有转折性、承接性、假设性、递进性、因果性关联特征

笔者借助 CCL 和 BCC 语料库,统计实义性"说起来"前经常出现的复句关联词,将实义性"说起来"所在句的前后话语关系判定为五种关联类型:转折性、承接性、假设性、递进性和因果性。

(54) 亲爱的,我不想一一细说了;这一切对我来说是多么迷人,但说起来恐怕是非常单调的。我决定在集市上投宿,就挨着我们的旧居。(《少年维特的烦恼》)

(55) 叫他们是全县倒数第一的公社呢!偏偏又取了个好名字,县委领导一说起来就是:红旗给你们糟蹋完了!(陈世旭《将军镇》)

(56) 有他们在现场,我们说起话来也许会更加客观,至少我们说起来不会胡说八道。(杨恒均博客)

(57) 这不,申纪兰不等记者发问,又说起来了:"当头头的,谁好谁不好,老百姓看得最清楚,就说孙省长吧,那可是个实实在在的领导。"(《新华日报》1994 年报刊精选)

(58) 但是我们说贤夫良父的时候是个什么样的呢?我还得想一想所以说起来不那么顺嘴听起来也不那么顺耳。(张李玺《妇女与婚姻家庭》)

例句(54)中"说起来"前面有转折词"但",前后分句存在转折关系,具有转折性关联特征。例句(55)"说起来"所在句有"一……就"顺承性关联词,使施事"县委领导"继续上一话题,前后分句具有承接关系。例句(56)是前文出现过的例子,此句话的"说起来"出现在假设性语境中。例句(57)出现递进关联词"又",表示施事"申纪兰"想进一步解释的说话愿望,前后分句具有递进关系。例句(58)"所以"二字,表示前后分句具有因果关系,"说起来"可以具有因果性关联特征。

4.1.3　延续话题

实义性"说起来"经常由说话人发出,表达说话人想继续所谈话题的强烈愿望。

(59) 周围的人说,刚出道时的张艺谋沉默寡言,现在他真要说起来可以滔滔不绝,动作又大,极富感染力。(《新华日报》2002 年 12 月)

(60) 知臧老者莫过他的夫人郑曼:"别看他来人时精神大,说起来没完,可人家一走,他就躺在床上起不来,连晚饭也不吃了。"(《人民日报》1993 年)

例句(59)"说起来"的动作发出者是"张艺谋","滔滔不绝"标志其言说动作具有延续性,表明"张艺谋"想延续话题的强烈冲动。此句话中的"说起来"出现在未然语境中,言说动作的持续是写作者根据以往经验的一种假设。例句(60)"说起来"的动作发出者是"臧老",由"没完"二字可知,说话人"臧老"非常想与听话人沟通,非常想将自己的说话内容无限制地延续下去。

4.1.4　表达喜恶态度

实义性"说起来"可以表达说话人的一种态度。

(61) 有的称号说起来绕嘴饶舌,很长的一串字眼,让老几觉得新鲜,比如"死不改悔的走资派"。(严歌苓《陆犯焉识》)

上例中的"绕嘴饶舌"是言说动作对"称号"的评价,体现了说话人的厌恶态度。

(62) "你先坐下。"我父亲像一个城里干部一样,慷慨激昂地[说起来]:"我儿子死了,没办法再活。你给我多少钱都抵不上我儿子一条命。"(余华《在细雨中呼喊》)

上例中的"慷慨激昂"二字标志着说话人发出言说动作时的态度,动作"说"带上了说话人的情感态度。

4.1.5 促进听说双方对话题的深究细探

实义性"说起来"可以表明说话人及听话人对前文所述话题的理解与概括,听说双方通常会于后文发出言说动作,继续对上文话题进行深究细探。

（63）他们虽是吃过了晚饭,却已开始向往第二天的早餐了,说起来津津乐道的,在细节上做着反复。说着话,天就晚了。猫在后弄里叫着。（王安忆《长恨歌》）

例句（63）"在细节上做着反复",表明了说话者发出言说动作的频率之高,也表明说话者对所述话题的深入探索。

（64）不过这好像一概抹煞,会惹胡雪岩起反感,而况事实上也有困难,如果他这样说一句：照你说起来,我用的人通通要换过；请问,一时之刻哪里去找这么多人？（高阳《红顶商人胡雪岩》）

上例是听话者对说话者"胡雪岩"所说话语的预测,表明了听话者的深入思考。

（65）这个问题老是在副乡长头脑里打圈子。其实,说起来也很简单：陈伦田自担任各种职务以后,经常要参加各种会议,除了社长……（《王朔小说集》）

上例说话人对上文进行了概括描写,更进一步详细解释了受事"这个问题",驱使听话人信服。

4.2 "说下去"的语用特征

4.2.1 常隐含第二人称叙事

"说下去"无论是作为话语构成,还是作为旁白,抑或是出现在祈使句,都经常可以补出第二人称"你"。所以"说下去"具有隐含第二人称叙事的语用特征。但需注意,并不是所有的"说下去"都隐含第二人称。

（66）"说下去,说下去,"列宁向他挥着手,"说下去,你说：'我们对人民委员会有一个请求。'那么,是什么请求？"

（67）他示意外甥说下去："阿诚,你说你说嘛！我在这里听着。"

例句（66）中有三个"说下去",都出现在对话内,虽然"说下去"三字是由"列宁"说出来的,但说话人"列宁"希望听话人"你"做出言说动作,所以此时的"说下去"隐含第二人称"你"。例句（67）中"说下去"作为文章旁白是施事"他"希望听话者"外甥"作出的行为,此时的"说下去"隐含第二人称"你"。

4.2.2 具有转折性、承接性和假设性关联特征

笔者借助 BCC 和 CCL 语料库仔细分析"说下去"前的复句关联词,将其概括为三种关联类型：转折性、承接性和假设性。"说下去"的承接性关联特征非常突出。

（68）他觉得自己的声音听上去既不真实而且可怕。但他还是支支吾吾地说下去,顽固地抑制着涌上心头的那种悔恨、慌乱和疑惧交集之感。

（69）"接着说下去。"我意识到确有事情发生,便简单催促她道。

（70）如果你准备听我说下去,那我相信你确实在这样想。

例句（68）中"说下去"前有转折性标志词"但",前后分句呈转折性关联特征。例句（69）中"说下去"和前后分句呈现承接性关联特征,表现说话人的期待。"说下去"前经常会有表示承接的副词"继续、接着、再"出现,尤其是"继续",笔者统计 BCC 语料库中"继续说下去",共搜到 1 548 条结果,占比 22.5%,可见,"说下去"的承接性质非常突出。例句（70）中假设复句关

联词"如果"出现,"说下去"和前后分句呈现假设性关联特征。

4.2.3　再现补充,使前后句子完整流畅

"说下去"既可以在句中作谓语、前谓语、后谓语,也可以单独出现在祈使句中自成一句话,表现动作"说"和趋向动词"下去"的持续功能。

(71) 一大串性学家,没完没了说下去,对我们的现实,对我们的新的人民共和国,起着什么作用呢?

(72) "说下去,同志,说下去。你说:'我们在工作中遇到许多困难。我省还存在着许多各种各样的问题'。"

例句(71)"说下去"前有持续性描写词"没完没了",语义指向"性学家",说明"性学家"说话动作的持续,"说下去"与"没完没了"互相呼应,使句子自然流畅。例句(72)"说下去"单独在分句中出现两次,其后还出现了话语来提示下一个施事"同志"接下去的话语内容,前后句子完整流畅。

4.2.4　表明话主语气,促进交际双方的沟通交流

"说下去"具有时状描写的语义类型,说明"说下去"和时间、状态、情感密切相关,无论是短时间"正待"还是长时间"一直"都可以和"说下去"同时出现。无论是积极情感还是负面消极情感都可以和"说下去"同时并现。

(73) 李子霄逼着问道:"你怎么说话只说半句? 说下去。"张书玉又嫣然一笑,接下去道:"也客气勿尽啘。"

(74) 我抓住她这些见解,以挤柠檬的劲头要求她再说下去,但她所作的解释却又很简单了。

例句(73)"说下去"出现在急切的语气中,表现说话人想和听话人急切交流的心情。例句(74)"说下去"出现在副词之后,同时出现在施事者的期待语气中,表现施事想让受事"她"将一切精华都说出来的愿望和交互心理。

综上,实义性"说起来"和"说下去"语用方面的相同点是都具有转折性和承接性的关联特征,都具有延续话题,使前后话语自然流畅和表现说话人情感态度的语用功能。两者的不同点是实义性"说起来"前不隐含叙事人称,"说下去"前经常隐含着第二人称"你","说下去"没有因果性、递进性关联特征,但其承接性关联特征非常突出。"说起来"还具有评价上一话题的语用功能,"说下去"则没有。

5.　结　　语

综上所述,实义性"说起来"和"说下去"在句法层面上具有很多相同点,两者的句法位置都很多样,但"说起来"的句法功能比较单一,只能作谓语,"说下去"则既可以作谓语,也可以单独构成祈使句。从语义层面看,"说起来"和"说下去"的语义特征具有明显不同,"说起来"具有评价类语义特征,"说下去"的重复类语义特征较"说起来"更突出。两者的语法意义都很复杂。实义性"说起来"具有主动态及中动态两种语态,与"说起来"相比,"说下去"的主动态范畴常带有强迫意味。从语用层面看,两者也具有明显不同,"说起来"前不隐含叙事人称,"说下去"前则常隐含第二人称。两者都具有转折性、承接性及假设性的关联特征,但"说下去"没有因果性关联特征和递进性关联特征,承接性关联作用却非常突出。两者都具有延续

上一话题,表达言说者情感状态的语用功能,但"说起来"还具有评价上一话题的语用功能,"说下去"则没有。

附统计表:

BCC 搜索词	多领域结果	"说起来"比重	BCC 搜索词	多领域结果	"说下去"比重
说起来	7 173	100％	说下去	6 878	100％
说起来。	129	1.79％	说下去。	2 214	32.18％
说起来不	71	0.98％	说下去不	2 非有效	0
说起来也不	26	0.36％	说下去也不	4 非有效	0
说起来也	410	5.71％	说下去也	10	0.14％
说起来了	44	0.61％	说下去了	285	4.14％
继续说起来	0	0	继续说下去	1 548	22.50％
接着说起来	2	0.02％	接着说下去	284	4.13％
不再说起来	0	0	不再说下去	147	2.13％
不说起来	3	0.04％	不说下去	138	2.00％
说不起来	10	0.13％	说不下去	1 345	19.56％
说起来,	2 162	30.14％	说下去,	2 210	32.13％
说起来 CCL	1 863		说下去 CCL	2 003	

参考文献

刘月华.趋向补语通释[M].北京:北京语言文化大学出版社,1998.

吕叔湘.现代汉语八百词[M].沈阳:辽宁教育出版社,1980.

梁银峰.汉语趋向动词的语法化[M].上海:学林出版社,2007.

王国栓.趋向问题研究[M].北京:华夏出版社,2005.

叶蜚声,徐通锵.语言学纲要[M].北京:北京大学出版社,2010.

查茶枝.话题标记"说起"及其相关形式研究[D].武汉:华中师范大学,2017.

柴闰,刘玉屏.语用标记"V 起来"的话语立场研究[J].语文学刊,2019,39(05).

陈冬艳.现代汉语趋向动词持续体标记的提取和强化[D].苏州:苏州大学,2006.

陈然."看上去""看起来"对比研究[D].石家庄:河北师范大学,2018.

程林.趋向词"起来""下去"比较研究[D].西宁:青海师范大学,2012.

冯杰.复合趋向动词"下去"的对外汉语教学研究[D].沈阳:沈阳师范大学,2017.

高艳.复合趋向补语不对称现象研究[D].北京:首都师范大学,2007.

葛显娇.对称与不对称:上来/上去、下来/下去之比较研究[D].合肥:安徽大学,2010.

姜华.反义趋向动词与动词的组配研究——以"起来"和"下去"为例[J].中国民族博览,2017(10).

李宏德.时体标记"起来""下去"的认知理据和认知识解[J].复旦外国语言文学论丛,2015(02).

李妮妮.现当代"V 起来"和"V 来"使用情况考察[D].北京：北京语言大学,2007.

李文瑞.话语标记"说起来"探析[J].现代语文(语言研究版),2014(11).

李晓津."说＋趋向动词"的固化研究[D].上海：上海师范大学,2017.

梁琳琳.复合趋向动词中反向词的不对称现象研究[D].哈尔滨：黑龙江大学,2011.

刘甜.隐喻视角下趋向动词"起来"的引申义教学研究[J].华侨大学学报(哲学社会科学版),2019(03).

柳飞絮.汉语复合趋向补语"上去、上来、下去、下来"偏误研究[D].兰州：西北师范大学,2018.

宋玉柱.说"起来"及与之有关的一种句式[J].语言教学与研究,1980.

苏琳琳."说起来"的分布及功能研究[D].广州：暨南大学,2015.

孙思.现代汉语动趋式研究[D].成都：四川师范大学,2009.

王道宇.现代汉语句子中"下去"的语法化分析[J].绥化学院学报,2015,35(02).

王德.趋向动词研究综述[J].语文学刊,2006(09).

王桂芳.现代汉语"V＋上去/下去"述补结构及其对外教学研究[D].扬州：扬州大学,2013.

王雅倩.现代汉语高频趋向动词的型式研究[D].长沙：湖南大学,2018.

杨辉,孔凡冉.国际汉语教学中的"V 起来"构式研究[J].大理大学学报,2019,4(09).

应燕平."三一"语法体系下趋向动词研究[J].语文建设,2017(29).

雍琳娜.趋向动词"起来"与"下去"——基于 HSK 动态作文语料库与认知语言学的偏误分析[J].现代语文
    (学术综合版),2014(02).

张婷婷.复合趋向动词不对称性研究[D].哈尔滨：黑龙江大学,2015.

张伊.运动图式视角下的"V＋下来/下去"研究[D].上海：上海师范大学,2015.

周红.汉语动趋式句法语义研究述评[J].殷都学刊,2017,38(02).

周卫东."A 起来"组合的选择限制及其认知理据[J].汉语学习,2019(04).

朱京津."V 起来"误代偏误的认知语义分析及教学应用[J].语言文字应用.2019.

石毓智,李讷.汉语语法化的历程——形态句法发展的动因和机制[M].北京：北京大学出版社,2001.

石毓智.肯定和否定的对称与不对称[M].北京：北京大学出版社,2001.

黎锦熙.新著国语文法[M].北京：商务印书馆,1992.

汉语作为第二语言的教学观和方法论

广西师范大学　　刘惠

内容提要　　汉语作为第二语言教学，不仅应该注重细节研究，也应该注重教学观和方法论这样的宏观研究。本文认为，从教学观看，应该讲求分析与综合并重、任务与交际并重、合作与独立并重、口语与书面并重。从方法论看，应该注重方法的包容性、变通性和时代性。

关键词　　汉语；二语教学；教学观；方法论

1. 引　　言

语言教学观是语言教学理念和思想，是指导语言教学的根本思想（赵金铭 2008）。汉语作为第二语言教学，也需要有相应的语言教学观指导，同时还需要相应的方法论支撑。赵金铭（2008）指出，汉语作为二语教学，应该注重三个方面：1.汉语教学的主旨可由"学以致用"，转而注重"用中学""做中学""体验中学"；2.汉语教学与汉字教学之关系乃教学设计的关键，汉语教学法呈现多元化；3.加强书面语教学是培养学习者汉语综合运用能力的当务之急。这些建议都切中肯綮，是汉语作为第二语言教学观和方法论的核心，富有指导性和启示性。本文在赵金铭（2008）研究的基础上从汉语作为第二语言教学的教学观和方法论方面做进一步探究。

2. 汉语作为第二语言的教学观

2.1　分析与综合并重的教学观

早期教学观念重视分析，推崇"听说读写"能力的培养训练。从语言学习的角度看，这无疑是有价值的，没有"听说读写"的基本训练和学习，就不能达到语言学习的目的。从教学研究的历史看，"听说读写"方法的运用对汉语作为第二语言学习起到了一定的促进作用，而且即使在将来的二语习得和研究中，"听说读写"也是最基本的学习方法。"听说读写"是分析性的学习方法，是各自独立、分工明确的教学分支，这有利于专门化教学，也有利于分级性教学。但这样的各自为政所造成的后果是，教学内容被切割为彼此独立的板块，不同板块之间缺少联系，也缺少沟通，一定程度上阻滞了语言教学，影响了教学效果。

鉴于传统分析性教学的缺陷，后续研究更重视教学的综合性，"语言技能、语言知识、情感态度、学习策略和文化意识五个方面构成一个不可分割的整体，共同促进综合语言能力的形成。这样的认识，显然比我们原来理解的教学内容要开阔许多，内涵也更加丰富。"（赵金铭

2008)由于综合性教学具有宏观性和一体性，可以避免不同的教学板块彼此独立、顾此失彼，因此成为后续研究和实践的主要内容和方法。另外，综合性的教学观念也注重学生的实际学习情形，包括学习动机、学习兴趣、个体精神世界、互动协作能力等等，在实际教学中具有实用性，不仅促进语言学习，而且也有助于提高学习者思想和精神层次。

从当前形势看，综合的教学观显然是被重视被突出的，但传统的分析教学观仍然还是有市场的。这是因为，就教学规律来看，绝对的分析和绝对的综合都是不存在的，关键是哪一种倾向更加明显。如果完全倾向一方，忽略另一方，在获益的同时也必然造成某种程度的损失，因此，分析与综合应该并重，我们提倡分析和综合并重的教学观，在具体教学中，不但要加强"听说读写"的静态性训练，而且也要重视多方面综合能力的动态培养。当然，在具体操作中，可以适当有所侧重，根据教学实际进行安排。

2.2　任务与交际并重的教学观

20 世纪五六十年代，"听说教学法"是西方世界二语教学的基本方法，这种方法操作性强，容易把控，因而风靡一时。但"听说教学法"有着严重的先天不足，"因强调通过反复操练句型结构训练听说能力，忽视创造性培养学生的交际能力，难以适应当时社会需求"（李广凤 2015）。20 世纪 70 年代，"交际教学法"开始进入二语教学。"交际教学法"是在语言学理论取得突破性进展的情况下出现的，主要有乔姆斯基的转换生成语法和韩礼德的系统功能语法学，前者强调"语言能力"和"语言运用"的区分，后者强调语言的诸功能，包括概念功能、人际功能、语篇功能等。这些理论影响了"交际教学法"的形成和发展。"交际教学法"的核心思路是教学交际化，要求把交际和教学紧密结合起来。"交际教学法"有"强"和"弱"两种交际观念，"弱"交际观念主张"学会运用"，强调为学习者提供交际的机会以达到实践的目的；"强"交际观念则直接导致了"任务型教学"的形成。

20 世纪 80 年代以后，"任务型教学"成为二语教学主流，20 世纪 90 年代后期可以称作"任务的年代"（程晓堂 2004）。"任务型教学"的核心思想是，学习者不应该将注意力集中在语言使用上，而是应该将注意力集中在任务的完成上，这样的学习才是更加有效的。教学任务有三类："信息差活动，即学习者运用目的语交流和传递各种信息；推理差活动，即学习者通过推断、演绎、推理等过程，从已知信息中获取所需信息；观点差活动，即学习者针对某一特定情境识别和表达个人的喜好、感受或态度。"（李广凤 2015）"任务型教学"由于强调通过完成任务来学习语言，强调真实语言环境的提供和真实语言素材的引入，强调以表达意义为主要内容，强调以学习者为中心，因此其学习效果是显著的。

"交际教学法"主要以"弱"交际观念为主，"任务教学法"则以"强"交际观念为主，二者存在着某种程度的对立，"任务教学法"提出之初，"交际教学法"是主流，占主导地位；"任务教学法"逐渐成为强势后，"交际教学法"则被忽略了。实际上，"交际教学法"和"任务教学法"并不是严格对立的，二者都强调教学和交际结合，强调在实践中学习语言，只是具体实现方式不同而已。那么能不能将二者结合起来？我们认为这是完全有可能的，"交际教学法"寻求交际机会，"任务教学法"主张完成任务，那么在交际中执行任务，在任务中进行交际，当然是可行的。关键是对时间的把握和控制，因为对于二语学习者来说，时间是有限的，要在有限的时间学习好语言，需要合理调配和安排时间，这就需要从事教学工作的人员能够有合理的统筹。

2.3　合作与独立并重的教学观

合作学习是当今世界广泛使用的一种有创意和实效的课堂教学组织形式(巴洛赫 2006)。合作学习基于学习者的高度互动,这在二语教学中是非常重要的,正如赵金铭(2008)所说:"第二语言的高度互动是学习者获得语言的关键。最有效的高度互动又来自系统科学的任务设计、教学组织及实施。"赵金铭(2008)还以靳洪刚的"分组活动"教学和美国 AP 中文教学为例说明合作教学的重要性。合作学习也是"任务教学法"的一部分,在合作学习中,教师和学生互动,学生和学生互动,让学生在互动中学习,在合作中提升,积极发挥学生学习的参与意识,这是语言学习的关键。

同时,从教学基本原则来说,独立学习也是必要的,如果没有课上和课下的独立学习,只靠课堂互动,也不能取得成效。原因很简单,对学习者而言,课堂互动的时间并不多,学习和运用语言大部分都是在课外时间,即使在课堂上,很多时候也都是独立学习的。因此,也不能过分强调合作学习,在注重合作学习的同时,也要清醒认识独立学习的价值,积极培养学习者课上和课下独立学习、独立运用语言的能力,让学生充分利用自身的优势学习语言,发挥学习的主观能动性,才能取得学习效果。

另外,学生素质不一,差异很大,需要根据各自的特点学习语言,这也离不开独立学习。有个真实个案。美国学生迈克在美国上大学时,听到一个有关学习黄金期的理论,即人学习语言有黄金时期,从 3 岁到 12 岁,一旦过了 12 岁,就很难熟练地掌握一门外语了。这在心理学、教育学等领域都是公认的,但迈克不相信,他决定以自己的亲身经历为这一理论提供一个反例,他在 20 岁时选择了汉语作为目的语学习,在学习了简单的语音、词汇等知识以后,每天听中文录音,模仿着学习,通过独立学习,两年以后能说非常标准的普通话。可见这种个体差异是存在的,独立的学习方法也是必要的。

2.4　口语与书面并重的教学观

赵金铭(2008)提出应该加强书面语教学,这是在汉语作为二语"重口语轻书面"的背景下提出来的,具有建设性意义。

文字的产生导致书面语出现,从此语言中出现口语和书面语的分别。对任何有文字记录的语言来说,口语和书面语之间都或多或少存在着差异。汉语这种差异非常明显。汉字作为世界上现存的唯一的表意文字,一定程度上拉大了口语和书面语的距离(苏培成 2004)。其后果是,口语和书面语成为两个不同的交际系统,对特定个体而言,口语和书面语的发展往往是不平衡的,有口语得到优势发展的,也有书面语得到优势发展的,而同步得到优势发展是比较困难的。

汉语作为第二语言学习,也存在着口语和书面语同时习得的问题。对二语学习者来说,口语和书面语都是重要的,如果侧重一方面,另一方面就很难跟进。早期侧重"听说读写"的训练,"听说"偏重口语,"读写"偏重书面语。我们说"偏重",是因为口语和书面语是两种语体风格,不是以"说"和"写"界定的,口语是可以书面记录的,书面语也可以口头说出来的。对汉语作为第二语言学习者来说,一方面要保证口语交际的学习,以保证学习者顺利交流;另一方面也要保证书面语的练习,让学生了解汉语书面语的特点,能够阅读书面语材料,用书面语写作,以保证学习者表达或获取有效信息。

时至今日,我们应当追求口语和书面语并重的教学观。另外,由于通信的进步,有人提出除了口语、书面语交际方式之外,还有电讯交际(刘焕辉 1997),这也应该成为汉语作为二语教学的内容。尤其是网络的普及以及新兴交际工具的出现,培养学习者运用新通信工具学习和运用汉语,也应该提上日程。比如,互联网的普及,使网络成为人类赖以生存的工具,二语学习应该充分利用互联网的优势,把它作为平台运用到二语教学中。再比如,微信的普遍使用,不但方便了交际,也提供了即时信息,二语教学当然也不能忽视这样的新兴交际工具,也可以作为工具和平台进入二语教学。这方面已经有许多研究成果,如郑艳群(2001)研究了网络在对外汉语教学发展中的作用,邹小青(2015)研究了微信在对外汉语教学中的应用,等等。这方面的研究还需要进一步加强。

3. 汉语作为二语教学的方法论

方法是具体的,方法论是对方法的理性认识,有一定的抽象性。赵金铭(2010)回顾了汉语作为二语教学的教学法发展历程,提出"从理论和实践上充实并完善汉语综合教学法"的思想,应该说是非常富有前瞻性的。赵金铭(2010)还提到共性与变通、教无定法的思想,这些也都是值得重视的。我们认为,从方法论的角度看,汉语作为二语教学也应该注意以下几个方面。

3.1 方法的包容性

汉语作为二语教学,在教学法上要讲求兼容并包。应该说,没有一无是处的方法,也没有十全十美的方法,方法总是有其特定的价值和局限的,关键是要适应特定的教学。在这方面,修辞学的"适应"说和"得体"说为二语教学的方法论提供了启示。陈望道(1997)认为,"修辞以适应题旨情境为第一义";王希杰(1996)认为,"得体原则是修辞的最高原则"。对汉语作为二语教学来说,在方法的运用上,"适应"和"得体"无疑也是重要的,一方面,方法要适应特定的教学,包括特定的教学对象、特定的教学环境和特定的教学者等等;另一方面,方法要得体,在具体教学中,要考虑语言世界的得体,也要考虑物理世界、文化世界和心理世界的得体,从而有效完成教学任务,达到教学目标。

方法的包容性表现在三个方面。首先是现代方法和传统方法并重。一般地,方法总是后胜于前的,因为方法是在不断发展深化的。对研究者和实践者而言,现代的方法往往得到重视,而传统的方法往往被忽略。其实,无论是传统的还是现代的方法,都有其各自的优势,当然也有各自的缺点,关键是怎么使用的问题。现代的各种花式翻新的方法固然值得提倡,但传统的讲授、提问、讨论等方法也永远都有利用的空间,无论怎样进步,教学的本质是不变的。其次是国外先进的教育方法与符合汉语自身特点的个别性方法并重。汉语作为二语教学,必须考虑汉语教学的独特性,比如汉字教学、汉文化教学等等。其他语言的二语教学文字的内容不多,因为汉语之外的其他语言基本上都是拼音文字,只要记住字母及其拼写法,问题就基本解决了。但学习汉语必须用相当多的时间学习汉字,否则无法进行读写,影响汉语的全面习得。汉字难写难认,因此需要通过一些特殊的教学手段来达到提高学习效率的目的,这就需要有符合汉字特点的个别性方法。再次是教育学方法和语言学方法并重。汉语作为二语教学,性质上是教育问题,需要遵循教育规律,内容上是语言问题,需要遵循语言习得规律,因此在方法的使用上,不但要用到教育学方法,也要用到语言学方法。在这方面,语言学方法的应用似乎应该提上日程,比如认知语言学的方法可以贯彻到汉语二语教学中,像量词教学,可以讲授量词和名词的原型搭配,理论的内容虽然不必涉及,但理论所涵盖的事实可以运用到教学中。总之,只要符合教育规律,能够取得良好教学效果的方法,都是值得应用的。

3.2 方法的变通性

教学法不是铁板一块,应该有一定的弹性。可以说,任何一本现成的教材、现成的教学法著作都不能作为金科玉律直接使用,必须融入教学主体和教学对象的实际中应用。这就需要二语教学者灵活运用方法,必要的时候需要自己创造方法以达到教学目的。赵金铭(2010)把二语教学过程概括为"理解、练习、运用"三个过程,认为这是共通之处,同时也强调教学法的个性,认为在具体操作中可以灵活把握,这就把原则性和变通性结合在一起,有指导价值。

在教学中,教师是起主导作用的因素,把原则性和变通性结合在一起,需要教师充分发挥能动作用,运用人的能动性和智慧性组织教学,从而高效完成教学任务。教师都有作为人的普遍性能力和秉性,但也有各自的能力、性格等方面的差异,这就需要教师根据自己的实际情况安排组织教学,而不能套用现成的刻板方法。对教师来说,首先,要对自我有清醒的认识,对自我的优势、缺陷等都要有合理的评估。但这一点并不容易做到。其次,在充分认识自我的情况下,要根据自我的特点考虑教学的安排。有的教师擅长表演,有的教师擅长协调,前者可以多讲授,少讨论,后者可以多讨论,少讲授。再次,教师应该根据自身特点积极探索适合自身的教学方法,努力创造一套适合自身的教学法。一般地,个性是自成一家的标志,有特定的、不能复制的教学方法,是一个教师成为教学专家的标志。对汉语作为二语教学的教师而言,教师发展的基本目标是按照特定的教学法完成教学计划和教学任务,高级目标是创造特定的教学法适应教学需求,如果所创造的教学法具有普遍意义,就可以推广到学界,作为学界的参考方法。创造也是一种变通,方法的变通性可以在创造中得到体现。因此,方法的变通性作为方法论原则有创造性价值和意义。

3.3 方法的时代性

汉语作为二语教学,在教学法上应该讲求与时俱进,近年来,许多新兴教学法被应用到汉语作为二语教学的实践中。商艳涛、杨恒(2014)研究了全身反应法(TPR)在印度尼西亚幼儿汉语教学中的应用,指出这种方法能够有效地吸引注意力,调动学生积极性,激发学习兴趣。张红(2018)研究了 Seminar 模式在对外汉语教学中的应用,以面向留学生的文学类教学为例进行了探索,认为可以最大限度地让学生参与到教学中,全方位培养学生的听、说、读、写能力,提高文学感悟力和文化理解力,为对外汉语教学提供一种新思路。郝然(2015)研究了音乐感知方法在对外汉语声调教学中的应用,认为在对外汉语声调教学中应充分凸显汉语声调的音乐特征,利用人类在音乐感知上的共性,发挥音乐感知在对外汉语声调教学中的积极作用,借助音乐教学的方法来辅助汉语声调教学。张连跃(2013)研究了戏剧教学方法在二语教学中的整合功能,认为这种用戏剧贯穿的教学模式充分发挥了戏剧自身的整合功能,即戏剧中语言与文化的结合、知识与能力的结合等。

应该说,上述新兴的教学法都有一定的成效,也都有一定的不足,但都反映了教学法的时代特征。"互联网＋"的出现和应用也为汉语二语教学提供了资源,汉语作为二语教学的教学法也从中受益,并随时代的进步不断前进。方法具有时代性,因此任何方法都是时代的产物,都深深打着时代的烙印。作为二语教学的研究者和实施者,应该积极回应特定时代的新兴方法,而不能无视它们,更不能反对它们的使用。这在教学法历史上不是没有教训的。"任务教学法"刚刚出现的时候,正是"交际教学法"盛行之时,"任务教学法"在当时的环境下"并没有引起研究者的重视,也未在语言教学领域引起太大的反响,研究者对此实验和任务型教学进行评价时,批评多于褒赞,任务型教学一度沉寂下来。"(李广凤 2015)但在后续的教学实践中,这种在当时看来的新兴方法后来居上,占据了教学的主流阵地,成为后来的优势教学方法。因此,我们应该以宽容的精神面对新兴方法,时代在进步,方法在革新,我们应该积极适应时代,适应新方法,努力促进汉语作为二语教学事业的进步。

4. 结　　语

　　以上我们讨论了汉语作为二语教学的教学观和方法论,从宏观上进行了分析。在具体实施中,需要因地制宜,既要适应教育学和语言学的基本原则,也要考虑特定环境下的具体情形,从教学、语言、教师、学生、教材、课堂等综合性因素着手,完成教学任务,达到教学目的。

参考文献

巴洛赫.合作课堂:让学习充满活力[M].上海:华东师范大学出版社,2006.
程晓堂.任务型语言教学[M].北京:高等教育出版社,2004.
郝然.论音乐感知与对外汉语声调教学[J].中华文化论坛,2015(2).
李广凤.任务型教学的形成、引进、探索和趋势[J].课程·教材·教法,2015(9).
刘焕辉.言语交际学基本原理[M].南昌:江西教育出版社,1997.
商艳涛,杨恒.全身反应法(TPR)在印度尼西亚幼儿汉语教学中的应用[J].华南师范大学学报(社会科学版),2014(2).
苏培成.现代汉字学纲要[M].北京:北京大学出版社,2004.
张红.对外汉语教学中 Seminar 模式的运用研究——以面向留学生的文学类教学为例[J].湖南师范大学教育科学学报,2018(1).
张连跃.戏剧在二语教学中的整合功能——基于一项海外汉语教学的案例分析[J].语言教学与研究,2013(1).
赵金铭.对外汉语教学法回视与再认识[J].世界汉语教学,2010(2).
赵金铭.汉语作为第二语言教学:理念与模式[J].世界汉语教学,2008(1).
郑艳群.课堂上的网络和网络上的课堂——从现代教育技术看对外汉语教学的发展[J].世界汉语教学,2001(4).
邹小青.基于微信的对外汉语互动教学模式探究[J].教育与职业,2015(25).

方言语音研究的实验语音学方法

中国社会科学院语言研究所　　胡方

内容提要　汉语方言的语音研究中经常用到实验语音学,但对其中的意义缺乏探讨,往往把实验语音学简单理解为对音类的图解、统计、数据分析。胡方(2018)指出,实验语音学测量获得的语音细节能改变传统语言学抽象的语言观,因此,对汉语方言的语音现象开展实验语音学研究是一个专门的学科,有自身的研究范式。本文讨论方法论问题,分为三个部分。第一节讲述实验语音学研究要遵循的实验科学的一般方法,以及实验语音学研究设计中的一般原则与相关实际问题;第二节讨论常用的技术手段,包括声学分析,以及一些常用的生理语音研究设备;第三节讨论如何在传统方言学描写的基础上全面、系统地开展实验语音学的研究。

关键词　实验语音学;汉语方言;语音;音系;声学语音;发音生理;言语空气动力学

胡方(2018)简述了方言语音的实验语音学研究的语言观、语音观的问题。中心思想是:语音是变异的,因而需要采样具体的语音产出,通过观察语音在具体的语言与方言中的表现去研究抽象的语音能力问题和相应的语言学问题。实验语音学测量的目的并不是为了统计,而是提供语音细节,根据数据丰富的、可视的语音产出,并结合语音感知特性,为评估抽象的语音能力提供方法论的可能性。对汉语方言的语音现象开展实验语音学研究是一个专门的学科,有自身的研究范式,是用来系统、全面研究方言语音问题的,并不是对传统方言学概念的简单图解,也不只是用来解决传统方言学或者其他语言学子学科所不容易解决的疑难问题的。

本文简述方法论问题,分为三个小节:第一节讲述方言语音的实验语音学研究要遵循的实验科学的一般方法,以及方言语音的实验语音学研究设计中的一般原则与相关实际问题;第二节讨论常用的技术手段,包括声学分析,以及部分常用的生理语音设备;第三节讨论如何在传统方言学描写的基础上全面、系统地开展实验语音学的研究。

1. 实验科学的一般方法

传统的语言学研究假设存在一个均质的语法,因此,只需调查一个理想发音人的语感便可对此进行描写。实验语音学承认语言是变异的,相应地,实验语音学的调查不再是基于一个理想的发音人的语感调查,而是基于对目标语音或者语音现象的采样(sampling)。

现代语言学的一个核心概念是语音之间的音位(phoneme)对立,以及构成这种音位对立的区别特征(distinctive features)。音位与区别特征的概念是基于听感推理的,母语者感知到语音之间存在不同,而且,这种不同在该语言中造成意义区别。在语言调查与语言描写中,最重要的便是记录音位,主要的方法就是通过对一位理想发音人的面对面的调查。语言调查与语言描写对调查者的依赖性非常大,因为调查者的天赋、学识与经验起决定性作用。理想的发音人对语音之间的同与不同有判断权,语言调查所要描写的,就是理想发音人的语感。如果说发音人认为[b]与[pʰ]没有区别意义的作用,那么,它们就只是一个音位的两个变体(allophones)。发现了音位区别之后,调查者的任务当然是将其记录下来。这种记录,或称转写,用英文术语均是 transcription,使用国际音标(International Phonetic Alphabet：IPA),国际语音学会(International Phonetic Association：IPA)设立的用来记录、描写全世界语言的语音的通用符号。记录的准确与否取决于调查者的学识与天赋,调查者不仅需要接受系统严格的语音学“口耳”训练,具有相关语言与语言调查的知识,而且,天赋也是重要的。比如国际音标中的元音训练是以正则元音(cardinal vowels)为标杆的,但是,即使学会了所有的“标杆”元音,它们并不对应于实际语言中的元音,调查者需要根据这些“标杆”去记录、描写所感知到的实际语言中的元音的音值。再比如记录声调,如果对音高不敏感,记错高低、甚至升降,都是常见的。语言调查的经验也很重要,一方面是对目标语言相关的经验,另一方面是调查的经验。比如寻找理想发音人,并不是一件容易的事情,因为发音人都会有年龄、性别、性格、背景等差别,他们的口音也都反映了这些差别,因此,调查者的经验就非常重要。传统的汉语方言调查习惯找年长的说话人作为调查对象,比如退休的教师、地方政府工作人员,或者其他有一定文化程度的年长者。这里有两个问题：其一是个人语言能力差异,有些教师因为职业关系,语言能力较强,判断力也好,而另一些,尤其是非官话区的,反而因为职业影响,说话官话腔严重,与本地口音差别很大；其二是老龄效应(aging effect),尤其是男性,因为老龄化,发音生理会发生变化。控制这些容易影响语言面貌的因素,需要调查者拥有一定的田野工作经验。

方言语音的实验语音学研究并不是要推翻传统方言学研究的炉灶,像一些所谓的语言学理论一样,用另一套术语把语言事实重新叙述一遍。实验语音学研究可以有偏生理、偏心理、偏工程、偏病理等种种方向,胡方(2018)所倡导的实验语音学研究关心语言学核心问题,即以语音的基本单位为出发点。方言语音的实验研究与传统方言学研究的区别在于,实验研究认为语音及语音之间的区别不仅仅是抽象的概念印象,而且,它同时是具体的。从语音产生的角度,可以通过一定的采样方法对语音的生理、物理特性进行描写；从语音感知的角度,则可以探索、验证语音的感知属性。总之,语音不是抽象的,是可以通过具体采样进行观察、分析、建模的。因此,描写语音进而探讨语音的相关属性与性质,需要对语音进行采样。

语言学采样的对象是抽象的语言能力,语音学采样的对象是抽象的语音范畴或现象。也就是说,通过具体的采样与测量对抽象的语言、语音能力进行观察、评估、描写。会说一种语言或者方言的人数众多,而且,一个说话人能够产出的言语在理论上接近无限可能,因此,通过有限的采样对抽象的语言、语音能力进行评估,需要遵循实验科学的一般方法。

统计评估要求数据是随机采样的,但是,人文社会科学的采样是很难做到真正随机的。首先,调查中很难对所有说某种方言的人群进行随机筛选以挑选发音人；其次,对所选发音人语音产出的采样也无法做到随机；第三,实验室设计的采样语料往往带有不自然的色彩；第四,采样的过程(比如各种录音)也往往是不自然的。明白了方法上的局限,有助于在研究过程中小心求证。尤其是“说有易,说无难”,由于无法做到采样的随机性,更是应该慎之又慎。因此,在语音研究中,通过采样的数据分析,观察到某种现象,往往可以放心总结；但是,如果没有观察到某种现象,一般很难证明该现象不存在。

语料采样可以基于较自然的口语样本,比如媒体各类节目播报、访谈节目、电话互动等。而且,随着进入大数据时代之后,语料采样在技术上将越来越自然、随机。不过,由于自然口语语料处理费时费力,且夹杂诸多不便控制的因素,尤其是大数据语料,往往夹杂大量的无用的、甚至是干扰性的信息,因此,语音学研究往往更偏向使用实验室语料。比较常见的有三类设计。第一类是朗读字词表,可以是自然的字、词,也可以是无意义的、甚至是不合音系的"非法"音节,但均包括研究目标对象。目标可以是单念的(citation),也可以放在载体句中(carrier phrase or sentence)。考虑到具体的实验需要,也可以在目标之外插入非目标对象。根据实验需要,目标项可以按某种顺序排列,也可以随机打乱或者伪随机排列。第二类是口语化设计,比如设定议题让发音人自述,比如场景模拟、对话设计,比如看图说话、地图任务等等。第三类是朗读句子、语篇,自然度介乎于前两类之间。

　　这里举一个焦点与语调的例子。虽然汉语的焦点并不是一个句法单位,但句子的语义焦点往往实现为语音上的句重音,即在语调韵律上表现为某种突显,语用层面的焦点更是如此。焦点与语调虽然属于副语言学(paralinguistic)或者非语言学(nonlinguistic)的内容,但由于语调韵律影响语流的自然度,更有一部分语调韵律现象具有句法消歧的功能,因此,无论是在语言学、语音学研究领域,还是在言语工程领域,焦点及相关语调韵律都是近年来的一个研究热点问题。本文并不打算全面谈论这个问题,而是试图通过这个热门的议题,结合一个小研究,来看一看如何遵循实验科学的一般理念来对要研究的对象进行细化、采样、分析,来探讨一下这样的实验室设计可以得出什么样的结论? 又有什么样的局限?

　　焦点与语调是个很大的题目,牵涉的内容很多、情况复杂,在没有太多文献参考的情况下,Hu(2002)将研究对象聚焦在一个可控的特定议题中,即普通话疑问词的韵律。因为在普通话里,疑问词具有两个词汇功能:一是在特殊问句中充当疑问代词,一是在是非问句或者条件从句中充当非定指代词(indefinite pronoun)。虽然,普通话特殊问句拥有标记小品词"呢",是非问句则是"吗";然而,两种问句的标记小品词都是可以省略的,因此,一个问句就可能因此产生歧义。例如,"谁"有两个可能的解释,一是表疑问的"谁",一是非定指的某个人。在例(1a)和(1b)中,"谁"只有一种解释,在前句中表疑问,在后句中是非定指代词,因为两个句子都是有标记的;然而,句(1c)就可以有两种解读,因为疑问词"谁"在这里是歧义的。

　　(1) a. 谁来了呢?

　　　　　疑问代词/来-体标记/特殊问句标记

　　　　b. 谁来了吗?

　　　　　非定指代词/来-体标记/是非问句标记

　　　　c. 谁来了?

　　　　　疑问代词(非定指代词)/来-体标记

　　此外,除了疑问词的词汇歧义(lexical ambiguity),普通话的疑问句还与回声问具有歧义性,因为普通话疑问句中的疑问词并不像英语一样会移位到句首,而是固定在原位(in situ)。因此,疑问句与相应的回声问并没有办法区分开来,因为它们的词序是相同的。也就是说,(1c)还可以是回声问。

　　前面提过,语调一般只具有副语言学意义,而焦点的实现也有多种可能的途径,包括词汇、句法手段,即使通过语音手段实现,说话人也可能使用不同的策略。不过,当我们把研究对象聚焦在上述的疑问词韵律问题时,有理由期待承载着焦点与否的疑问词应该会有不同的语音(韵律)表现形式,尤其是在句子可能产生歧义的情况下。当然,理想的研究方法是,在足够大的自然语流语料库中穷尽性地分析所有例句,这样,便能够更客观地观察到足够多的情况。但在理想研究条件难以实现的时候，我们也可以使用实验室语料，不过，需要时刻提醒自己的是，实验室语料不是自然语料：不仅在后面的分析、结论阶段需要注意，而且，一开始的实验设计便应该考虑这一点，从材料（目标语料）、语境、实验程序等方面一并考量。

材料　两个疑问词，"谁"（表疑问/非定指某个人）和"什么"（表疑问/非定指某事、物），被选作实验目标词，因为它们拥有相同的词调拱度，"中高（MH）"，虽然，"谁"是个单音节词，而"什么"是个双音节词。为了控制语调的影响，在设计的实验用句中，目标疑问词分别出现在句首、句中和句末，如例（2）所示。

（2）a. 谁来了？

　　　　疑问代词（非定指代词）/来-体标记

　　b. 你看见谁来了？

　　　　你/看见/疑问代词（非定指代词）/来-体标记

　　c. 张三买了什么？

　　　　张三/买-体标记/疑问代词（非定指代词）

（2a）和（2b）中疑问词后的动词结构，以及（2c）中疑问词前的动词结构，也是实验中需要测量的目标成分。（2a）和（2b）中的动词结构"来了"与相邻的疑问词拥有相同的词调拱度，"中高（MH）"，（2c）中的动词结构"买了"也拥有一个相似的词调拱度，"低高（LH）"；这样便方便与目标疑问词的词调拱度进行数据比较。如前所述，以上句子都是三重歧义的：特殊问句、是非问句、回声问。而且，我们区分两种类型的回声问：一种回声问是用在当听者没听清楚说话人所言，要求对方重复；另一种回声问是用在听者虽然听清楚了说话人所言，但是对说话人所言感到惊讶，要求对方重复。另外，如前文所述，如（2）中的歧义句是可以分别通过添加不同的问句标记解歧的，对语音研究来讲，幸运的是两个问句标记，特殊问句标记"呢"或者是非问句标记"吗"，都是高平调。这样一来，对于（2）中所列的三个句子，我们为每个句子都设计了代表六种不同类型的六个句子。而且，对于所要测量的目标成分，疑问词、相应的动词结构、以及问句标记，我们都控制了它们本身的词调拱度。

语境　我们为每个不同类型的句子都设计了一个对话语境，以尽可能地提高所要采集的语料样本的自然度。我们为特殊问句和是非问句设计了不同的回答，而回声问则被设计成是对相关陈述的回应。为了区分两类不同的回声问，我们将不同的补充性的描述话语放在括号内，分别置于目标回声问的旁边，以此为发音人提供足够的信息。录音前，允许二位发音人事先熟悉卡片上的对话内容，以便使对话尽量自然。完整的测试句与语境设计如表1所示。

表1　测试句与语境设计

a. 甲：谁来了呢？
乙：张三来了。
b. 甲：谁来了吗？
乙：不，他没来。
c. 甲：谁来了？
乙：张三来了。
d. 甲：谁来了？
乙：不，他没来。

e. 甲：张三来了。
　　乙：谁来了？（乙没听清楚*甲*说的话。）

f. 甲：张三来了。
　　乙：谁来了？（乙以为张三不会来，所以虽然听到*甲*说"张三"来了，但还是很惊讶地问了一下。）

g. 甲：你看见谁来了呢？
　　乙：我看见张三来了。

h. 甲：你看见谁来了吗？
　　乙：对，我看见他来了。

i. 甲：你看见谁来了？
　　乙：我看见张三来了。

j. 甲：你看见谁来了？
　　乙：对，我看见他来了。

k. 甲：我看见张三来了。
　　乙：你看见谁来了？（乙没听清楚*甲*说的话。）

l. 甲：我看见张三来了。
　　乙：你看见谁来了？（乙以为张三不会来，所以虽然听到*甲*说"张三"来了，但还是很惊讶地问了一下。）

m. 甲：张三买了什么呢？
　　乙：张三买了一本书。

n. 甲：张三买了什么吗？
　　乙：不，张三没买什么。

o. 甲：张三买了什么？
　　乙：张三买了一本书。

p. 甲：张三买了什么？
　　乙：不，张三没买什么。

q. 甲：张三买了一本语言学的书。
　　乙：张三买了什么？（乙没听清楚*甲*说的话。）

r. 甲：张三买了一本语言学的书。
　　乙：张三买了什么？（张三不是学语言学的，因此，乙虽然听到了*甲*说的话，但还是很惊讶地问了一下。）

　　发音人和实验程序　没有特别需要的情况下，我们一般首选没有言语能力缺陷或障碍的成年人的主流口音，这里也不例外。一共采录了4个发音人的语料，两男（M1和M2）两女（F1和F2），年龄都是将近30岁。M2、F1和F2都在北京城区出生、长大，M1生于山东，15岁时随家里迁移到北京城区，4个发音人在家里及一般的生活、工作环境中都说普通话。录音时，4人均是香港城市大学的研究生。

　　所设计的每组对话都打印在一张A4一半大小的纸上。录音前，对总共18组对话进行人工随机化，以确保相似的对话不会依次出现。对于每一组对话，一个发音人朗读第一个句子

（一个问句或者是一个陈述），第 2 个发音人朗读第 2 个句子（对问句的回答或者是对陈述句进行回声问）。18 组对话完成之后，两个发音人调换角色，如此重复五遍。录音在香港城市大学中文、翻译及语言学系语音实验室的专业录音室内进行，采用的录音机是索尼 PCM‐R700 数字录音机，话筒是 Shure SM‐58。所采集的话语样本用 Kay 公司 CSL4400 语音分析软件进行分析。对于每个目标句，我们分别测量了（1）疑问词、目标动词结构的最低和最高基频值，问句标记的基频值（如果目标句中有问句标记的话）；（2）疑问词、目标动词结构、问句标记的时长；（3）疑问词、目标动词结构、问句标记的音强峰值。

　　对发音人、实验过程、分析过程的交代有助于读者评估研究所发现的结果与所得出的结论。简要地说，结果显示，特殊问句和是非问句中的疑问词和相应的动词结构成分有语调上的不同。在特殊问句中，疑问代词是句中焦点，从而吸引语调重音，因此，疑问代词本身的词调拱度（MH）得到了保留，有时还得到加强，然而句中相应的动词结构的词调拱度（MH 或 LH）则被削弱，有时甚至弱化成平调（M 或 L）。比较典型的情况是，在特殊问句中，不管疑问词在句中处于什么位置，句首、句中、还是句末，疑问词上的基频最高值要远远大于句中相应动词结构上的基频最高值，而且，疑问词的基频上升幅度也要比相应动词结构的基频上升幅度要大得多。而在是非问句中，情况则刚好相反，相比疑问词，动词结构具有较高的基频最高值和较大的基频上升幅度。

　　图 1 至图 3 是发音人 F2 的一组特殊问句和是非问句的基频曲线图。每张图中，上面的两幅曲线图显示的是带问句标记的例子，下面的两幅曲线图显示的是不带问句标记的例子；其中，图 1 的例子中，疑问词处于句首位置，图 2 的例子中，疑问词处于句中位置，图 3 的例子中，疑问词处于句末位置。简便起见，图中用英文缩写 WHQ 表示特殊问句，YNQ 表示是非问句。

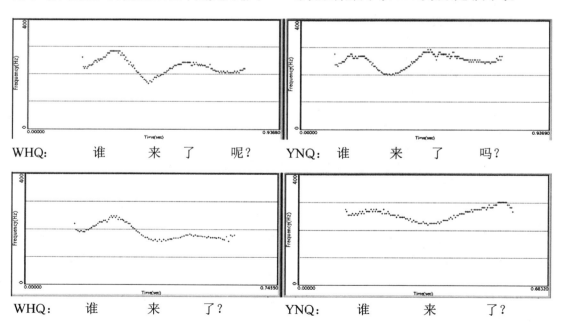

图 1　特殊问句和是非问句的基频曲线例图（疑问词位于句首）。
左上：谁来了呢？右上：谁来了吗？左下：谁来了（特殊问）？右下：谁来了（是非问）？

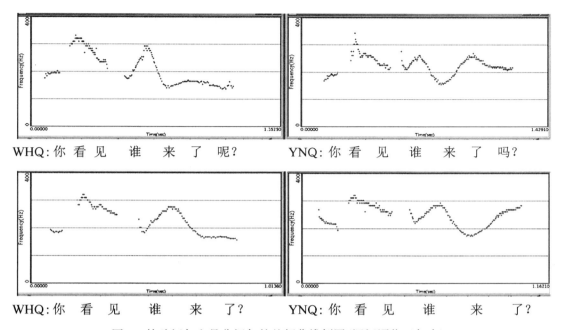

图 2　特殊问句和是非问句的基频曲线例图（疑问词位于句中）。
左上：你看见谁来了呢？右上：你看见谁来了吗？左下：你看见谁来了（特殊问）？
右下：你看见谁来了（是非问）？

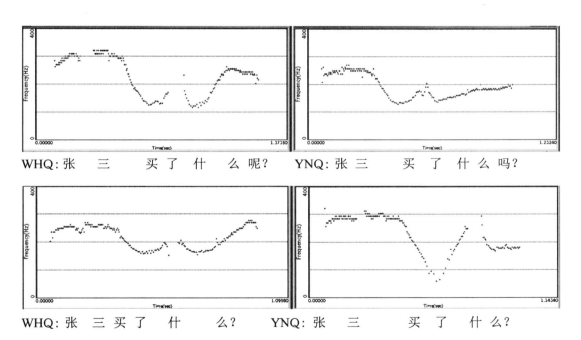

图 3　特殊问句和是非问句的基频曲线例图（疑问词位于句末）。
左上：张三买了什么呢？右上：张三买了什么吗？左下：张三买了什么（特殊问）？
右下：张三买了什么（是非问）？

　　具体的量化数据参见原文,这里要探讨的是:根据这些材料,可以得到什么结论,不可以得出什么样的结论? 材料显示:所有的发音人都倾向于保持或增强特殊问句中的疑问词本身之词调拱度(升调),然而都倾向于削弱是非问句中疑问词本身之词调拱度。同理,对于句中相应的动词结构,在特殊问句中,其本身之词调拱度倾向于削弱,而在是非问句中,其本身之词调拱度则倾向于保持或增强。也就是说,从我们的材料中观察到了我们所假设的情形,即研究结果支持我们最初的假设:在汉语普通话中,疑问词是特殊问句的句子焦点而动词结构不是焦点;而对于是非问句而言,句中疑问词不是焦点,相反,句中动词结构才是焦点。其在语音层面的表现就是:焦点成分是句子的语调重音所在,因而其本身之词调拱度能够得到保持、有时得到增强,然而非焦点成分之词调拱度则会被压缩弱化、有时甚至弱化成一平调。

　　因此,结论就是:焦点突显,非焦点弱化,而且,无论有没有疑问标记词"呢""吗",均是如此。那么,我们是否可以说:普通话的焦点的韵律表现一定如此呢? 逻辑上是不成立的,因为采样的数据非常有限,采样的说话人非常有限,采样的过程是实验室的(可以称之为实验室性不自然),不能排除没有观察到的可能性。事实上,如果我们仔细查看数据,也可以发现:由焦点、非焦点效果所引起的句子成分的基频拱度之保持、扩张,或者压缩、弱化,存在着一定程度的说话人内和/或说话人间的差异。也就是说,不同的说话人或者同一说话人在不同的说话环境中可能存在程度的不同。一般来说,如果焦点成分在前,句中非焦点成分基频拱度的压缩要比焦点成分在后的情况下要厉害(参见:Gårding, 1987)。

　　研究还发现:在表惊讶的回声问中,发音人普遍地倾向于提高整个句子的调域,以及扩展疑问词的基频拱度上升幅度,以此来表达"惊讶"这个情绪意义。而表示听话人未听清楚说话人所言的这类回声问,其语调表现基本上介于特殊问句和表惊讶回声问之间,没有明确的表现。但是,同样地,我们无法去推论或者结论:表惊讶的回声问一定如此;因未听清楚而发问的回声问一定不如此。另外,我们没有发现有证据表明焦点与非焦点的区分在语音上与时长或者音强相关联,这同样不表明他们一定没有关联。

　　逻辑问题看似简单,但在实际研究中往往被忽视。而且,人文学科往往习惯于推理思维,层层演绎归纳,侃侃而言;实验科学则一般不做太多的不是直接基于所观察到的材料的推理。

2. 语音分析技术

　　本节简述方言语音研究常用的分析技术。从方言语音描写的角度出发,简要地说,语音分析技术可以分为声学技术与进一步分析的技术。

　　语音的不同必定体现在语音的声学特性的不同。首先,在描写的层面,声学特性是我们评估语音的语言学意义的主要依据。其次,在解释的层面,语音的声学分析也是进一步分析的基础与核心,因为语音产生(speech production)以语音声学(speech acoustics)为输出项;语音感知(speech perception)以语音声学为输入项。换句话说,从语音声学的分析中我们可以进一步去寻找语音产生之"因",语音感知之"果"。从微观上说,即使一个很小的语音上的声学区别也必定可以从产生机制上发现原因,不过,需要注意的是:语音产生与声学之间的关系并非一定是线性的一对一。从宏观上说,在世界语言中观察到的语音类型模式,比如为什么元音[i u a]、辅音[p t k]如此常见,也可以从产生-感知机制中找到理论支持,例如语音的量子理论(Quantal theory,参见 Stevens,1989 及相关讨论)。

2.1 声学分析

世界语音无论多么复杂,都可以从声学分析开始。语音的物理性质由音高、音强、音长、音质四个要素组成。音高(pitch)指声音的高低,这是从心理感知的角度说的,在物理上取决于声带振动的快慢,即基频(fundamental frequency,F0),单位是赫兹。在语言学上,音高不仅是声调(tone)的关联物,而且与重音(stress)也相关。音强(loudness)指声音的响度,也是感知术语,在物理上取决于声波的强度(intensity,中文也叫"音强"),即声压(sound pressure)的振幅(amplitude),单位是分贝(deciBels,dB)。在语言学上,音强是重音的关联物。音长(length)指声音的长短,取决于发音持续时间的长短。语言中经常通过音长的不同作为区别意义的手段。音质(quality)也叫音色(timbre),是声音的本质特征,是一个声音区别于另一个声音的根本性不同;它取决于声波形式,声波不同,音质就不同。音高、音强、音长合称韵律(prosody),也叫超音段(suprasegmental)。粗略地说,音色的不同构成人类语言中音段(segment)之间的不同,是主要的;韵律的不同则构成语言中声调、重音、语调等不同,是次要的。对于人类来说,最重要的声音除了语音之外,大概就是音乐了。语音由音色为主、韵律为辅构成;而音乐则以韵律为主、音色为辅构成。

语音是一种声波信号(audio signal),是通过空气粒子传播的复杂振动波(complex vibration)。复杂波可以分为非周期波(aperiodic waveform)与周期波(periodic waveform):粗略地说,语音中的阻塞音(obstruent)是非周期波,是噪声;而元音与一些响音(sonorant)则是类周期波,是乐音。与其他复杂声波类似,语音具有时间域(time domain)与频率域(frequency domain)特性。声波(speech waveform)是语音信号在时间域上的二维表征:横轴是时间(time),纵轴是音强(intensity)。声波表征的是音强在时间上的变化。表征语音的时间一般以毫秒为单位,音强则以分贝为单位。分贝是声压,即物理音强的一种对数刻度(logarithmic scaling),模拟了人耳与人脑对于声音的感知,因此,事实上是一种感知声学刻度。

语音是复杂波,根据傅里叶变换(Fourier transform),任何复杂波都是以它的基频为倍数的谐波(harmonic)的数学和。语音的音色的不同取决于这些谐波的能量分布模式的不同。谐波的能量分布构成了语音的二维谱(spectrum):横轴是频率(frequency),纵轴是音强(intensity)。这就是语音的频率域特性。语音的声学分析中常用的语图(spectrogram)则是综合表征语音在时间域与频率域的特性:横轴是时间,纵轴是频率,用颜色深浅或灰度来表示能量,即音强。

语音产生在物理上可以用声源-滤波理论(the source-filter theory)来进行理解(Fant,1960)。声源主要有两种:(1)气流通过发音器官窄缩处形成湍流产生噪声;(2)喉部声带的规律性振动产生类周期波,产生乐音。另外,这两种声源可以有不同程度的结合,以及综合发音器官滤波作用之后的实现方式的变异。所谓滤波就是把发音器官调制之后的发音管(即声腔,vocal tract)看作一个一端开口的滤波器,拥有自身的共振频率(resonance frequency);其中,鼻腔通道的开闭、边音发音等又会增加滤波器的复杂性。以典型的乐音——元音为例,声源决定元音的基频与发声态特点,声腔决定元音的音色,二者相对独立,互不干涉。

如图4所示,左侧显示的是100赫兹(上)、200赫兹(下)两个不同基频的声源——即声带

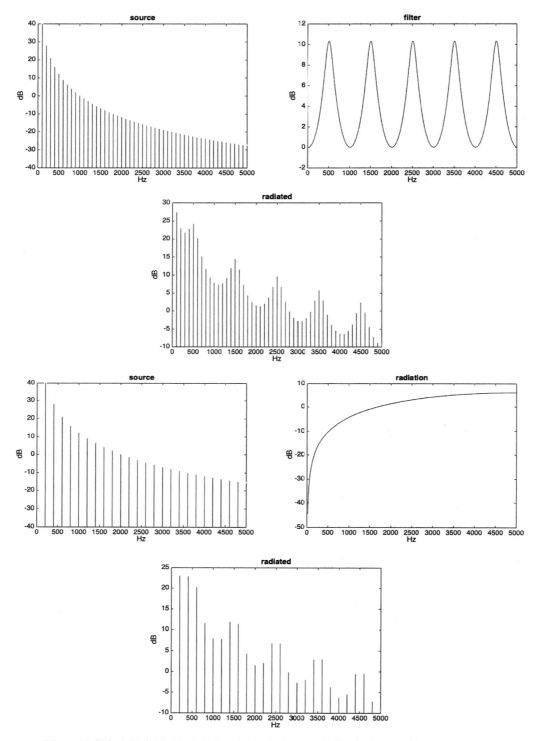

图 4　元音产生的声源-滤波理论：声源（左上 - 100 赫兹；左下 - 200 赫兹）、口腔传递
　　　滤波（中上）、口唇放大（中下）、输出声谱（右上 - 100 赫兹；右下 - 200 赫兹）

产生的声门波的二维谱。声门波是周期性的复杂波，二维谱中显示了谐波，均是以其基频为倍数的。常态嗓音（modal voice）的声门波具有每倍频程（per octave）音强下降12分贝的谱特点，而经过声腔调制滤波（中图上）、口唇放大（lip radiation；中图下）之后又具有每倍频程增加6分贝的特点，因此，最后输出的声谱每倍频程音强下降6分贝（右图）。关于声腔共鸣，需要注意两点。一方面，声腔的共鸣作用增强共振频率区域的谐波音强，不同形状的声腔拥有不同的共振频率，决定元音的音色；另一方面，声腔的共鸣作用是声腔的形状本身固有的，与声源无关，也就是说，发音人发出来的语音是[a]还是[i]是由声腔的形状决定的，与声带没有关系。图4的中上图显示的是一个17.5厘米的声腔在没有任何窄缩——即发央元音[ə]的状态下的共鸣作用，其共振峰出现的频率为 $F_n = (2n-1)c/4L$，其中，F_n 是第 n 个共振峰，c 是音速常数 35 000 米/秒，L 是声腔长度；因此，首三个共振峰出现在 500 赫兹、1 500 赫兹、2 500 赫兹。因此，图4的右图显示的就是左图的声门波经过声腔共鸣之后的在空气中传播的语音的二维频谱：上图是一个基频100赫兹的[ə]，下图是一个高八度的基频200赫兹的[ə]。

　　明白了语音产生的基本原理之后，便可以进行声学分析了。首先，语音的实际情况比理论中的理想状态要复杂，比如除了央元音[ə]之外，其他元音的发音就不是一个发音管的问题，而是需要通过两个发音管或者更复杂的声腔模型进行模拟。其次，现在对语音的采样一般都采用数字化设备，分析也用电脑软件进行，也是数字化的。简要地说，模拟语音信号是连续的，而数字语音信号是离散的。数字语音信号的精度由采样（sampling）与量化（quantization）决定。从语音信号的二维谱看，采样决定横轴的频率精度，10 000 赫兹的采样频率意味着每秒有 10 000 个采样点，拥有 5 000 赫兹的有效采样精度（Nyquist frequency）；量化决定纵轴的音强精度，2 位（2 - bit）量化将纵轴分为 4 等分，3 位量化分为 8 等分，8 位 256 等分，16 位 65 536 等分，32 位 43 亿等分。语音分析一般采用 16 位单声道录音；对元音来说需要提取前三个共振峰，需要确保 4 000 赫兹的有效频率，由此需要至少 8 000 赫兹的采样频率；对辅音来说，需要 8 000 赫兹的有效频率，因此需要至少 16 000 赫兹的采样频率。人耳可以感知的频率范围为 20—20 000 赫兹。44 100 赫兹是 CD 音质的采样率，22 050 赫兹是 CD 音质的一半，在无线电广播、电脑音频中广泛使用，11 025 赫兹是 CD 音值的四分之一，在对音值要求不高的音频中也广泛使用。因此，在使用电脑录音时，也经常对元音录音采用11 025赫兹采样率，对辅音录音采用 22 050 赫兹采样率。

　　最后，需要提醒的是，现在进行数字化的语音声学分析非常方便，有诸多免费软件可供使用，但如果是语音研究中经常使用的手工或者半手工标注、检验数据的话，需要注意因为分析软件的预设不妥当而产生的数据错误。比如将拟提取的基频值预设太高容易产生基频增倍的问题，因为分析软件将一个振动周期当成了两个周期；反之亦然。提取元音的共振峰，也需要告诉软件提取几个共振峰，设置不当就会产生数据误差，一个比较好的方法就是用宽带语图做参考，只有当软件提取的共振峰轨迹（formant trajectories）与宽带语图上的共振峰吻合时，才是正确的数据。图5所示是一个用 praat 元音图合成的[i]：上图(a, b)是声波，下图(c, d)是宽带语图与叠加的共振峰轨迹。一般在 5 000 赫兹或者 5 500 赫兹以下，元音有 5 个共振峰，但这个合成的语音只有 4 个共振峰，因此，如果用软件预设的 5 个共振峰去提取数据，便会出错，如右图。这时，便需要更改设置为 4 个共振峰，这样，软件提取的共振峰才能与宽带语图吻合,如左图(a,c)。语音学上把如图 5 右图(b,d)中的"第二共振峰"般因计算错误等原因出现的多余的共振峰轨迹称之为伪峰(spurious formant)。而且,伪峰的出现往往还会影响其他共振峰的计算准确性。

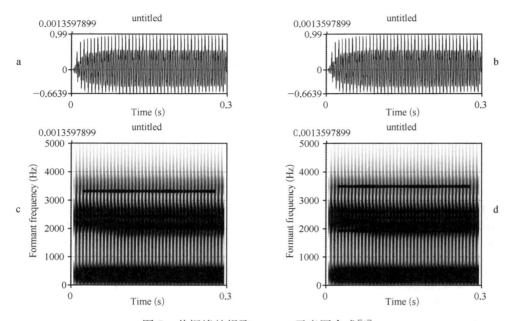

图 5　共振峰的提取—praat 元音图合成[i]
a,b:声波;c,d:宽带语图与叠加的共振峰轨迹;a,c:4 个共振峰;b,d:5 个共振峰

2.2　进一步分析的技术

　　语音的声学分析是所有语音现象描写与分析的出发点与立足点,语音的不同必然表现为声学的不同,使用声学分析可以满足语音描写的基本需要。语音问题的复杂性在于语音的声学参数有很多,有时候不容易厘清哪些参数在语言学上起怎么样的作用,在副语言学上或者非语言学上又起怎么样的作用。而且,更为复杂的是,有些参数原来明明不起语言学作用的,后来又竟然起作用了! 比如说,基频是声调的声学关联物(acoustic correlates),但是,语言学家们常常观察到声调有时与发声态(phonation types)相伴随。大家都知道普通话或北京话的第三声常常伴随嘎列声(creaky voice),尤其是女性发音人的语音,然后,问题就来了:嘎列的主要特征是低调,那么,普通话的第三声的主要特征是低调吗? 学术界至今争论不休,较为近期的讨论可以参考曹文(2010)与石峰、冉启斌(2011)。其实,还有一个更大的问题:如果第三声的区别特征是低调,如很多学者所主张的,那么,可以说第三声的区别特征是发声态么? 也就是说,普通话的其他三个声调是用基频区分的,这个第三声是用发声态来区分的? 与此相关的,一些汉语方言中发现的高调伴随假声的问题:假声究竟起什么样的作用? 再比如,喉塞尾或者塞音尾究竟是可以使声调的基频上升还是下降,语言学上也是莫衷一是(Hombert et al.,1979)。在语言或者方言中常常观察到带有喉塞尾或者塞音尾的声调是个升调,有时候还升得很急,喜欢猜测的语言学家们便解释说:这是因为喉塞尾使得喉头紧张,所以基频升高

了,但事实上,喉塞尾经常实现为嘎列声,因此,音节尾基频降低,急降与缓降都是很常见的现象。随着历史音变的进程,塞尾消失之后,因为塞尾的关系,声调的调值是升调、降调的,无论缓急,都是常见的。再比如,从琼斯发明正则元音(cardinal vowels)以来,元音舌位图的概念在语言学界相当普及,各类教学中都使用元音的舌位高低、前后等概念,而且教学效果非常好。但事实上,元音的这些概念在发音上并未得到真正的舌位材料的支持,相反,得到的都是反证,经过赖福吉及其同事在 20 世纪中叶以来的大量生理、心理、声学研究证明:传统元音描写模型所描写的其实是元音的听觉印象,只不过在表述的时候却把它们翻译成了生理术语,因为元音高低、前后只有感知声学上的证据,并没有发音生理上的事实基础(参见胡方,2008,2020)。但是,元音的发音又是怎么一回事呢? 元音的发音与声学存在什么样的关系呢? 究竟是怎么样的发音机理导致了元音的声学、感知具有如此这般的特点呢?

想要进一步回答这些问题,只有声学材料的分析就会不够用。材料不够就只能猜测,通过各种假设,用归纳推理导向的方法来论证。这个时候,如果要坚持我们所提倡的证据导向的研究旨趣,就需要通过生理实验或者心理实验来对语音现象进行进一步分析。本节简要介绍一些目前常用的偏生理的语音实验设备与技术。

语音产生涉及运动神经控制、发音器官的肌肉活动、发音器官的运动、呼吸系统与空气动力学控制、喉与声门控制等诸多语音生理层面。

运动神经控制可以用功能性核磁共振(fMRI)等脑成像设备直接观察大脑运动神经及相关区域的激活情况,可以用肌电仪(Electromyography,简称 EMG)观察发音器官的肌肉活动情况,可以用电磁发音仪(Electromagnetic articulography,简称 EMA)观察发音器官的运动情况。后二者都是间接观察,因为肌肉活动、发音器官运动都是运动神经控制的直接结果。fMRI 设备昂贵,其维护与使用成本也不是一般的人文学科实验室能够负担得起,所以一般都是租用相关医疗或大型科研机构的设备进行实验。EMG 需要使用电极针扎入需要观察的发音器官肌肉,具有一定的创伤性,而且使用者需要拥有相当的言语解剖知识与实践能力,因此,一般需要在医生或拥有相关专业资质的人士的直接指导、协助下进行实验操作。EMG 也有一种在皮肤表面采样的设备,叫作表面肌电仪(Surface EMG),操作方便,但由于粘贴于皮肤表面,采样的往往是肌肉群的数据,因此,在语音研究中多用来采集唇运动的肌电数据,而无法运用于需要精确定位的发音肌肉上。

观察发音器官的运动一直是生理语音学研究的一项重要内容。一方面,发音器官运动是言语运动神经控制的直接结果;另一方面,发音器官的运动决定了声腔的形状与阻碍的状况,也就是决定了言语的空气动力学。观察发音器官运动,也有几类设备。一类是通过成像设备直接观察发音器官的运动及声腔的形状,比如早期的 x 射线摄影摄像设备与后来使用较多的 fMRI 影像设备等。但由于 x 射线设备对身体影响较大,fMRI 设备昂贵,而且,由于大部分此类设备的分辨率问题,不仅采集语音数据时需要发音人较长时间地维持某一发音状态,而且数据分析也需要专门技术;因此,一般很难用此类设备采集大量的语音样本。观察发音器官运动的另一个影像设备是超声设备。虽然由于超声技术本身的限制,成像比 fMRI 更加不清楚,影像材料的处理与分析更加费力,但超声设备价格便宜,便携性强,不失成为一般科研机构的首选。学术界甚至有专门的学术会议讨论如何用超声设备进行语音学研究,比如 2002 年发起于 Haskins 实验室的 Ultrafest 每 2—3 年举行一次。此外,也有专门的语音技

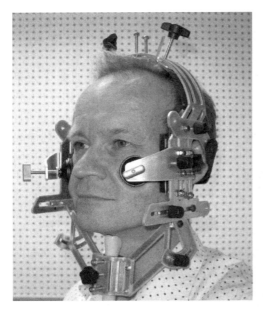

图6　伦奇(Alan Wrench)设计的言语
超声设备辅助定位头盔

术公司研究、提供辅助设备,方便在语音研究中提取、分析超声材料,比如 Articulate Instruments 设计的如图6所示的头盔,定位超声扫描方式,以方便超声图像的数据处理与比较。

　　另一类设备是发音器官的运动采样设备。fMRI、超声等影像设备的优点是可以采样整个声腔的数据,但是缺点是一般采样率不高,目前高端的 fMRI 设备精度大幅提高,研究型的超声设备采样率也可以达到100赫兹以上,但由于所采样的数据涉及大量的图像处理工作,影像设备并不非常适合用来观察发音器官的实时运动。与影像设备不同,电磁发音仪(EMA)对发音器官进行高精度采样(从200赫兹有效采样至1 250赫兹或更精确采样率,以满足各种生理语音研究需求),从而实现对发音器官的运动进行实时观测。电磁发音仪最大的优点是可以实时监测发音器官的运动,尤其是平时比较难观测的口腔内的发音器官,如舌头。另外,由于其对人体几乎无损害,因此克服了以前基于 x 射线技术仪器的局限,使得大量采集发音材料成为可能。电磁系统的基本工作原理是应用通电后所产生的交互电磁场追踪发音器官的运动,根据电磁场力的衰减与其与发射点的距离之立方约成正比这一物理定律,利用采样电压就可以测量出每个采样点与每个发射点之间的距离及其相对于发射轴的斜度。然后,根据一定的计算方式,每一个采样点(也即是发音点或参照点)就可以在一个笛卡尔坐标系上标示出来(关于 EMA 的完整技术背景,参见 Perkell 等,1992;Hoole,1996)。

　　现在市场上的电磁发音仪都是三维系统,德国的 Carstens 公司的 AG501 系统提供1 250赫兹采样率,可降低采样(downsample)至250赫兹、8、16、24个或者更多的采样通道。加拿大的 NDI 公司 Wave 系统提供100赫兹(标准)、200赫兹、400赫兹的选项,8或者16个(即增加一个采样设备盒)采样通道。两个系统的不同之处主要有三点。其一,Carstens 公司的系统在使用时需要预热、校准,并提供最原始的电压采样值,即用户可以在每一步检视系统地工作情况;NDI 公司的 Wave 系统在使用时无需预热、校准,并且只提供最终计算好的位置值。其二,Carstens 公司的传感器较贵,但可以重复使用;NDI 公司的传感器相对便宜,是即抛型的。其三,Carstens 公司的 AG501 系统65公斤,安装完成之后基本不便移动;NDI 公司的8通道 Wave 系统可以装在专用的设备箱内,虽然并不轻便,但移动性较好,甚至可以带走进行田野语音调查。

　　语音学研究主要关注发音人中矢面上的发音器官运动,如图7所示,可以将传感器粘贴在发音人中矢面的上下唇、下颚、舌头等位置。具体来说,上下唇(UL、LL)指的是唇的外侧,二者结合可以计算唇的开合度(lip aperture)。下颚则是粘贴在下齿龈脊位置,是口腔开合的一个重要测量指标。一般来说,舌头上可以根据需要粘贴2—4个传感器。舌尖和舌背(舌体)肯定是两个发音器官,应该分开采样。根据我们的经验,除舌尖之外,舌体上再粘贴2个够用。舌尖(TT)一般粘贴在舌尖后面1厘米左右的位置,而不可以真的粘贴在舌尖位置,因为舌体的尖端部位在发音过程中的一些不稳定性容易导致数据的不可靠。舌中(TM)、舌背(TD)位置分别各自向后间隔3厘米左右即可。上述6个采样点都是在发音人的中矢面上的，如果想观察发音的对称性相关内容，或者是病理语音研究中有需要的话，也可以将传感器粘贴在舌体中线两侧的位置。另外，也有粘贴在嘴外侧唇角的，以更好地采样唇形变化。理论上也有可能将传感器粘贴在软腭上，比如可以制作一个T形的辅助，计算好了之后将传感器固定在T的尾部，这样，将T形物粘贴在硬腭相应位置的时候，T的尾部上的传感器便自动贴合在软腭上了。除了研究目标的传感器之外，还需要将额外的传感器粘贴在头部的相对固定的位置，以便校准发音时头部运动带来的数据偏差。一般来说，双

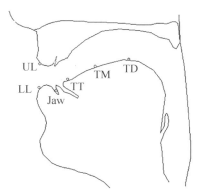

图7 电磁发音仪传感器粘贴示意图

眉中间略下方位置的鼻梁隆起处、双耳后骨突处是三个比较理想的参照传感器位置(reference points)。NDI 的 Wave 系统还提供另一种选择，即可以用一个六维(6D)传感器来定义一个参照系。三维电磁发音仪录制的数据事实上是五维(5D)的，因为除了 x、y、z 三个平面之外，还有三个平面两两之间的两个旋转面 φ、θ。Wave 系统将两个 5D 传感器叠在一起制作一个 6D 传感器，通过加载配置文件从而实现参照系的作用，一个 6D 传感器需要使用 2 个采样通道；因此，8 个通道的 Wave 系统刚好足够用来观测发音器官的 6 个目标采样点。图 8 显示了电磁发音仪数据采集实况：左为 Carstens AG501 系统，右为 NDI Wave 系统。

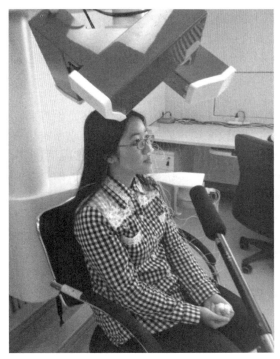

图8 电磁发音仪数据采集：Carstens AG501 系统(左)；NDI Wave 系统(右)

Carstens 的电磁发音仪需要在实验之前进行校准，实验当天预热系统。在校准结束之后，还应该进行传感器的消毒与裹贴处理，因此，校准可以放在实验前一天。如果是新的干净传感器，可以用 75％医用酒精进行消毒；如果是使用过的传感器，建议使用 2％戊二醛根据说明书进行充分浸泡彻底消毒。消毒之后的传感器应该进行裹贴处理，否则施加了胶水之后无法清除，影响再次使用。通常可以用两种方法进行裹贴，其一，用薄布料包裹，使用后清除；其二，用 Plasty-late 橡胶溶液涂层，使用后剥除。如果是在实验前进行裹贴处理，请注意橡胶涂层需要预留足够的时间(一般是数小时以上)凝固干燥。

正式数据采集之前需要将传感器粘贴在如图 7 所示的位置，一般从最困难的位置，即舌头最里面 TD 位置开始，逐渐顺序向外：TM、TT、Jaw、LL、UL。将传感器粘贴在舌体上，需要在粘贴之前将舌体擦干并保持数秒干燥，擦拭可用无菌医用纱布或者高质量纸巾。为了方便操作，可让发音人采取躺卧位，由二位实验者操作，一人负责擦拭，一人负责粘贴。施加在传感器上的胶水 3 秒左右即干，因此，实验需要精准协同操作时间。为了方便粘贴 TD 与 TM 位置，可以给发音人一小块无菌医纱布，用手把舌头适当拉出来一些；为了方便定位，也可以用化妆笔在舌体上先画上 TD、TM 的位置，以方便粘贴。胶水可以选用 EPIGLU 或类似口腔内适用胶水，注意，此类胶水需要冰箱冷藏，而且超过保质期容易失效。除了胶水、擦拭用纱布、纸巾之外，粘贴传感器的辅助用品还包括：(1) 医用镊子，辅助粘贴传感器；(2) 医用压舌板，在粘贴传感器至舌体之后可以辅助固定粘贴位置或检查粘贴情况，不过同时需要注意的是，胶水未完全干之前非常粘，尤其当传感器上胶水较多的时候，不要让压舌板粘住了传感器；(3) 医用一次性口罩、手套。用 EPIGLU 粘贴的传感器大概可以维持 1 小时以内的数据采集时间，如果需要长时间采集数据，可以选用 3M ESPE Ketac 粉液易混胶水对舌上的 3 个传感器进行加固，这样可以保持传感器 5—6 个小时不掉。数据采集过程中，发音人不能进食，不方便上洗手间，但可以用吸管饮用少量水或者饮料。无论是哪种情况，电磁发音仪的数据采集应该尽量防范传感器中途掉落的风险。因此，比如在语料设计的时候，应该尽量分段分模块，这样，即使录音只持续了计划中的一半，也有可用的数据，不至于前功尽弃。

在电磁发音仪正式开始录音前，应该给予发音人一定的时间进行练习，以便使其习惯粘着传感器说话。实验室录音不同程度地带有不自然性，有些是心理层面的，有些是生理层面的，不同的发音人也可能会有不同的反应。就电磁发音仪来说，粘贴传感器时，几乎所有发音人都会流口水，当开始说话时，大部分发音人一般几分钟之后就习惯了，可以正常说话；也有少部分发音人觉得传感器及传感器上的线有些异物感，但一般问题也不大。不过，如果个别发音人将其视为一种发音干扰(perturbation)因而调整发音策略的话，情况就复杂了。

除了影像设备与运动观察设备之外，在语音学研究上另一个比较常用的用来观察发音的设备是电子腭位仪(Electropalatograph, EPG)。电子腭位仪只能用于观察言语发音过程中的舌腭接触情况。目前常见的 EPG 是英国的 Articulate Instruments 提供的 62 个电极(electrodes)的系统，与以前美国 KAY 公司的 96 个电极的系统相比，虽然精度有所下降，但是并不影响观察言语过程中的舌腭接触的基本模式(Fougeron et al., 2000)。如图 9 右所示，EPG 需要为每位发音人定制假腭(pseudo-palate)。62 个电极的假腭从齿龈位置往后至硬腭顶部共分 8 行。其中，前 4 排较紧密，分布在齿龈脊前后，因为这是舌腭接触的关键区域；后四排较稀疏，分布在硬腭。除了第一排 6 个电极之外，其余每排均是 8 个电极。发音人带上假腭之后，说话时舌腭接触情况就会被这些电极记录下来。不过，需要注意的是：电子腭位仪

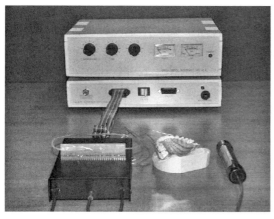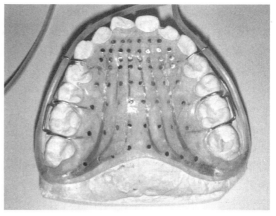

图 9　电子腭位仪与电子假腭(右)

无法记录舌齿接触,因此,如果发音部位比齿龈靠前的话,就无法在电子腭位仪上观察到。比如说,如图 10 所示,一位男性普通话发音人的[s]是舌尖-齿音,因此便无法在 EPG 中观察到其舌腭接触模式(左),这也导致了在二男二女四位发音人的总体模式中,舌腭接触的百分比(图中数字)偏低(右),其中,图中数据基于 3 个例字×10 遍重复。

						7	
60						60	
27						93	

	56	44	24	27	49	59	
51	53	2			14	51	59
51	39					51	51
51	24					36	51
51	24					7	51
51							53
66							73
58						2	90

图 10　普通话[s]的舌腭接触模式:男发音人一(左)、四位发音人(右)

　　在语音产生过程中,言语运动神经控制肌肉运动,在声腔内形成发音的同时,也决定了言语气流机制。但直接测量声门下气压(subglottal pressure)非常困难,需要创伤性的喉头穿孔(laryngeal punch),因此,很少有此类研究。间接测量可以使用体积测量法(plethysmography);简便的测量可以使用呼吸带。肺部气流、声门下气压的变化往往跟比较大的言语段落相关联,虽然从斯特森(Stetson 1928,1951)、利伯曼(Lieberman 1967)等开始,学者们就试图建立呼吸机制与比较小的语音单位比如音节、基频控制等之间的关系,但均被实验研究证伪(比如 Ladefoged 1962,1967;Isshiki 1969;Ohala 1970,1977,1978,1982;Ohala & Ladefoged 1970)等。语言学与语音学领域的呼吸系统概述,可以参考赖福吉(Ladefoged,1968)与欧哈拉(ohala,1990)。

相对比较容易测量的是言语过程中声腔内声门上系统的相关的气压、气流状况，比如鼻音、鼻化音发音过程中的口鼻气流关系，比如阻塞类语音的阻塞点位置腔体的气压变化，等等。提供此类设备的厂家比较多，比如美国的 The Glottal Enterprises、KayPentax、Scicon、英国的 Laryngograph 等。各家设备略有差异，但一般均提供口、鼻气流，以及相关气压的测量通道。这里简单介绍 Scicon 的 PCQuirer（也有相应的 Mac 版本 MacQuirer），由加州大学洛杉矶校区语音实验室（UCLA Phonetics Lab）的技术员开发。

如图 11 所示，除了音频录音之外，PCQuirer 提供 2 个气流通道、2 个气压通道。2 个气流通道采用独立的口罩、鼻罩采样口鼻气流，鼻罩独立佩戴，口罩安装在手持的录音基座，使用时罩住，录音间隙方便松开。1 个气压通道可以通过手持的录音基座采集，一般用于采集阻塞音的口腔内气压（即口腔间气压，intraoral pressure），但需要把采样管放在阻塞后方，因此只适合采样唇、齿、齿龈等发音部位靠前的音类，不适合采样发音部位靠后的音类。另一个气压通道可以用来采集声门上气压变化，不过需要发音人把采样管从鼻腔放入声门上咽腔位置（右图）。在使用经验上，PCQuirer 拥有很好的时间反应（time resolution），对于确定口鼻气流、口腔间气压起止等非常方便，刚好可以弥补比如声学研究中不易确定鼻音或者鼻化起始之弊端。不过，虽然 PCQuirer 提供校准配件，但是空气动力学数据的量化还是需要仔细考量的，因为口鼻气流跟总气流是密切相关的，而总气流的大小往往是由副语言学或非语言学的因素决定的。此外值得注意的是，PCQuirer 等空气动力学设备可以与喉头仪一起同步使用。

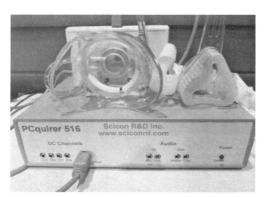

图 11　言语空气动力学设备 PCQuirer（左），以及采样声门上咽腔气压的方法
（右图转引自 Ladefoged，2003）

生理语音研究的另一大类设备是喉与声门观察设备。喉是语音的主要声源，在语音产生中作用多样，包括调节控制气流机制（airstream mechanism）、发声（phonation）、基频控制（pitch）、发音（articulation）等。除了语言学意义上的作用，喉的病变极易引发相关的病理语音现象，因此，也是言语病理（speech pathology）关心的一个重要内容。无论在研究还是病理上，都可以使用各类喉镜（laryngoscopy），即观察喉头的内窥镜（endoscopy），对喉及声门进行直接或者间接的观察。由于从口腔通道进行观察会影响发音，因此，利用鼻咽腔通道才能观察到较自然的发音，不过，这个操作一般需要耳鼻喉科医生协助。

语音学家们用得比较多的是喉头仪（electroglottograph，EGG），Kaypentax、The Glottal Enterprises、Laryngograph 等多家厂商均提供此项设备。事实上，喉头仪不能算是一种生理语音设备,而是更接近于声学设备。图 12 显示的是 Laryngograph 的喉头仪,使用时将大小合适的电极(electrodes)紧贴在喉头两侧甲状软骨(thyroid cartilage)上,这样,喉头仪就可以采样到喉头的声带振动,因此,所测量到的信号主要是通过甲状软骨传导的。有意思的是,虽然是一种骨传导录音设备,但是喉头仪通过声门阻抗间接测算了声门开合的情况,记录的是声带接触面积(vocal fold contact area,VFCA)(Rothenberg & Mashie,1988),因此,喉头仪在功能上还是属于生理语音设备。而且,因为喉头仪具有方便携带、易于使用、无创伤性等特点,因此是观察、采样声门状况的最流行的工具。喉头仪信号一般与音频信号同时采录,刚好占用两个声道。

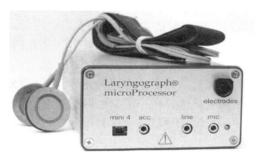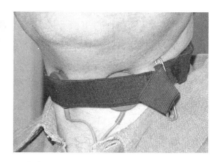

图 12　喉头仪(左)与声门波的间接采样(右)(图片来自 Laryngograph 厂家官网)

3. 从方言学出发

我们提倡证据导向的方言语音研究,并不是说不需要传统的方言学研究了。恰恰相反,对方言的语音与音系进行描写是实验语音学与方言学的共同基础。方言或语言描写遵循描写语言学(descriptive linguistics)的基本准则。简要说,寻找一个理想的发音人(ideal speaker),通过记录发音人的词汇、句子、篇章等整理该方言或语言的语音、音系、词汇、语法等诸方面的基本情况。这里只说语音与音系。

调查者首先需要普通语言学、语音学、音系学相关的基本训练。除此之外,需要汉语方言方面的基础知识,其中,最关键的是需要熟练掌握中古汉语音系以及与汉代汉语之间的对应关系。《汉语音韵讲义》是最好的入门教材,反复阅读并完成相关练习可以让调查者具备汉语方言音韵的基础训练。以中古汉语音系为出发点,比较汉语普通话以及自己的母语方言的语音,是掌握汉语方言音韵的最好、最有效的途径。

在汉语方言的调查实践中,依照中古音系排列的《方言调查字表》可以作为方言语音调查的首选材料。不过,有两个问题需要注意。其一,根据汉字去调查方言,发音人容易给书面的读音,这对调查文白读情况比较复杂的南方方言尤为不利。因此,需要调查人以字为纲,结合相关词汇进行调查。比如说记"许"字的读音,根据字面的话,吴语区的发音人一般只会给你一个[ɕ]声母的读音,这时,调查人需要提醒发音人,当地"许配""许愿"等词语怎么说,才有可能调查出[h]声母的读音,至于表远指义的[h]声母读音,则往往属于更隐蔽的层次。这便是以字为纲的调查,而不只是照着字表念汉字。其二,需要注意记音的宽严。一个总的原则是从严处着手,尤其是一开始,尽量记得细致一些,确不准的地方要找相关的最小对立项

(minimal pairs)反复比对，守住音位区别这一宽式记音(broad transcription)的底线。

以上说的是如果当地方言没有现有资料，需要从零开始调查的情况。当然，如今去研究任何一地方言，一般都是有现成的资料可以参考的。不过，这些已经发表或者没有公开发表的记音材料良莠不齐，因此，我们还是建议调查者重新调查，至少记录一遍《方言调查字表》，核实音系是其中的一个主要考量。此外，无论已有的资料的质量如何，方言音系会发展，尤其是进入媒体传播年代之后，普通话的影响力如日中天，学校教育全面推广使用普通话更是使得方言逐渐退出文化教育等正式的语域，只局限于家庭、熟人等日常口语交际之中。因此，核实音系是对方言语音进行实验语音学研究之前的一个重要的步骤。实验语音学对语言持变异的视角，不同的发音人之间都可能存在着不小的变异，就具体方言来说，某些发音人多几个韵母，某些发音人少几个韵母，都是常见的现象。这里需要注意的是，少了某些韵母，可能只影响方言语文，并不影响整体音系；比如说少了一个带-y介音的韵母，而该方言还是拥有改韵母也有其他带-y介音的韵母。而缺少另一些韵母，则会影响整体音系；比如说，最后几个入声韵消失了。除非另有原因，实验语音学感兴趣的研究对象是当地方言的主流口音，因此，与传统方言学调查偏爱老年发音人不同，实验语音学调查首选具有一定文化程度的青壮年。

核实方言音系之后，便进入了实验语音学的研究设计环节。对于只涉及一地方言的研究来说，核心的问题就是：该方言有哪些音类或语音范畴？是如何产生的？是如何感知的？音节是自然语音的最小产生单位，可以专注音节层面的语音问题(syllable phonetics)，也可以讨论更大层级的语音范畴问题。对于涉及多地方言的语音现象，则需要以问题为纲，多地分别协调设计。这里简要谈谈一地方言的研究设计。

汉语的音节结构相对比较简单，可以 $C_1G_1VG_2C_2$ 来表示，其中，只有元音 V 是必须的，其他都是可省略的。C_1 是辅音声母，一般包含该方言所有或者至少是绝大部分的辅音库藏(inventory)。C2 是辅音韵尾，受限得很，很多方言只允许个别鼻音出现，有些方言允许鼻音与塞音。允许鼻音尾与塞音尾的方言中，有一些是三个发音部位[m n ŋ]与[p t k]齐全的，有一些则不齐全。一般规律是前面发音部位的先消失，最后只剩一个鼻音韵尾、一个塞音韵尾。鼻音韵尾往往只剩一个软腭的或者部位偏前的[ŋ]，塞音韵尾则往往简化为一个喉塞音[ʔ]。此外，鼻尾韵也可以弱化为鼻化韵。因此，最复杂的汉语方言可以拥有三个发音部位的鼻音韵尾[m n ŋ]与鼻化韵，以及四个塞音韵尾[p t k ʔ]。至于北京话及相关官话方言的儿化，将-r尾附着到前一个音节上形成-r尾，则一般认为不是音节内部的结构问题。汉语的还有一个音节成分是声调，传统认为是音节的一部分，所谓"声韵调"，自主音段音系学(Autosegmental Phonology；Goldsmith，1976)兴起之后，学者们习惯声调归声调、音段归音段，在实验语音学的证据导向研究中，我们试图重新论证声调与音段的关系(Hu，2012，2016)。

关于汉语及方言的音节结构的分歧最大的地方，就是介音 G_1、元音性韵尾 G_2 与核心元音 V 的关系问题了(参见 Duanmu，2008，2016 及文中的相关述评)。这里有几点需要注意。其一，一般认为 G_1VG_2 是有结构关系的，V 先与 G_2 结合，然后再与 G_1 结合。V 与 G_2 结合构成前响双元音，本文称为降峰双元音(falling diphthong)，V 与 G_1 结合构成后响双元音，本文称为升峰双元音(rising diphthong)，因为前响、后响是基于主观听觉印象，并无明确的实验证据，而升峰、降峰是单纯的声学术语，比较客观。而 G_1VG_2 齐全便构成了三合元音(triphthong)。汉语中的四合元音(tetraphthong)比较少报道，个别例子来源于核心元音 V 的进一步双元音化(Hu，Hu & Jin，2016)。其二，一般认为汉语方言的 G_1VG_2 都是元音性的，都属于韵母的一部分。只有典型的粤语,学者们倾向于认为没有元音性的 G_1,因为合口介音-w-是辅音性的,是声母的一部分(Yue-Hashimoto,1972;李新魁等,1995;Bauer & Benedict,1997)。其三,除了 G_1VG_2 之外,一般认为辅音韵尾也是韵母的一部分,但是,汉语大部分方言只允许 G_1 V 之后有辅音韵尾,不允许 VG_2 之后有辅音韵尾,只有极少数方言,比如闽语,允许降峰双元音出现在辅音韵尾前面。

综合以上简述,汉语方言的音节语音学之内,辅音、声调都是直观明确的,复杂的是元音性成分。首要的是确定研究内容与目的:是准备为该方言做一个全面的实验语音学描写呢,还是只是挑选比较能吸引学界眼球的部分进行研究呢?无论如何选择,都可以从分析一地方言的方方面面开始。懂得如何考虑一地方言语音的全面描写,就自然容易从中发现有趣的、有意义的现象。

辅音的分析首先可以看方言中有多少不同发音方式的音类:塞音、擦音、塞擦音、鼻音、边音、近音等;然后看每一个音类有多少发音部位(place of articulation)的不同。比如说,塞音除了双唇、齿龈、软腭之外,还有其他发音部位吗?擦音比塞音的发音部位更多吧?塞擦音呢?鼻音的发音部位与塞音一样吗?边音是不是只有齿龈附近一个发音部位?近音呢?设计采样字表的时候,目标是辅音,因此需要注意元音与声调环境的控制与平衡。也就是说,尽量使目标辅音后面都接同样的元音与声调。一般来说,元音以顶点元音为宜,因为可以观察辅元协同发音中不同的元音可能带来的影响;声调则以高平、中平等比较平稳的调形为宜,因为要避免那些高升、低降(尤其是急降)等声调可能伴随的发声态的影响。在汉语方言中,辅音韵尾一般会放在韵母中与元音一起采样。

声调的分析不仅要注意调值,而且要注意声调之间的类的区别。也就是,调类之间是怎么区别的?比如一个 213 调与一个 35 调,究竟是(两个升调之间的)高低区别,还是(一个曲折调与一个升调之间的)调形区别?比如基频与发声态,究竟什么在起作用,各自在起什么样的作用?这些问题是无法孤立地回答的,需要根据具体方言的音系与语音情况具体分析。声调例字的设计,需要注意控制辅音声母与韵母。辅音声母可以选用鼻音(如果需要考察连贯声母与韵母整个音节的基频)、塞音(如果只需要韵母部分的基频);韵母宜选顶点元音,方便考察不同的元音对基频可能产生的影响。

元音的分析比较复杂一些,这里以一个相对简单,但是又很典型的例子——太原晋语为例来分析(Xia & Hu,2016)。基于 5 男 5 女 10 位成年发音人,核实音系之后,太原的韵母可以归纳如表 2。

表 2　太原晋语韵母表

a	ia	ua		au	iau		
	ie		ye	əu	iəu		
ɣ		uɣ		æ̃		uæ̃	
ɿ	i	u	y	ɒ̃	iɒ̃	uɒ̃	
ɚ				əŋ	iŋ	uŋ	yŋ
ai		uai		aʔ	iaʔ	uaʔ	
ei		uei		əʔ	iəʔ	uəʔ	yəʔ

　　首先要注意元音的分布环境,汉语方言中的元音可以分布在开音节或闭音节两类音节中。开音节即音韵学上所说的阴声韵音节,闭音节则又可以分为鼻音尾的阳声韵音节和塞音尾的入声韵音节。鼻音尾最多存在-m、-n、-ŋ、鼻化四种情况,但一些方言只有一种鼻尾,甚至只有鼻化;塞音尾最多存在-p、-t、-k、-ʔ四种情况,但有一些方言只有一个-ʔ尾,甚至没有塞音尾。从元音的分布结构上看,[i u y]也可以做介音或韵尾,但是介音与韵尾只有在极少数方言中能够同标,在下面讨论的太原晋语中不能同标。有些语音学家或者音系学家会把处于介音或者韵尾的[i u y]处理为辅音性成分,但无论认为[i u y]是元音性还是辅音性成分,都只是一个观念,不影响我们去描述它们作为音段的物理特性,然后再去探讨它们的语音与音系属性。

　　先看太原话的阴声韵,也就是开音节尾的元音分布情况,如表 3 所示。需要说明的是,[e]只出现在介音[i y]之后;[ɐr]是儿化韵,虽然实际发音并没有-r 音,但[ɐ]也是儿化这个构词过程(morphological process)的结果,与一般的纯语音、音系层面的单元音不同。此外,太原还有五个升峰双元音[ia ua ie ye uɤ],四个降峰双元音[ei əu ai au],以及四个降峰双元音与介音进一步构成的四个三合元音[uei iəu uai iau]。这些复合元音是相关单元音的序列(sequences)么,还是拥有复杂结构的单个元音单位? 这些都是可以探讨的问题。剔除升峰双元音成分[e]与儿化韵[ɐr]之后,太原单元音的声学元音图如 13 所示。图中的男女发音人各自基于 5 位发音人的材料。从图中可以看到,除了高元音[i u y]、低元音[a]、舌尖元音[ɿ]之外,只有一个中元音[ɤ]。这是一个分布很稀疏的声学元音图。如果只考虑单元音,可以认为太原的元音在音系上只区分高低二层。但是,需要考虑的是,这是太原元音的语音与音系事实么? 另一种处理方法是:把降峰双元音也纳入元音系统之中一起考虑。如图 14 所示:[ei]事实上占据了[e]的位置,[ai]相当于[ɛ]的位置,[əu]相当于[ɤ]的位置,[au]相当于[ɔ]的位置;不同之处在于,[e ɛ ɔ]是静态的,而[ei ai əu au]是动态的,它们之间是动态性(dynamics)的区别。另外需要注意的是:双元音[ei ai]之间是元音高低的区别,而双元音[əu au]之间则是周边性(peripheraltity)的区别。[əu]是非周边的(non-peripheral),[au]是周边的(peripheral)。同时,[əu]与[ɤ]的声学空间重叠,二者之间构成动态性区别:[əu]是动态的,[ɤ]是静态的(太原元音的具体分析参见 Xia & Hu,2016;元音动态理论,参见:Hu,2017;胡方,2020)。

表 3　太原晋语元音图(阴声韵,单元音)

i y ɿ		u
e	ɐr	ɤ
	a	

　　其次,看阳声韵,换成现代的术语就是鼻尾韵或者鼻化韵的元音分布情况,如表 4 所示。[i y u ə]只出现在鼻尾环境,[æ ɒ]只出现在鼻化环境;简便起见,我们将它们放在一起讨论。与阴声韵相比,舌尖元音、降峰双元音都不见了,它们不能出现在鼻尾或者鼻化环境下。中元音[e ɤ]也不见了,多了一个央元音[ə]。也就是说,总体上说,在鼻尾或者鼻化环境下,元音对立减少了。不过有意思的是,低元音的元音对立却增加了,在开尾韵中,[a]不区分前后对立,但在鼻化环境下,拥有了前后 a 对立[æ ɒ]。

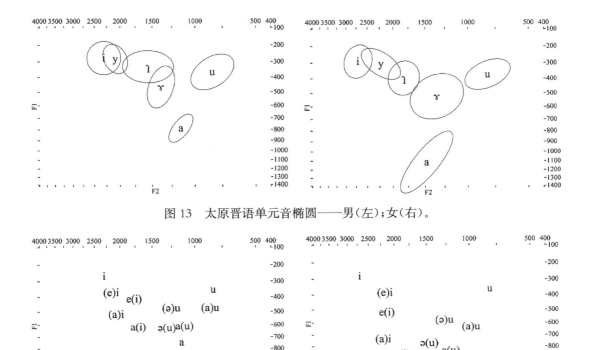

图 13　太原晋语单元音椭圆——男（左）；女（右）。

图 14　太原晋语降峰双元音［ai ei au əu］与顶点元音［i a u］——男（左）；女（右）。

表 4　太原晋语元音图（阳声韵，单元音）

i y		u
	ə	
æ		ɒ

最后，看入声韵，即在塞音尾环境的元音分布情况。太原话只有一个喉塞音尾，前面只能出现两个元音［ə a］。

设计元音的录音采样字表，还是以韵母为准，即把韵母表中的所有项都包括进来，只是在排列调查内容的时候，可以模块化分割之后再做随机处理，这样，万一采样中断，也有足够的语料可供研究之用。研究的目标是元音或韵母，因此在例字的选择上要控制声母、声调。可以首选零声母、唇音声母例字，对元音发音基本没影响。没有选项的时候再考虑其他声母，比如，在大部分方言中，舌尖元音必须和噝擦音类共现。声调方面还是首选高平或中平调，目的与前述相同，避免声调及可能附带的发声态成为一个干扰项，除非是想专门研究声调与元音之间的关系。

以描写方言的声韵调为目的的录音采样，字表宜由有意义的自然音节构成，并写成汉字呈现给发音人，这是最自然的一种方式。除非有其他特定研究目的，一般不采用非自然音节，也不建议写成拼音或者其他标音符号呈现给发音人。采样字表可以放入"X。包含 X 的载体句。"之中；其中，X 是目标音节。目的是：既有一个单念的样本，同时也有一个在载体句中的样本，而且，并不额外增加太多的录音时间。至于用什么载体句，具体方言具体分析。总之，妥当考虑(1) 音段因素：前后音节的音段对目标音节可能的影响；(2) 韵律因素：目标音节出现位置的重音、节奏。声学录音宜采用单声道，16 位。如果使用数字录音设备，辅音的采样率宜用 16 000 赫兹，元音与声调的采样率宜用 10 000 赫兹。如果使用电脑录音，辅音的采样率宜用 22 050 赫兹，元音与声调的采样率宜用 11 025 赫兹。如果使用其他更高的采样率进行了录音，也宜降低采样(downsample)至上述采样率后再进行相关的声韵调分析。根据不同的统计需要，采样字表的录音宜重复 3—5 遍或者更多，但需要注意控制重复次数过多给发音人可能带来的影响。一般来说，每次录音时间最好控制在 1 个小时之内，并注意给发音人适当的休息调整。最后需要注意的是，采样字表的设计要具有一定的可变动性。一方面，语音研究需要采样所有可能的音节、音段、声调等，又要注意相关的声韵调方面的控制，因此，有些例字难免生僻；另一方面，不同的发音人用方言阅读汉字的习惯与能力也各不相同，在短暂的采样时间内，根据发音人改变字表例字是有效采集所需样本的最佳方式。

参考文献

曹文.汉语平调的声调感知研究[J].中国语文 2010(6).

丁声树撰文、李荣制表.汉语音韵讲义[J].方言,1981(4).

胡方.论元音产生中的舌运动机制——以宁波方言为例[M].中国语音学报(第一辑).北京：商务印书馆,2008.

胡方.汉语方言的实验语音学研究旨趣[J].方言,2018(4).

胡方.元音研究[M].北京：外语教学与研究出版社,2020.

李新魁、黄家教、施其生、麦耘、陈定方.广州方言研究[M].广州：广东人民出版社,1995.

石锋、冉启斌.普通话上声的本质是低平调——对〈汉语平调的声调感知研究〉的再分析[J].中国语文,2011(6).

中国社会科学院语言研究所.方言调查字表(修订本)[M].北京：商务印书馆,1981.

Bauer, Robert S. & Benedict, Paul K. (1997). Modern Cantonese phonology, Berlin：Mouton de Gruyter.

Duanmu, S. (2008). *Syllable Structure: The Limits of Variation*. Oxford University Press.

Duanmu, S. (2016). Syllable structure. In *Encyclopedia of Chinese Language and Linguistics*, eds. by R. Sybesma (editor-in-chief), W. Behr, Y. Gu, Z. Handel, C.-T. J. Huang, and J. Myers, Leiden：Brill.

Fant, G. (1960). *Acoustic Theory of Speech Production*. The Hague, Netherlands：Mouton.

Fougeron, C., Meynadier, Y. & Demolin, D. (2000). 62 vs. 96 electrodes：a comparative analysis of reading and Kay Elemetrics EPG pseudo-palates. Seminar on Speech Production：Models and Data - CREST Workshop on Models on Speech Production：Motor Planning and Articulatory Modeling, Munich, Germany, 2000.

Gårding, E. (1987). Speech act and tonal pattern in Standard Chinese：constancy and variation. *Phonetica*, 44, 13 - 29.

Goldsmith, J. A. (1976). *Autosegmental phonology*, Ph.D. dissertation, MIT.

Hombert, J.-M. Ohala, J. J. & Ewan, W. G. (1979). Phonetic explanations for the development of tones. *Language*, 55, 37 - 58.

Hoole, P. (1996). Issues in the acquisition, processing, reduction and parameterization of articulographic data. *Forschungsberichte des Instituts für Phonetik und Sprachliche Kommunikation München (FIPKM)*, 34: 158 - 173.

Hu, F. (2002). A prosodic analysis of wh-words in Standard Chinese, In *Proceedings of the Speech Prosody 2002 conference*, pp.403 - 406. Aix-en-Provence: Laboratoire Parole et Langage. 中文修改版见: 胡方(2005)《汉语普通话疑问词韵律的语音学研究》,《中国语文》第 3 期 269—278 页。

Hu, F. (2012). Tonogenesis in Lhasa Tibetan - Towards a gestural account. In Hoole, P. et al. (eds.) *Consonant Clusters and Structural Complexity*, pp.231 - 254. Mouton De Gruyter.

Hu, F. (2016). Tones are not abstract autosegmentals. *Speech Prosody 2016*, Boston, USA.

Hu, F. (2017). Toward a dynamic theory of vowel production. *The Journal of the Acoustical Society of America*, 142 (4), Pt.2, 2579.

Hu, W., Hu, F. & Jin, J. (2016). Diphthongization of Nuclear Vowels and the Emergence of a Tetraphthong in Hetang Cantonese. *Proceedings of Interspeech 2016*, 983 - 987, San Francisco, USA.

Isshiki, N. (1969). Remarks on mechanisms of voice intensity variations. *Journal of Speech and Hearring Research*, 12, 669 - 672.

Johnson, K. (2012). *Acoustic and auditory phonetics* (3rd edition). Wiley-Blackwell.

Ladefoged, P. (1962). Subglottal activity during speech. In Proceedings of the 4th International Congress of Phonetic Sciences, pp.73 - 91. The Hague: Mouton.

Ladefoged, P. (1967). *Three areas of experimental phonetics*. Oxford University Press.

Ladefoged, P. (1968). Linguistic aspects of respiratory phenomena. In Bouhuys, A. (ed.), *Sound production in man. Annals of the New York Academy of Sciences*, 155, 141 - 151.

Ladefoged, P. (1996). *Elements of Acoustic Phonetics* (2nd ed.). Chicago: The University of Chicago Press.

Ladefoged, P. (2003). *Phonetic data analysis: An introduction to fieldwork and instrumental techniques*. Blackwell.

Ladefoged, P. & Johnson, K. (2015). *A Course in Phonetics*, 7th ed., Cengage Learning.

Lieberman, P. (1967). Intonation, perception, and language. Cambridge: M.I.T. Press.

Ohala, J. J. (1970). Aspects of the control and production of speech. *UCLA Working Papers in Phonetics*, 15.

Ohala, J. J. (1977). The physiology of stress. In Hyman, L. M. (ed.), *Studies in stress and accent. [Southern California Occasional Papers in Linguistics*, No. 4], pp.145 - 168. Los Angeles: University of Southern California.

Ohala, J. J. (1978). Production of tone. In Fromkin, V. A. (ed.), *Tone: A linguistic survey*, pp.5 - 39. New York: Academic Press.

Ohala, J. J. (1982). Physiological mechanisms underlying tone and intonation. In Fujisaki, H. & Gårding, E. (eds.), *Preprints, Working Group on Intonation, 13th International Congress of Linguists*, pp.1 - 12. Tokyo, Japan.

Ohala, J. J. (1990). Respiratory activity in speech. In Hardcastle, W. J. & Marchal, A. (eds.), *Speech Production and Speech Modeling*, pp.23 - 53. Kluwer Academic Publishers.

Ohala, J. J. & Ladefoged, P. (1970). Further investigation of pitch regulation in speech. *UCLA Working Papers in Phonetics*, 14, 12 - 24.

Ouni, S., Mangeonjean, L. & Steiner, I. (2012). VisArtico: a visualization tool for articulatory data.

Proceedings of Interspeech 2012，Portland，OR，United States，September 2012.

Perkell，J.，Cohen，M.，Svirsky，M.，Matthies，M.，Garabieta，I. and Jackson，M.（1992）. Electro-magnetic midsagittal articulometer（EMMA）systems for transducing speech articulatory movements. *Journal of the Acoustical Society of America*，92，3078 - 3096.

Rothenberg，M. & Mahshie，J. J.（1988）. Monitoring vocal fold abduction through vocal fold contact area. Journal of Speech and Hear Research，31：338 - 51.

Shoenle，P. W. & Wenig，P.（1983）. An electromagnetic procedure for simultaneous recording of movments with range of the lips，lower jaw and tongue. *Biomedizinische Technik*，28(11)，273 - 267.

Stetson，R. H.（1928）. *Motor phonetics: a study of speech movements in action*. Netherlands：Springer. 2nd edition，（1951）. Amsterdam：North Holland Publishing Company. Restrospective edition，（1988）. Eds. By J. A. S. Kelso & K. G. Munhall. Boston：College-Hill.

Stevens，K. N.（1989）. On the quantal nature of speech. *Journal of Phonetics*，17，3 - 46.

Stevens，K. N.（1998）. *Acoustic Phonetics*. Cambridge，MA.：The MIT Press.

Westbury，J. R.（1994）. X-ray microbeam speech production database user's handbook. University of Wisconsin at Madison，WI.

Xia，L. & Hu，F.（2016）. Vowels and Diphthongs in the Taiyuan Jin Chinese Dialect. *Proceedings of Interspeech 2016*，993 - 997，San Francisco，USA.

Yue-Hashimoto，A. O.-K.（1972）. Studies in Yue Dialects 1：Phonology of Cantonese，Cambridge University Press.

《东方语言学》征稿启事

一

　　《东方语言学》是由上海师范大学语言研究所主办,上海世纪出版集团(上海教育出版社)出版的学术集刊。本刊创刊于 2006 年,为半年刊,每年 6 月、12 月各出一辑。

　　《东方语言学》主要以东亚语言为研究对象,其宗旨是用语言学的普遍原理来研究语言,并通过由研究这些语言中的特有现象所得到的规律丰富语言学的普遍原理。本刊为东方语言的研究者提供了一块试验田,它不是封闭的,而是面向世界的。希望投稿者就各种学术问题展开讨论与争鸣,提出新材料、新观点、新理论等,进一步推动语言学学科发展。

　　本刊刊登对东亚语言的句法、语音、文字、词汇、语义诸问题进行共时描写和历时探讨的研究性论文,同时也刊登包括汉语方言、中国境内的少数民族语言及其他东亚语言在内的调查报告、长篇语料等,本刊也酌情刊登英文稿和译文稿。欢迎广大语言学研究者踊跃投稿。

　　要求论文投稿符合原创性要求,行文格式和注释体例遵循学术论文规范。

　　投稿信箱：eastling2010@163.com

　　联系电话：021 – 64322897

　　通信地址：上海市徐汇区桂林路 100 号　　上海师范大学语言研究所《东方语言学》编辑部

　　邮　　编：200234

二

　　为方便稿件的后续处理,请作者来稿时注意以下几点：

　　1. 研究性论文的篇幅一般控制在 10 000 字以内(若字数超出此范围,请与编辑部联系),语言调查报告可不受篇幅限制。无须提供英文题目、提要、关键词等。

　　2. 投稿时,须提供三份电子文档：文稿 word、pdf 版各一份,以及包含作者姓名、单位、职称、电子邮件、电话、通信地址及邮编等信息的 word 文档一份。无须邮寄打印稿。

　　3. 编辑部在收到稿件后三个月内将告知作者是否采用;若不采用,来稿不再退还。论文一经刊登,国内作者即赠刊物两本,并致稿酬,境外作者赠刊五本。

三

　　1. 稿件若涉及国际音标,请使用 IPAPan New 字体,若涉及特殊字体(如生僻字、古文字等)、图表时,请另作说明。

　　2. 附注请一律使用当页脚注的形式,以带圈①……⑩的方式编号,使用每页重新编号的方式。

3. 引用古书、他人文献等原文时，务请仔细核对，确保无误。

4. 参考文献一律附列于正文后面。

5. 若需列出项目资助、致谢等相关内容，均置于首页底部，并于论文题目后标出星号。

6. 稿件务请按照本刊撰稿格式来编排。格式如下。

论文标题（黑体、三号、居中）

□
□

作者单位□□姓名

□
□
□

□□**内容提要(小 5 号、黑体)**□〔提要正文，小 5 号〕
□□**关键词(小 5 号、黑体)**□〔……　……〕

□
□

1　一级标题（黑体、四号、居中）

〔正文内容〕

2　一级标题（黑体、四号、居中）

2.1　二级标题(黑体、小四、顶格)

2.2　二级标题

3　一级标题（黑体、四号、居中）

3.1　二级标题

3.1.1　三级标题(黑体、五号、顶格)

〔正文内容〕【注意：正文中若需加脚注，请用上标带圈数字表明，编号每页从①开始。正文中需要引用的参考文献出处随文用括号标注，可不采用脚注形式。专著需要列出有关页码，例如"(徐烈炯、刘丹青 1998：54－64)"】

□
□

参考文献(黑体、小四、顶格)

□

徐烈炯.焦点的不同概念及其在汉语中的表现形式[J].现代中国语研究,2001(3).

徐烈炯,刘丹青.话题的结构与功能[M].上海：上海教育出版社,1998.

Bayer，Josef. 1996. Directionality and Logical Form：On the Scope of Focusing Particles And Wh-in-situ. Dordrecht：Kluwer.

Cinque，Guglielmo. 1993. A null theory of phrase and compound stress. Linguistic Inquiry 24：239－298.

Hajičová，Eva，Barbara H. Partee & Petr Sgall. 1998. Topic-Focus Articulation，Tripartite Structures，and Semantic Content. Dordrecht：Kluwer.

Partee，Barbara H. 1999. Focus，quantification，and semantic-pragmatic issues. In Focus：Linguistic，Cognitive，and Computational Perspectives，ed. by Peter Bosch and Rob van der Sandt. 187－212.

Rooth，Mats. 1985. Association with Focus. PhD dissertation. University of Massachusetts. Amherst.

（说明：本刊"参考文献"的编排格式基本按照国际规范，引用各类杂志、会议论文集中的文章等务请尽量给出页码，但正文中引用页码可标可不标。正文中引用文献，如果是书和论文集，一般要注明所引内容的页码。）

图书在版编目（CIP）数据

东方语言学. 第二十一辑 / 上海师范大学语言研究所，东方语言学
编辑部主编. — 上海:上海教育出版社, 2021.5
ISBN 978-7-5720-0799-6

Ⅰ.①东… Ⅱ.①上… ②东… Ⅲ.①语言学－文集 Ⅳ.①H0-53

中国版本图书馆CIP数据核字(2021)第097092号

责任编辑　朱宇清
封面题字　张维佳
封面设计　陆　弦

东方语言学第二十一辑
上海师范大学语言研究所　东方语言学编辑部　主编

出版发行　上海教育出版社有限公司
官　　网　www.seph.com.cn
地　　址　上海市永福路123号
邮　　编　200031
印　　刷　上海昌鑫龙印务有限公司
开　　本　787×1092　1/16　印张 9.75　插页 2
字　　数　237 千字
版　　次　2021年6月第1版
印　　次　2021年6月第1次印刷
书　　号　ISBN 978-7-5720-0799-6/H·0025
定　　价　62.00 元

如发现质量问题，读者可向本社调换　电话：021-64377165